KB263336

By Joseph Kim

랭기지플러스

THE TOP in TEPS 950 문법 실전편

초판 인쇄 First Printing	2010년 6월 5일
초판 3쇄 발행 Third Published	2014년 3월 20일
지은이 Author	죠셉 킴
발행인 Publisher	엄태상
발행처 Publishing Company	랭기지플러스
등록일자 Registration Day	2000년 8월 17일
등록번호 Registration Number	제 1-2718호
주소 Address	서울시 종로구 자하문로 300 시사빌딩
TEL	1588-1582
FAX	02-3671-0500
E-mail	sisabooks@naver.com
Homepage	www.langpl.com

＊잘못된 책은 구입하신 서점이나 본사에서 바꿔드립니다.
＊이 책의 내용을 사전 허가 없이 전재하거나 복제할 경우 법적인 제재를 받게 됨을 알려 드립니다.

ISBN 978-89-5518-193-7 13740

THE
대한민국 TEPS 대표강사 Joseph Kim의
TOP in
TEPS
950
실전편
문 GRAMMAR 법

대한민국 대표 공인 영어시험 TEPS를 준비하는 수험자들을 위해 국내 어학교육의 핵심 역할을 하고있는 랭귀지 플러스와 대한민국 대표 TEPS 강사 죠셉킴이 오랜시간의 노력과 연구를 통해 단기간 안에 최대 점수를 올려놓을수 있는 텝스 학습교재 시리즈 – The TOP in TEPS 시리즈 12권을 출간하게 되었습니다.

The TOP in TEPS 시리즈 12권은 단순한 참고서들이 아니라 처음으로 텝스를 시작하는 학생들을 위한 입문 시리즈 4권, 800점 이상을 목표로 하는 중급레벨 학생들을 위한 기본 시리즈 4권, 그리고 실제 시험장과 같은 환경에서 본인의 실력을 최종 점검할 수 있는 실전 시리즈 4권으로 구성된 시리즈입니다.

본 교재의 출간 목표는 역대 기출문제를 99% 활용하여 실전 테스트를 통해 실질적인 전략을 키워서 가장 빠른 시간 안에 점수를 획득할 수 있게 하는 것이고, 서울대 언어교육원의 출제 경향의 토대 위에서 실전 레벨의 수준으로 가장 양질의 문제들만을 엄선했다고 자부하는 바입니다. 본 시리즈를 통해 '이것이 바로 TEPS다!'라는 것을 느끼실 수 있으실 것이며, 본 시리즈의 구성에 따라 지속적인 학습을 하면서 990점 만점의 꿈을 키워가시기 바랍니다.

최근 TEPS가 많이 어려워졌고, 이런 상황에서 고득점을 위해서는 모의고사를 스스로 많이 풀어서 문제 푸는 능력과 시간 활용 능력을 키우는 것이 상당히 중요합니다. 특히 TEPS는 다른 시험들과 다른 점들이 많기 때문에 모의고사를 보지 않고 곧바로 시험장으로 향할 경우 예상치 못한 상황들 때문에 많이 당황할 수 있으므로 각별히 유의해야 합니다.

본 시리즈는 실제로 TEPS를 수험생들과 함께 보며 문제 유형을 100% 정확히 파악하고 있는 현직 TEPS 전문강사가 집필했다는 점에서 양질의 TEPS 문제집에 갈급한 수험자들에게 좋은 학습 길잡이가 될 수 있으리라고 믿습니다. 아무쪼록 이 문제집들을 통해서 좋은 결과 얻으시길 바랍니다.

이 책이 나오기까지 정말 많은 기도와 격려로 가장 큰 힘이 되어준 아내, 그리고 나의 모든 것 되신 좋으신 하나님께 이 책을 바칩니다.

2010년 6월
서초동에서
Joseph Kim

CONTENTS

01 실제 시험과 동일한 구성

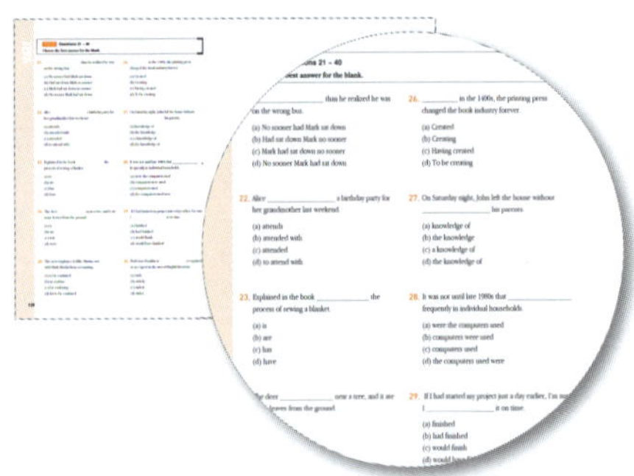

실제 TEPS와 동일한 구성으로 실전 감각을 높여드립니다.

시간의 부족함을 호소하는 학습자들을 위하여 영역별 모의고사로 구성하였습니다.

8회분의 **Half test**를 통해서 시간을 안배하는 연습을 한 후에, 4회분의 **Actual test**를 통해서 최종 점검을 할 수 있도록 하였습니다.

02 출제 원리에 근거한 모의고사

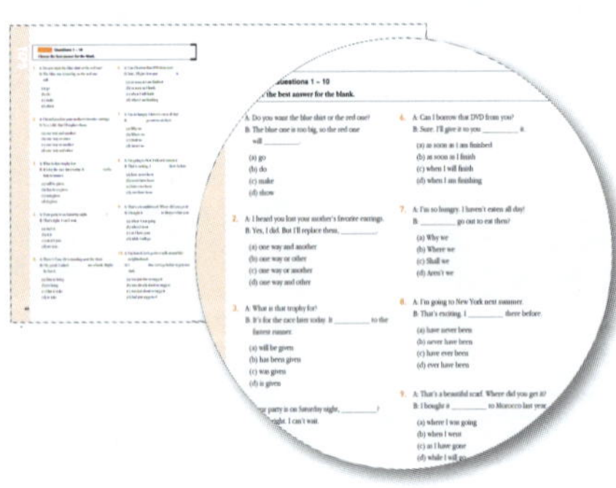

다년간 TEPS 강의만을 고집해온 **Joseph Kim** 강사의 TEPS 노하우를 모의고사 문제에 최대한 반영하였습니다. 난이도가 변화하고 있는 TEPS에서, 최신 경향의 문제들로 고득점에 도전할 수 있게 해드립니다.

03 Joseph Kim의 핵심 문법 파일 공개

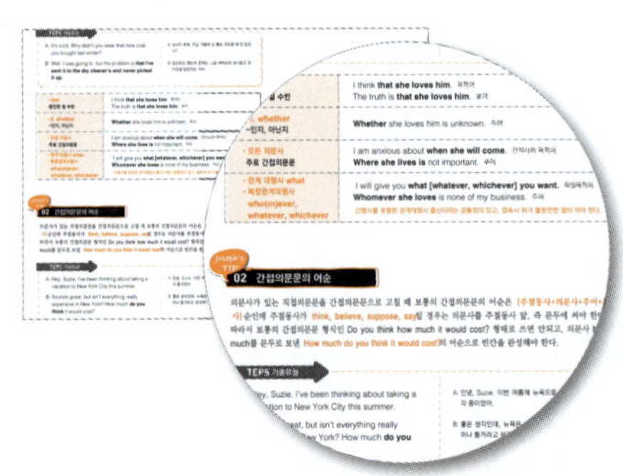

각 모의고사를 풀어 본 후에 **Joseph Kim** 강사가 공개하는 문법 핵심 파일을 만나볼 수 있습니다.

출제 경향을 분석하여 반영한 문법 파일을 통해서, 제한된 시간에 최대한의 학습효과를 기대 할 수 있도록 도와드립니다.

04 상세하고 친절한 해설 제시

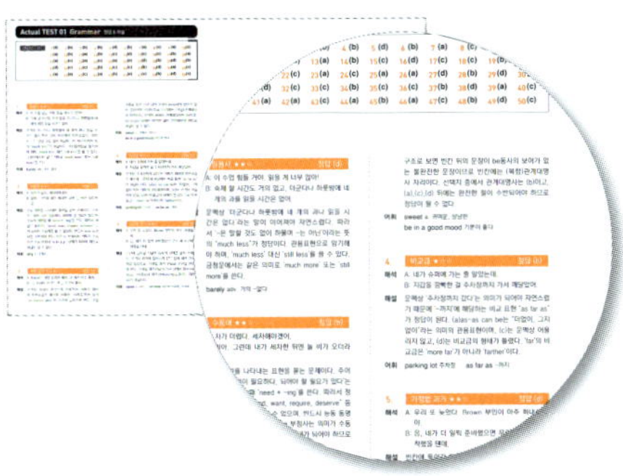

각 문제마다 출제 원리에 근거한 상세한 해설을 제시하였습니다. TEPS 전문 강사의 다년간의 현장 경험이 그대로 해설에 들어가 있기 때문에 TEPS 문법 영역으로 어려움을 겪어온 수험자들에게 큰 힘이 될 것이라 확신합니다.

05 Joseph Kim의 고득점을 위한 전략 공개

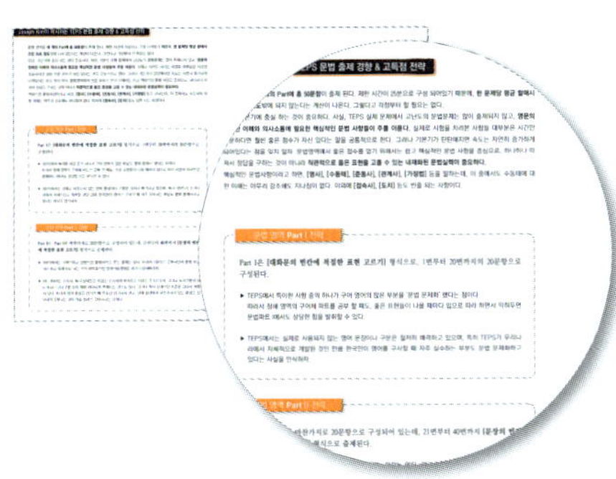

과거와 다르게 변화하고 있는 TEPS! 2010년 변화하고 TEPS에서 전문 강사 Joseph Kim 강사가 제시하는 노하우와 전략을 전격 공개합니다. 이제, **The Top in TEPS** 영역별 시리즈로 TEPS 고득점에 도전해 보세요!

문법 영역은 **네 개의 Part에 총 50문항**이 출제 된다. 제한 시간이 25분으로 구성 되어있기 때문에, **한 문제당 평균 할애시간은 25초 정도**밖에 되지 않는다는 계산이 나온다. 그렇다고 걱정부터 할 필요는 없다.

일단, 기본기에 충실 하는 것이 중요하다. 사실, TEPS 실제 문제에서 고난도의 문법문제는 많이 출제되지 않고, **영문의 정확한 이해와 의사소통에 필요한 핵심적인 문법 사항들이 주를 이룬다.** 실제로 시험을 치러본 사람들 대부분은 시간만 충분하다면 훨씬 좋은 점수가 자신 있다는 말을 공통적으로 한다. 그러나 기본기가 탄탄해지면 속도는 자연히 증가하게 되어있다는 점을 잊지 말자. 문법영역에서 좋은 점수를 얻기 위해서는 쉽고 핵심적인 문법 사항을 중심으로, 하나하나 따져서 정답을 구하는 것이 아니라 **직관적으로 옳은 표현을 고를 수 있는 내재화된 문법실력이 중요하다.**

핵심적인 문법사항이라고 하면, **[명사]**, **[수동태]**, **[준동사]**, **[관계사]**, **[가정법]** 등을 말하는데, 이 중에서도 수동태에 대한 이해는 아무리 강조해도 지나침이 없다. 이외에 **[접속사]**, **[도치]** 등도 빈출 되는 사항이다.

문법 영역 **Part** I 전략

Part I은 **[대화문의 빈칸에 적절한 표현 고르기]** 형식으로, 1번부터 20번까지의 20문항으로 구성된다.

▶ TEPS에서 특이한 사항 중의 하나가 구어 영어의 많은 부분을 '문법 문제화' 했다는 점이다.
따라서 청해 영역의 구어체 파트를 공부 할 때도, 좋은 표현들이 나올 때마다 입으로 따라 하면서 익혀두면 문법파트 I에서도 상당한 힘을 발휘할 수 있다.

▶ TEPS에서는 실제로 사용되지 않는 영어 문장이나 구문은 철저히 배격하고 있으며, 특히 TEPS가 우리나라에서 자체적으로 개발된 것인 만큼 한국인이 영어를 구사할 때 자주 실수하는 부분도 문법 문제화하고 있다는 사실을 인식하자.

문법 영역 **Part** II 전략

Part II는 Part I과 마찬가지로 20문항으로 구성되어 있는데, 21번부터 40번까지 **[문장의 빈칸에 적절한 표현 고르기]** 형식으로 출제된다.

▶ TEPS에서는 기계적이고 단편적인 문법지식을 묻는 문제는 없다. 따라서 TEPS를 공부하면서 문법 따로 회화 따로 독해 따로 하는 식의 비효율적인 영어학습방법은 과감히 던져버리자.

▶ 파트 II에서는 접속사, 특히 명사절을 이끄는 접속사와 부사절을 이끄는 종속접속사, 그리고 도치구문과 [it is~that~] 강조구문 등이 제법 까다롭게 출제되는 경우도 있다. 그러나 역시 전체적인 수준은 그다지 어렵지 않다. 따라서 영어 문장을 암기할 때 무조건 암기하지 말고, 실제 환경에서 활용가치가 있는 문장을 선별하여 공부하는 것이 학습 성과를 극대화하는 길이다.

Part III는 **[대화에서 어법상 틀리거나 어색한 부분 고르기]** 형식으로 41번부터 45번까지 5문항이 출제된다. 즉, 네 개의 문장으로 이루어진 두 사람간의 대화에서 어법상 잘못된 표현이 들어 있는 문장을 찾아내는 형식이다.

▶ 이 Part에서 가장 중요한 것은 문장을 읽으면서 동시에 의미의 적합성도 고려해야 한다는 점이다. 그렇게 할 때 전체적인 맥락에서 어색한 부분을 찾아낼 수가 있다.

▶ Part III는 대부분의 수험자들에게 익숙하지 않을 뿐만 아니라 종합적인 문법능력을 갖추고 있어야 풀 수 있기 때문에 처음 접할 때는 상당히 어렵게 느껴질 것이다. 그러나 항상 자신감을 가지고 기본에서 출발하는 것이 요령이다. 구체적으로 말하자면, '주어 동사의 일치, (대)명사의 수, 격'에 대한 내용처럼 쉬운 사항에서부터 접근하자. 실제로 "Is your sister an actress?"라고 해야 하지만 "Are your sister?"가 등장한 예도 있었다.

Part IV는 **[단문에서 문법상 틀리거나 어색한 부분 고르기]** 형식으로 46번부터 50번까지 5문항이 출제된다. 이 Part는 배점이 가장 높고 중요한 파트이지만 가장 많이 틀리는 부분이기도 하다.

▶ 네 개의 문장으로 이루어진 담화문에서 어법상 오류가 있는 문장을 골라야 하기 때문에 다른 Part에 비해 많은 시간이 소요된다. 따라서 시간에 쫓기지 않으려면 Part I과 Part II에서 최대한 속도를 내야한다.

▶ 이 파트에서는 Part III와 마찬가지로 문제에 접근할 때 의미를 고려하면서 읽는 것이 중요하다. 의미 단위로 글을 읽어가면서 바로 그 의미를 이해할 수 있으면, 글의 문법성 판단이 용이해지며, 이것은 곧 속독능력 향상과 직결되기 때문이다.

▶ 참고로 요즘 텝스 시험에서 가장 많이 출제되고 있는 부분은,
1) 수의일치 2) 시제일치 3) 태의일치 라고 할 수 있다. 일단 이 부분을 먼저 확인한 다음, 이 부분이 절반이상 걸린다고 볼 수 있으므로 3가지 모두가 맞으면 그 다음에 다른 문법적 사항들을 총체적으로 봐야 한다.

1. 실제 영어에서 활용할 수 있는 실용 문법을 익혀라.
2. 동사를 공략하라. 동사를 알면 문장 구조가 보인다.
3. 실전문제를 통해 문법적 감각을 키워라.

무엇보다 꼭 기억해야 할 것은 TEPS 문법영역은 기존의 TOEIC이나 TOEFL과는 크게 다른 형식을 취하고 있다는 점이다. 밑줄 친 부분의 오류 파악과 같은 문제는 출제되지 않는다는 점에 유의해야 한다. 그렇다고 지금까지의 문법지식이 전혀 필요 없다는 것은 아니며, 상당 부분 일치하기 때문에 단편적으로 알고 있었던 문법적 내용을 체계화할 필요가 있다는 것이다. 반드시 활용할 수 있는 문장과 연결해서 학습하도록 해야 한다.
그리고 TEPS 문법영역에서는 반드시 실용 문법에 숙달되어 있어야 좋은 점수를 기대할 수 있다. 여기서 실용문법이라고 하는 것은 독해는 물론 의사소통 능력에 직결되는 문법을 말한다. 분야별로 보면 독해와 마찬가지로 거꾸로 풀어나가는 것이 바람직하다.

중학생들도 풀 수 있는 Part I 의 경우 배점이 상식적으로 그렇게 높지 않은 반면, Part Ⅲ, Ⅳ의 경우 배점이 상당히 크다. 특히 45~50번은 반드시 풀어야 하며, 이 부분을 제대로 풀지 못했다는 것은 상당한 점수를 잃었다는 뜻이 된다.
문법영역에서 가장 중요한 부분은 시제이다. 시제문제는 항상 수업 때 강조하듯이 부사나 부사구에 대한 이해가 선행되어야 하고, 부분적인 공식도 중요하지만 12시제에 대한 전체적인 이해력이 상당히 요구된다. 그리고 요즘 중요하게 다루어지는 내용 중의 한 가지가 가정법에 대한 이해문제이다. 지금까지 치러진 TEPS시험에서 가정법 문제가 빠진 적이 거의 없었기 때문이다.
가정법 문제는 회당 3문제 정도가 출제되므로 가정법 과거완료와 혼합가정법, if의 생략 등에 대해서 명확한 이해가 필요하다. 그리고 수동 분사구문과 능동 분사구문을 직감적으로 파악할 수 있는 수준에 도달하도록, 많은 예문을 접하고 능동적으로 활용해 보는 연습이 필요하다. 수동 구문에 대한 이해는 관계사와 더불어 영어를 공부하는데 있어 가장 기본적인 사항이므로, 반드시 숙지하고 넘어가도록 하자.

◆ 대한민국 TEPS 최고 강사가 학원 커리큘럼에 맞게 구성한 12권의 LEVEL

대한민국 대표 텝스 강사 죠셉킴 선생님이 TEPS 관리위원회에서 출제한 11년간 정기시험을 철저히 분석, 최신 경향에 꼭 맞춘 문제만으로 교재를 만들고 커리큘럼을 구성했습니다. 모든 문제는 단순한 기출문제 변형이 아닌, 완전히 새로운 문제들로 구성하였습니다. 따라서 시중학원에서도 강사분들이 본 교재를 통해 무난히 고품격 TEPS 강의를 하실 수 있게 만들었습니다.

◆ 실전 감각을 키울 수 있습니다.

시중에 많은 문제집과 기출문제집이 있지만 본 교재는 현재 시행되고 있는 TEPS를 완벽하게 대비할 수 있게 정기시험 난이도에 맞췄습니다. 모든 문제는 기본에 충실하면서도 각 파트의 특성을 정확히 분석하여 TEPS 수험생들의 학습에 실질적인 보탬이 될 수 있도록 하였습니다. 실전과 똑같은 환경에서 모의 테스트를 치른다면 TEPS에 충분히 대비할 수 있습니다.

◆ 패턴이 아닌 핵심을 짚어주는 색다른 해설

많은 문제를 풀어서 유형에 익숙해지기보다는 문제 핵심에 대한 설명을 통해서 이것도 저것도 답이 될 수 있는 상황에서의 대처 능력을 키워야 합니다. 본 시리즈는 해당문제의 해법뿐만 아니라 그 문제와 관련된 다른 문제까지의 연계성을 통해 영문법 전체의 핵심을 파악할 수 있게 자세한 설명을 수록하였습니다.

●● TEPS를 알아보다!

TEPS는 Test of English Proficiency developed by Seoul National University의 약자로 서울대학교 언어교육원이 오랜 시간에 걸쳐 집중적인 연구를 통해 개발한 한국인의 실용 영어능력 평가시험이다. Proficiency는 '숙달도'라는 뜻으로서 그 사람의 영어 실력이 얼마나 몸에 배어 있고 익숙한가를 측정한다. 따라서 단순한 암기와 요령만으로 고득점을 얻게 되는 시험이 아니라 꾸준히 폭넓은 학습을 통하여 영어에 대한 전체적인 이해력이 바탕이 되어야 하는 시험이다. 또한 TEPS는 한국인들의 살아 있는 영어 실력을 가장 효과적이고 정확하게 측정해주며, 변별력에 있어서 수험자의 정확한 실력 파악에 실제적인 도움이 된다. TEPS 성적표는 수험생의 영어 능력을 파트별로 세분화하여 평가, 첨삭하여 주기 때문에 수험자에게 있어 어느 부분이 강하고 약한지를 쉽게 파악할 수 있게 해줄 뿐 아니라 효과적인 영어공부 방향을 제시해주기도 한다. TEPS는 다양하고 일반적인 영어능력을 평가하는 시험으로 시험기관인 서울대 진학뿐만 아니라 최근에는 신대원, 사관학교, 유학시험, 공무원시험, 인사고과 등 다양한 목적으로 사용되고 있다.

●● TEPS의 특징을 살펴보다!

✚ 편법과 눈속임이 통하지 않는 시험

개인의 어학능력은 결코 단기간에 급속도로 향상되지 않는다. 그런데도 실력배양은 아랑곳하지 않고 영어성적만을 올리기 위해 요령과 편법을 가르치는 교육기관이 현재 난무하고 있는 현실이다. TEPS는 수험자의 영어능력을 있는 그대로 정확하게 판단하기 위해 다양한 테스트 방법을 적용했다. 듣기시험에서 인쇄된 질문지를 주지 않고 방송으로 직접 들려주기 때문에 미리 문제를 보고 감을 잡는 편법과 요령이 통하지 않는다. 독해시험에서도 1지문 1문항 원칙을 지켜 한 문제의 답을 알면 그 뒤에 연결된 문제들의 답을 유추할 수 있는 가능성을 원천적으로 배제하였다.

✚ 속도화 시험

TEPS는 기존의 다른 시험에 비해 많은 지문을 주고 이를 짧은 시간 내에 이해하여 풀어낼 수 있는지를 측정한다. 이는 실제 생활에서 활용할 수 없는 단순암기 위주의 영어가 아니라 완벽히 습득하여 자유롭게 구사할 수 있는 "살아있는" 영어실력을 평가하기 위한 것이다.

✚ 첨단 테스팅 기법 도입

TEPS는 첨단 어학능력 검증기법인 문항반응 이론『IRT: Item Response Theory』을 도입했다. 문항반응 이론은 문항을 개발할 때 각 문항별로 1차 난이도를 정의하고 다시 시험 시행 후 전체 수험자들이 각각의 문항에 대해 맞고 틀린 것을 종합해 그 문항의 난이도를 2차로 재조정해 이를 근거로 다시 한 번 채점해 성적을 내게 된다. 이 과정에서 최고점은 990점, 최하점은 10점으로 조정된다. 특히 문항반응 이론은 맞은 개수의 합을 총점으로 하는 고전적인 평가방식과는 달리, 각 문항의 난이도와 변별력에 대한 수험자의 반응 패턴을 근거로 영어 능력을 추정하는 확률 이론이다. 결국 같은 개수의 정답을 맞추더라도 난이도가 높은 문제를 많이 맞춘 수험자가 좋은 점수를 취득하게 되어 있다. 문항반응 이론을 적용할 경우, 낮은 난이도의 문제를 많이 틀린 수험자가 높은 난이도의 문제를 맞출 경우 실력에 관계없이 추측(Guessing)이나 우연히 맞출 가능성이 높다고 판단하여 감점처리를 한다. 이러한 문항반응 이론은 가장 선진적인 검정방식으로서 TEPS는 이 이론에 기초한 국내 최초의 영어능력 평가시험이다.

●● TEPS 시험 진행에 관한 사항 『서울대학교 TEPS 관리위원회 홈페이지 기준』

TEPS 정기시험은 주로 일요일에 시행되지만 매년 1월, 5월, 7월, 10월에는 토요일(오후 3시)에 시행된다. 매년 11월 중에 다음 해 응시 일정이 발표되는데 시험은 일요일의 경우, 오전 9시30분에 치르게 되며, 대개 9시까지 고사실에 입실하여야 한다. 오전 9시30분부터 치르는 일요일 시험이 진행되는 과정을 정리하면 다음과 같다.

AM 09:20	입실 완료
AM 09:30~09:50	답안지 오리엔테이션 『각종 기재사항 기재』
AM 09:50~10:00	10분간 휴식 『시험 중간에 휴식시간 없음』
AM 10:00~10:05	문제지 배포
AM 10:05	시험 시작
AM 12:25	시험 종료

※ 시험 당일 사정에 따라 분 단위로 조금씩 변동이 있을 수 있다.

✚ 시험 시간

영역	파트	내용	문항 수	시간	배점
청해 Listening Comprehension	Part I	질의 응답	15	55분	400점
	Part II	짧은 대화	15		
	Part III	긴 대화	15		
	Part IV	담화문	15		
문법 Grammar	Part I	구어체	20	55분	100점
	Part II	문어체	20		
	Part III	대화문	5		
	Part IV	담화문	5		
어휘 Vocabulary	Part I	구어체	25	15분	100점
	Part II	문어체	25		
독해 Reading Comprehension	Part I	빈칸 채우기	16	45분	400점
	Part II	내용 이해	21		
	Part III	흐름 찾기	3		
			200문항	140분	990점

✚ TEPS 원서 접수

인터넷 접수	www.teps.or.kr 접속 후 '온라인 접수'메뉴 이용 (사진파일, 응시료를 결제 할 신용카드 및 인터넷 뱅킹 계좌)
방문 접수	가까운 접수처 이용 (3×4cm 사진 한 장, 응시료) *일반 접수 응시료: 일반 33,000원 / 군인 17,000원 (대상: 현역 간부, 군무원, 육사 / 해사 / 간호사관 생도) *추가접수 응시료: 일반 36,000원
정기 시험	연 12회

✚ 환불규정

접수 후 개인적인 사정으로 시험에 응시할 수 없는 경우, 접수를 취소할 수 있다.
(차기 회차로 연기는 불가능함.)

✚ 취소신청 방법

• 인터넷 취소신청: 회원만 가능하며 비회원은 회원가입 후 취소신청이 가능하다.
• 접수처 취소신청: 수험표와 신분증을 소지하고 가까운 접수처를 방문하여 취소신청을 할 수 있다.
　　　　　　　　(접수처 취소는 TEPS 접수 취소만 가능)
• 시험별 취소 환불금

『정기접수자』

– 정기접수기간 내: 33,000원 환불
– 익일 ~ 1주: 23,000원 환불
– 익일 ~ 시험 전일 15시 (토요일 시험: 전일 24시): 11,000원 환불

『추가접수자』

– 추가접수기간 내: 36,000원 환불
– 익일 ~ 시험 전일 15시(토요일 시험: 전일 24시): 11,000원 환불

✚ 성적 확인

정기시험의 성적은 시험일로부터 15일 이후 텝스 홈페이지(www.teps.or.kr)에서 확인이 가능하다. 정기시험 성적표는 시험일로부터 대략 20일 안에 우편으로 발송되고, 특별시험 성적표는 시험일로부터 7일 이내에 해당 기관이나 단체로 통보된다. 정기시험 응시자 중 텝스 성적표가 급히 필요한 사람은 텝스 사업본부(02- 886-3330)를 방문하여 성적표를 직접 수령해 갈 수 있다. 방문하여 성적표를 수령해 가고자 하는 경우 응시일로부터 12~13일이 지난 후 추가 수수료 2,000원과 신분증을 준비하여 방문하면 된다. 경우에 따라 성적 처리가 늦어지는 경우도 있으므로 방문 전에 성적표 수령 가능 여부를 전화로 확인하고 방문해야 한다.

✚ 시험 전날 점검 사항

TEPS는 보안이 철저히 유지되고 잘 유출되지 않는다. TEPS시험을 여러 번 보다 보면 대략적으로 그 방향과 성격을 어느 정도 파악할 수 있을 것이다. 실제로 시험을 본 사람만이 정확히 어떤 문제가 나오는지 체감할 수 있다. 그러므로 실제 시험에 응시하여 어느 정도의 유형과 경향, 분위기 등을 체험해보는 것이 도움이 된다. 하지만 여러 가지 사정으로 상황이 여의치 않을 경우 실제 출제경향에 맞춘 적중률 높은 실전 문제를 가능한 한 많이 풀어는 것도 시간을 절약하고, 심리적인 부담감을 줄일 수 있는 한 방법이다. 실전 문제를 풀 때는 실제 시험을 볼 때와 똑같은 긴장감과 똑같은 시간으로 집중하여 문제를 풀어야 한다. 오히려 실제 시험의 120% 정도의 긴장감과 120% 정도의 집중력으로 문제를 풀라고 권하고 싶다. 실제 시험에서는 더욱 더 긴장되고 예기치 않은 여러 변수가 작용할 수 있기 때문이다. 또한 청해 시험을 보는 동안은 "내가 어떤 방법으로 청취를 해야겠다"는 생각조차 잡념이 된다는 사실을 명심해야 한다. TEPS 청해는 어떠한 내용도 주어지지 않는다. 자칫하여 한 마디를 놓치게 되면 결국 그 문제뿐만 아니라 전반적인 시험에 영향을 끼치게 된다. 마음을 완전히 비우고 한 문제 한 문제에 대해 순간순간 정확한 판단을 하면서 최선을 다해 풀어야 할 것이다.

✚ 시험 당일

TEPS는 청해, 문법, 어휘, 독해 네 가지 영역으로 구성되어 있다. 시험은 청해 55분, 문법 25분, 어휘 15분, 독해 45분으로 진행된다. TEPS는 다른 영어시험과 달리 각 영역별로 주어진 시간에 그 영역의 문제만 풀도록 규정되어 있다. 정해진 시간 안에 정확하게 문제를 풀어내는 능력을 테스트하는 속도 시험이기 때문이다. 이 때문에 한 영역의 문제를 모두 끝냈다 하더라도 다른 영역의 문제를 풀 수 없다. 각 영역별 시간이 바뀔 때마다 방송이 나오고, 또 감독관이 칠판에 시간을 써놓기 때문에 수험생 본인이 시간 안배를 잘 해야 한다. 감독관 몰래 다른 영역의 시험을 풀어볼 수 있겠지만, 이 행위는 TEPS 규정에 따르면 명백한 부정행위이다. 참고할 것은 TEPS 시험 시 수정 테이프 사용이 가능하므로, 답안지를 바꾸지 않고 감독관에게 요청해 수정 테이프로 수정해도 아무런 문제가 없다.

시험에 들어가기 전 영문 이름, 주민등록번호, 주소 등 개인 신상에 관한 정보를 OCR 답안지에 입력할 때 실수하지 않도록 침착하고 정확하게 표기해야 한다. 만약 실수를 했을 경우엔 감독관에게 답안지를 바꾸어 달라고 요청하여 모든 정보를 새로 입력하면 된다. 실제 시험 전에는 모든 것이 불필요하게 긴장을 유발하는 요인이 될 수 있으므로 시험장에 여유 있게 도착하여 최상의 컨디션을 유지할 수 있도록 철저한 자기관리가 필요하다.

✚ 시간 안배

LC의 경우에는 TOEIC처럼 사진이나 문제가 미리 주어지지 않고 문자 그대로 들려주기만 하기 때문에 듣는 그 순간순간 내용포착을 잘 하는 것이 중요하다. 어휘의 경우 50문제를 15분에 풀어내야 하므로 한 문제당 15초 정도 이상을 할애하면 안 된다. 문법과 독해의 경우 뒤에 있는 문제부터 풀어나가는 것이 중요하다. 문법의 경우 50문제를 15분에 풀어내야 하므로 한 문제당 25초를 넘기면 안 된다. 특히 독해의 경우 38, 39, 40번 문제(파트 3)가 배점이 가장 높기 때문에 먼저 풀고, 그 다음 빈칸 채우기 형식의 파트 1(1-16번)을 푼 다음 파트 2(17-37)를 마지막으로 푸는 순서로 하는 것이 고득점을 얻을 수 있는 한 방법이다.

TEPS는 청해, 문법, 어휘, 독해 4개 영역에 걸쳐 총 200문항으로 구성되어 있으며 시험시간은 140분이다. 만점은 문항반응이론(IRT)에 따라 채점하기 때문에 전부 맞아도 990점이고 모두 틀려도 10점은 나온다.

✚ 청해 (Listening Comprehension) 60문항

정확한 청해 능력을 측정하기 위하여 문제와 보기문항을 문제지에 인쇄하지 않고 들려줌으로써 자연스러운 의사소통의 인지과정을 최대한 반영하였다. 다양한 의사소통 기능(Communicative Functions)의 대화와 다양한 상황(공고, 방송, 일상 업무 상황, 대학 교양수준의 강의 등)을 이해하는 데 필요한 전반적인 청해력을 측정하기 위해 대화문(Dialogue)과 담화문(Monologue)의 소재를 균형 있게 다루었다.

PART 1 (15문항)

Choose the most appropriate response to the statement. (1-15)

M: Do you think you could turn down the volume on the television?

W: ___________________________________

   (a) I certainly didn't mean anything by it.
   (b) I can't believe that you turned down the offer.
   (c) I didn't realize it was disturbing you.
   (d) No, I don't think he'll mind at all.

해석

남: TV의 볼륨을 좀 내려주실 수 있으세요?
여: ___________________________________

(a) 전 분명히 아무런 뜻도 없었어요.
(b) 당신이 제 제안을 거절 했다니 믿을 수 없어요.
(c) 당신을 방해하고 있는지 몰랐어요.
(d) 아니요, 그는 개의치 않아 할 것 같아요.

Part 1은 질의응답 문제를 다루며 한 번만 들려준다. 내용 자체는 단순하고 기본적인 수준의 생활 영어 표현으로 구성되어 있지만 교과서적인 지식보다는 재빠른 상황 판단 능력을 요구한다. 따라서 이 파트에서는 속도 적응 능력뿐만 아니라 순발력 있는 상황 판단 능력이 요구된다.

PART 2 (15문항)

Choose the most appropriate response to complete the conversation. (16-30)

W: Hello, I have an appointment with Dr. Summers.
M: OK. You must be Kate. I need you to fill out this form on your medical history.
W: All right. Here you go.
M: ___________________________________

   (a) Have you ever had these symptoms before?
   (b) I keep sneezing and my nose is runny all day.
   (c) Stay warm and drink plenty of water.
   (d) Please have a seat and the nurse will call your name soon.

해석

여: 안녕하세요, Summers선생님과 진료 예약을 했는데요.
남: 네, Kate맞으시죠? 병력에 대해 이 양식을 작성해 주시겠어요?
여: 알겠어요. 여기 있어요.
남: ___________________________________

(a) 이런 증세가 이전에도 있었나요?
(b) 계속 재채기가 나고 하루 종일 콧물이 흘러요.
(c) 몸을 따뜻하게 하시고 물을 충분히 마시세요.
(d) 자리에 앉아 계시면 간호사가 곧 호명할 거예요.

Part 2는 짧은 대화 문제로서 두 사람이 A–B–A–B 순으로 보통 속도로 대화하는 형식이며, 소요 시간은 약 12초 전후로 짧게 구성되어 있다. Part 1과 마찬가지로 한 번만 들려주는 부분이다.

PART 3 (15문항)

Choose the option that best answers the question. (31-45)

W: Have you decided what you're going to buy for your mother's birthday?
M: Not yet. She's very picky, so it's very hard to shop for her.
W: Well, you'd better decide soon. You only have a week.
M: I'm thinking about getting her this vase she saw in the mall the other day.
W: That's a good idea. Since she already saw it, you know she will like it.
M: The only problem is, they're out of stock in the store and will have to special order it.
W: Oh. Will it get here in time?
M: They said it shouldn't take any longer than three days, but maybe I'll find something else.

Q: Which is correct according to the dialogue?
  (a) The man wants the gift to be a surprise.
  (b) The man isn't sure what he's going to buy.
  (c) The woman wants to buy the man a gift.
  (d) The vase will take a week to arrive.

해석

여: 엄마 생일 선물로 뭘 살지 결정했니?
남: 아직. 우리 엄마는 아주 까다롭거든 그래서 엄마 선물을 사는 건 아주 어려워.
여: 빨리 결정을 해야 할 거야. 일 주일 밖에 안 남았잖아.
남: 지난 번에 엄마가 쇼핑 몰에서 본 꽃병을 살까 생각 중이야.
여: 그거 좋은 생각이네. 엄마가 보셨으니까 좋아하실 거라는 걸 알잖아.
남: 문제는 가게에 재고가 없어서 특별 주문을 해야 한다는 거야.
여: 그러면 제 시간에 도착할까?
남: 3일 이상은 안 걸릴 거라고 했는데, 아마도 다른 걸 찾아야겠지.

문제: 대화의 내용과 일치하는 것은?
(a) 남자는 선물이 깜짝 선물이 되길 바란다.
(b) 남자는 무엇을 살 지 잘 모른다.
(c) 여자는 남자에게 선물을 사 주고 싶어한다.
(d) 꽃병은 도착하는데 일주일이 걸릴 것이다.

Part 3는 앞의 두 파트에 비해 다소 긴 대화를 들려준다. 대신 대화 부분과 질문을 들려준 뒤 다시 한 번 대화 부분을 들려주기 때문에 대화의 길이가 길어진 것에 비하여 많이 어렵다고 할 수는 없다.

PART 4 (15문항)

Choose the option that best answers the question. (46-60)

Thanks for your interest in Happy Times Foods, a leading manufacturer of custom–made food products. Our main goal is to make sure you're always satisfied with our service and the selection we provide. We understand that the restaurant industry is highly competitive and that's why our premium breads, sauces, desserts, and other specialty items are prepared with you in mind. We even tailor our recipes and ingredients to your company's needs. So

해석

일류 주문 생산 식품 제조업체인 Happy Times Foods에 관심을 가져 주셔서 감사합니다. 저희의 주요 목표는 귀하께서 저희가 제공하는 서비스와 선택에 확실히 만족하도록 하는 것입니다. 저희는 식당 업계가 매우 경쟁이 심하다는 것을 알고 있기 때문에 저희의 고급 빵, 소스, 후식과 다른 별미 제품들은 귀하를 염두 하여 준비되고 있습니다. 저희는 귀사의 필요에 맞도록 저희 조리법과 재료들을 맞춤 제공하기도 합니다. 귀사의 식당이 성공을 이루도록 Happy Times Foods에 한 번 기회를 주시면 어떨까요?

why not give Happy Times Foods a chance to make your eatery a success?

Q: What is the announcement about?
  (a) an inquiry about an order
  (b) a complaint about a product
  (c) a follow-up to a potential customer
  (d) a proposal for an advertisement

문제: 공지 사항은 무엇에 관한 내용인가?
(a) 주문에 대한 문의
(b) 제품에 대한 항의
(c) 잠재적 고객에 대한 권유
(d) 광고에 대한 제안

Part 4는 담화문을 다룬다. 영어권 나라에서 영어로 뉴스를 듣거나 강의를 들을 때와 비슷한 상황을 설정하여 얼마나 잘 이해하는지를 측정하는 부분이다. 이야기의 주제, 목적, 화제, 세부 사항 및 이를 근거로 한 추론의 문제들이 출제된다. 직청 직해 실력, 즉 들으면서 곧바로 내용을 이해할 수 있는지를 잘 평가하는 부분이다.

✚ 문법 (Grammar) 50문항

밑줄 친 부분 중 오류를 식별하는 유형 등의 단편적이며 기계적인 문법지식 학습을 조장할 우려가 있는 분리식 시험 유형을 배제하고, 의미 있는 문맥을 근거로 오류를 식별하는 유형을 통하여 진정한 의사소통 능력의 바탕이 되는 살아 있는 문법, 어법능력을 문어체와 구어체를 통하여 측정한다.

PART 1 (20문항)

Choose the best answer for the blank. (1-20)

A: How was Felicia when you went to visit her yesterday?
B: I could tell she ___________________ although she tried to pretend that everything was OK.

  (a) have cried
  (b) had been crying
  (c) was crying
  (d) would be crying

해석
A: 네가 어제 방문했을 때 Felicia가 어땠어?
B: 그녀는 모든 게 괜찮은 척 하려고 노력했지만 울고 있었다는 걸 알 수 있었어.

Part 1은 A, B 두 사람의 짧은 대화를 통해 전치사 표현력, 구문 이해력, 품사 이해도, 시제, 접속사 등 문법에 대한 이해력을 묻는 형태로 되어 있다. 주로 후자(B)의 대화 중에 빈칸이 있으며, 이에 적절한 표현을 고르는 형식의 문제이다.

PART 2 (20문항)

Choose the best answer for the blank. (21-40)

___________________ performed some of the most popular songs in the history of music, the Beatles are

해석
음악 역사상 가장 인기 있는 노래들을 연주했기 때문에 비틀즈는 여전히 세계에서 가장 유명한 밴드들 중의 하나이다.

still one of the most celebrated bands in the world.

(a) As
(b) Have
(c) Had
(d) Having

Part 2는 문어체 질문을 다룬다. 서술문 속의 빈칸을 채우는 문제로 총 20문항으로 되어 있다. 이 파트에서는 문법 자체에 대한 이해도는 물론 구문에 대한 이해력이 중요하다.

PART 3 (5문항)

Identify the option that contains an awkward expression or an error in grammar. (41-45)

(a) A: I'm really bored. How about going out and seeing a movie or something?
(b) B: I don't know about that. Why do we always have to go out lately at night?
(c) A: Oh, come on. It's only 10:30 and the night is still young.
(d) B: Well, I guess it is Saturday and I feel kind of restless myself.

해석
(a) A: 정말 지루해. 나가서 영화를 보든지 하는 게 어때?
(b) B: 좋은 생각이 아닌 것 같아. 왜 꼭 밤 늦게 외출을 해야 하는데?
(c) A: 그러지 말고 가자. 이제 겨우 10시 30분이고 아직 이른 시간 이잖아.
(d) B: 하긴, 토요일이고 나도 잠이 안 오니까 괜찮겠지.

Answer
(b) lately → late

Part 3는 대화문에서 어법상 틀리거나 어색한 부분이 있는 문장을 고르는 문제로 구성 되어 있다. 이 영역 역시 문법뿐만 아니라 정확한 구문 파악, 회화 내용의 식별능력이 대단히 중요하다.

PART 4 (5문항)

Identify the option that contains an awkward expression or an error in grammar. (46-50)

(a) There is a widespread misconception that it is necessary to exercise for long periods of time every day in order to stay fit. **(b) Some people would be surprising to find that this is not necessarily the case.** (c) Many studies have shown that exercising for just thirty minutes a day, three times a week has significant health benefits. (d) The most important thing is to be faithful to a routine, rather than only hitting the gym sporadically.

해석
건강을 유지하기 위해서 매일 오랜 시간 동안 운동을 하는 것이 필요하다는 보편적인 오해가 있다. (b) 어떤 사람들은 이것이 사실이 아니라는 것을 알고 놀랄 것이다. (c) 많은 연구들에 의하면 하루에 30분 동안, 일주일에 세 번 운동을 하는 것이 상당한 건강상의 혜택이 있다는 것을 보여준다. (d) 가장 중요한 것은 어쩌다 한 번씩 체육관에 가는 것 보다는 꾸준한 일상을 유지하는 것이다.

Answer
(b) surprising → surprised

Part 4는 한 문단을 주고 그 가운데 문법적으로 틀리거나 어색한 문장을 고르는 다섯 문항으로 되어 있다. 틀린 부분을 신속하게 골라야 하므로 속독 능력도 굉장히 중요하다.

문맥 없이 단순한 동의어 및 반의어를 선택하는 시험 유형을 배제하고 의미 있는 문맥을 근거로 가장 적절한 어휘를 선택하는 유형을 문어체와 구어체로 나누어 측정한다.

PART 1 (25문항)

Choose the best answer for the blank. (1-25)

A: So I hear the tightrope walker is performing here tonight.

B: Yeah, his name is "Amazing Sam" and he's going to walk between two ten-__________________ buildings.

(a) story
(b) degree
(c) level
(d) layer

해석
A: 줄타기 꾼이 오늘 여기서 공연을 한다고 들었어.
B: 맞아. 그 사람의 이름은 "놀라운 Sam"인데 두 개의 10층 건물 사이를 걸을 거야.

Part 1은 구어체로 되어 있는 A, B의 대화 중 빈칸에 가장 적절한 단어를 넣는 25문항으로 구성되어 있다. 단어의 단편적인 의미보다는 문맥에서 쓰인 상대적인 의미를 더 중요시 한다.

PART 2 (25문항)

Choose the best answer for the blank. (26-50)

After stealing money from the company over the past five years, the accountant was arrested on a charge of __________________ , and if convicted, he could face serious jail time.

(a) deception
(b) embezzlement
(c) entrapment
(d) transmission

해석
지난 5년 동안 회사로부터 돈을 훔치고 나서 회계사는 **횡령** 혐의로 구속되었고 만일 유죄 판결을 받을 경우에 심각한 실형을 받게 될 수도 있다.

Part 2는 하나 또는 두 개의 문장으로 구성된 글 속의 빈칸에 들어갈 가장 적당한 단어를 선택하는 문제로 구성되어 있다. 어휘를 늘릴 때 한 개씩 단편적으로 암기하는 것보다는 하나의 표현으로, 즉 의미구로 알아 놓는 것이 15분이라는 제한된 시간 내에 어휘 시험을 정확히 푸는 데 많은 도움이 될 것이다.

교양 있는 수준의 글(신문, 잡지, 대학 교양과목 개론 등)과 실용적인 글(서신, 광고, 홍보, 지시문, 설명문, 도표, 양식 등)을 이해하는 데 요구되는 총체적인 독해력을 측정하기 위해서 실용문 및 비전문적 학술문과 같은 독해 지문의 소재를 균형 있게 다루었다.

PART 1 (16문항)

Read the passage. Then choose the option that best completes the passage. (1-16)

It's common knowledge that smoking, eating the wrong foods, and failing to get enough exercise are all contributors to poor health. But not many people truly understand that one of the most serious threats to well-being is stress. Medical professionals have known for years that stress can lead to serious physical and mental disorders. Research has shown that individuals who experience high levels of stress have high blood pressure, which affects cardiovascular health. In addition, stress not only worsens preexisting medical conditions, such as diabetes, but it may also suppress the body's ability to fight off illness. _________________ , it is important to understand the risks associated with life's pressures.

(a) Likewise
(b) In contrast
(c) Therefore
(d) However

해석

흡연과 나쁜 음식을 먹는 것, 그리고 충분한 운동을 하지 않는 것은 모두 건강을 해치는데 기여하는 요인들이라는 것은 상식이다. 그러나 건강에 가장 심각한 위협중의 하나는 스트레스라는 것을 진정으로 이해하는 사람들은 많지 않다. 의학 전문가들은 수 년 동안 스트레스가 심각한 신체적 정신적 장애를 일으킬 수 있다는 것을 알고 있었다. 연구에 의하면 높은 스트레스를 경험하는 사람들은 혈압이 높은 것으로 나타났는데 높은 혈압은 심장혈관 질환에 영향을 끼친다. 게다가 스트레스는 당뇨병과 같은 기존의 질병을 악화시킬 뿐만 아니라 질병을 물리치는 신체의 능력을 억제시킬 수도 있다. **그러므로** 삶의 압박감과 연관된 위험들을 이해하는 것이 중요하다.

(a) 이와 같이
(b) 대조적으로
(c) 그러므로
(d) 하지만

Part 1은 빈칸 넣기 유형이다. 한 단락의 글을 주고 그 안에 빈칸을 넣어 알맞은 표현을 고르는 16문항으로 이루어져 있다. 글 전체의 흐름을 파악하여 문맥상 빈칸에 들어갈 내용을 찾는 문제이다.

PART 2 (21문항)

Read the passage. Then choose the option that best answers the question. (17-37)

Even if the rest of your body is lean and mean, researchers now say that extra fat around the middle often referred to as "love handles" increases the risk of early death. Just two inches of excess flesh around the waist increased the chance of dying sooner by thirteen to seventeen percent. While the link between fat around the middle and health problems is not a

해석

당신 몸이 군살 없고 말랐어도, 현재 연구자들은 흔히 "러브 핸들"이라고 불리는 허리 부분의 군살이 조기 사망의 위험을 증가시킨다고 주장한다. 허리 둘레가 평균보다 2인치 초과하는 것만으로도 일찍 사망할 가능성이 13에서 17퍼센트까지 증가한다. 허리 둘레의 지방과 건강 문제간의 관련성이 새로운 것은 아니지만 가장 최근의 연구는 의사들에게 단순히 일반적인 체질량 지수를 사용하는 것이 심장질환과 같은 건강상의 위험을 평가하는데 있어 꼭 최고의 방법은 아니

new one, the newest study gives doctors much more evidence that simply using the standard body mass index (BMI) is not necessarily the best way to assess health risks such as cardiovascular disease. In fact, the study showed that adults with a healthy BMI but larger than average waists were still candidates for early deaths.

Q: Which of the following can be inferred from the passage?

(a) The group involved in the study was composed of male adults.

(b) Cardiovascular disease does not just affect the overweight.

(c) Doctors still need to study how body mass affects longevity.

(d) Losing excess fat around your waist can add years to your life.

라는 많은 증거를 제공한다. 실제로 연구에 의하면 건강한 체질량 지수를 가졌지만 평균 이상의 허리 둘레를 가진 성인들이 여전히 조기 사망을 할 수 있는 후보자들이라는 것을 보여주었다.

문제: 위 글의 내용에서 유추할 수 있는 것은?

(a) 연구에 참가한 집단은 남자 성인들로 구성되어 있었다.

(b) 심장 질환은 반드시 과체중인 사람에게만 발생하지 않는다.

(c) 의사들은 어떻게 체질량 지수가 수명에 영향을 끼치는지 연구할 필요가 있다.

(d) 허리 둘레의 과 지방을 없애는 것이 수명을 연장시킬 수 있다.

Part 2는 글의 내용 이해를 측정하는 문제로 21문항으로 구성되어 있다. 주제나 대의 혹은 전반적 논조 파악, 세부내용 파악, 논리적 추론 등이 있다.

PART 3 (3문항)

Read the passage. Then identify the option that does NOT belong. (38-40)

A breakthrough scientific discovery made in Germany may one day offer hope to millions of people affected by HIV. (a) Doctors say that a man who received a bone marrow transplant from a donor who had a genetic resistance to the virus appears to have been cured. **(b) HIV first came to the public's attention in the 1980s after French and American scientists discovered the infection.** (c) Although the patient's response to the transplant was highly unusual, doctors believe it may increase interest in gene therapy for the disease. (d) However, experts still maintain that to suggest that this case will lead to a cure would be a dangerous stretch.

해석
독일에서의 획기적인 과학적 발견은 HIV에 감염된 수백만명의 사람들에게 희망을 제공해 줄지도 모른다. (a) 의사들은 이 바이러스에 유전적인 항체를 지니고 있는 기부자로부터 골수 이식을 받은 한 남자가 완치된 것으로 보인다고 말한다. **(b) HIV는 1980년대 프랑스와 미국 과학자들이 감염을 발견한 후 대중의 이목을 받게 되었다.** (c) 이식에 대한 환자의 반응이 매우 특이하긴 했지만 의사들은 이것이 에이즈에 대한 유전자 치료법에 대한 관심을 증가시킬 것이라고 믿는다. (d) 그러나 전문가들은 여전히 이 경우가 치료법에 이르게 될 것이라고 주장하는 것은 위험하다는 입장을 고수한다.

Part 3는 한 문단의 글에서 내용의 흐름상 어색한 곳을 고르는 문제로 3문항으로 구성되어 있다. 전체 흐름을 파악하여 흐름상 필요 없는 내용을 고르는 문제이다. 이런 유형의 문제는 응집력 있는 영작문 실력을 간접적으로 측정한다.

등급	점수	영역	능력검정기준
1+급	901-990	전반	교양있는 원어민에 버금가는 정도로 의사소통이 가능하고 전문분야 업무에 대처할 수 있음.
	361-400	청해	교양있는 원어민에 버금가는 수준의 청해력
		독해	교양있는 원어민에 버금가는 수준의 독해력
	91-100	문법	교양있는 원어민에 버금가는 수준으로 내재화된 문법능력
		어휘	교양있는 원어민에 버금가는 수준으로 내재화된 어휘력
1급	801-900	전반	단기간 집중 교육을 받으면 대부분의 의사소통이 가능하고 전문분야 업무에 별 무리 없이 대처할 수 있음.
	321-360	청해 독해	다양한 상황의 수준 높은 내용을 별 무리 없이 이해할 수 있는 정도의 청해, 독해력
	81-90	문법 어휘	다양한 구문을 별 무리 없이 신속하게 이해할 수 있을 정도로 내재화된 문법, 어휘 능력
2+급	701-800	전반	단기간 집중 교육을 받으면 일반 분야업무를 큰 어려움 없이 수행할 수 있음.
	281-320	청해 독해	일반적 소재에 보통수준의 내용을 별 무리 없이 이해하는 정도의 청해력과 독해력
	71-80	문법 어휘	일반적인 구문을 별 무리 없이 이해하는 정도의 문법능력, 어휘력
2급	601-700	전반	중장기간 집중 교육을 받으면 일반분야 업무를 큰 어려움 없이 수행할 수 있음.
	241-280	청해 독해	일반적 상황에 보통수준의 내용을 대체로 이해하는 정도의 청해력과 독해력
	61-70	문법	일반적인 구문을 대체로 이해하는 정도의 문법 능력
		어휘	일반적인 표현을 대체로 이해하는 정도의 어휘력
3+급	501-600	전반	중장기간 집중 교육을 받으면 한정된 분야의 업무를 큰 어려움 없이 수행할 수 있음.
	201-240	청해	일반적 상황에 보통 수준의 내용을 다소 이해하는 정도의 청해력
		독해	일반적 소재에 보통 수준의 내용을 다소 이해하는 정도의 독해력
	51-60	문법	일반적인 구문에 대한 의미파악이 어느 정도 가능한 문법 능력
		어휘	일반적인 표현에 대한 의미파악이 어느 정도 가능한 어휘력
3급	401-500	전반	중장기간 집중 교육을 받으면 한정된 분야의 업무를 다소 미흡하지만 큰 지장없이 수행할 수 있음.
	161-200	청해 독해	일반적인 상황에 보통수준의 내용을 이해하기 다소 어려운 정도의 청해력과 독해력
	41-50	문법	일반적인 구문에 대한 신속한 의미파악이 다소 어려운 정도의 문법능력
		어휘	일반적인 표현에 대한 신속한 의미파악이 다소 어려운 정도의 어휘력
4+급	301-400 201-300	전반	장기간의 집중 교육을 받으면 한정된 분야의 업무를 대체로 어렵게 수행 할 수 있음.
5+급	101-200 10-100	전반	단편적인 지식만을 갖추고 있어 의사소통이 거의 불가능함.

● ● TEPS 관련시험 소개

1. i-TEPS (Integrated Test of English Proficiency developed by Seoul national University)

i-TEPS는 서울대학교 언어교육원에서 출제하고 서울대학교 TEPS관리위원회에서 주관, 시행하는 통합 영어능력평가 시험이다. i-TEPS는 별도로 시행되며 기존 TEPS와 TEPS-Speaking & Writing 시험은 현행과 같이 유지된다. 듣기, 읽기, 말하기, 쓰기 능력은 서로 밀접한 관계를 가진 요소로 듣기, 읽기 능력 혹은 말하기, 쓰기 능력의 측정만으로는 정확한 영어능력을 평가하기 어려우므로 i-TEPS는 유기적인 연관성을 지닌 이 네 가지 의사소통능력을 통합적으로 측정하여 수험자의 영어능력에 대한 정확한 평가를 하는 것을 목적으로 한다. i-TEPS는 국내 최고 권위의 영어능력평가로 듣기, 읽기 분야에서 탁월한 변별력을 인정받은 TEPS와 국내 최초 CBT방식의 영어 말하기, 쓰기 시험인 TEPS-Speaking & Writing의 성공 노하우를 바탕으로 개발되었다. 실전 영어능력을 보다 정밀하게 측정할 수 있도록 세분화된 채점 요소를 적용하고 있으며, 출제자와 채점자를 어학분야의 최고 전문가들로 선정하여 높은 신뢰도와 탁월한 변별력을 지니고 있다. 한번의 시험으로 듣기, 말하기, 읽기, 쓰기 능력을 종합적으로 평가함으로써 각각의 영역을 별도로 평가해야 하는 여타 시험과 비교하여도 응시료 부담이 적다. i-TEPS는 최소의 시간과 비용으로 수험자의 영어능력을 정확히 측정하는 효율성이 높은 시험이다.

i-TEPS는 Listening, Grammar & Vocabulary, Reading, Speaking, Writing의 5개 영역에 걸쳐 총 143문항으로 구성되어 있으며 시험시간은 약 2시간 45분이다. 총점은 각 영역의 점수를 합산하여 400점 만점으로 채점된다.

* I-TEPS 에 관한 더 자세한 정보는 TEPS 관리위원회 홈페이지 (www.teps.or.kr)에서 얻을 수 있다.

2. TEPS Speaking & Writing

TEPS-Speaking & Writing 은 서울대학교 언어교육원에서 출제하고 서울대학교 TEPS관리위원회가 주관, 시행하는 영어 말하기, 쓰기 시험이다. 대규모로 치러지는 영어능력검정에서 평가하기 어려운 말하기, 쓰기 능력을 보다 정밀하게 측정하기 위해 세분화된 채점 요소를 적용하고 있으며, 출제자와 채점자 모두 어학분야의 최고 전문가로 구성되어 탁월한 변별력을 지니고 있다. 보다 객관적인 채점을 위해 분석적 채점과 종합적 채점이 포함된 5 단계 채점체계와 문항별 채점방식을 채택하였다. TEPS-Speaking & Writing 은 컴퓨터 모니터를 통해 지문과 그림이 제시되면 수험자가 이에 대해 답변을 하는 CBT 방식으로 시행된다. 편리한 인터페이스와 화면구성을 개선하고 테스트의 전 과정을 자동화하여 수험자의 편의를 증대시켰다. 한국수출입은행, 외교통상부 등의 기관에서 신입사원 모집 및 해외파견직원 선발시험에 TEPS-Speaking & Writing을 채택하고 있다.

3. SNULT

SNULT는 Seoul National University Language Test의 약자로, 서울대학교 언어교육원에서 개발하여 TEPS 관리위원회에서 시행하는 시험이다. SNULT 정기시험은 7개 언어(영어, 일본어, 중국어, 프랑스어, 독일어, 스페인어, 러시아어)로 구성되어 있다. 완벽한 보안 속에서 해당 언어의 박사 학위를 소지한 연구원, 원어민, 교수 등 최고의 전문가들이 출제와 검토 후 녹음과 인쇄를 거쳐 시행하고 있으며, 지난 30여 년간의 시험 데이터와 성과를 바탕으로 한 신뢰도와 타당도가 매우 높은 시험이다.

근래에는 신입사원 선발과 각급 기관 단체의 직원 인사 고과를 위한 교육훈련, 성적평가 등의 용도로 어학능력 평가에 대한 요구가 증가하여 연간 200,000명 정도가 외국어 능력을 검정 받고 있다.

＊ i-TEPS 및 SNULT 에 관한 더 자세한 정보는 TEPS 관리위원회 홈페이지 (www.teps.or.kr)에서 얻을 수 있다.

전문강사가 알려드리는 변화하는 TEPS 시험의 올바른 이해

TEPS는 수험자의 영어능력을 있는 그대로 정확하게 판단하기 위해 다양한 테스트 방법을 적용했습니다. 예를 들어 듣기시험에서 인쇄된 질문지를 주지 않고 방송으로 직접 들려주기 때문에 미리 문제를 보고 감을 잡는 요령이 통하지 않으며 독해 시험도 1 지문 1 문항 원칙을 지켜 한 문제의 답을 알면 그 뒤에 연결된 문제들의 답을 유추할 수 있는 가능성을 원천적으로 배제했습니다.

TEPS의 채점기준은 상대평가이며 해당 시험의 난이도, 응시인원에 따라 채점기준이 달라질 수 있습니다. 작년 10월 부터 새로운 텝스시험인 i-TEPS가 시작되었는데, 기존 텝스시험과는 별도로 시행됩니다. 이 시험은 Intergrated Test of English Proficiency developed by Seoul National University의 약자로 듣기, 읽기, 말하기, 쓰기능력을 종합적으로 측정하는 통합영어능력평가 시험입니다. i-TEPS는 영어능력평가로 듣기, 읽기 분야에서 탁월한 변별력을 인정받은 TEPS와 국내 최초 CBT방식의 영어 말하기, 쓰기 시험인 TEPS-Speaking & Writing를 기본으로 구성이 되어있으며 기존의 TEPS와 TEPS - Speaking & Writing을 통합하여 한번에 보는 것이라고 생각하시면 됩니다.

최근들어 중고생들 사이에서 특히 TEPS에 대한 관심이 높아지면서 TEPS 인지도가 예전보다 크게 높아졌음을 느낄 수 있습니다. 하지만, 정작 TEPS가 어떤 의미를 가진 시험인지는 TEPS 학습자들 상당수가 올바로 이해하고 있지 못한 것이 현실입니다. 따라서 TEPS 공부를 TOEFL-TOEIC 공부할 때처럼 그냥 단어장 암기하고, 시중 참고서 한번 죽 훑어보고, 실전모의고사 문제집 한 두권 풀어서 틀린 문제 정리하는 식으로 하며, 거의 대부분의 학습자들이 몇 개월 동안 성적 향상이 안 돼서 매우 스트레스를 받습니다. "지피지기(知彼知己)면 백전백승(百戰百勝)"이라고 했습니다. TEPS를 올바로 이해하는 것이 TEPS 고득점을 위한 첩경이 아닐 수 없습니다.

TEPS의 P는 proficiency이며, 이것은 "숙달"이라는 뜻입니다. proficiency와 상대적인 개념이 knowledge(지식)입니다. TOEFL-TOEIC처럼 지식을 측정하는 시험의 특징은 문제의 양은 적고 제한시간이 넉넉해서 충분히 사고(思考)할 시간을 주는 것입니다. 이에 비해, TEPS처럼 '숙달'을 측정하는 시험은 문제의 양은 많고 제한시간이 적어서 사고(思考)할 시간을 주지 않습니다. 따라서, TEPS는 제한시간 내에 모두 풀어야 하는 개념이 아니라, 제한시간 내에 얼마만큼 풀 수 있는가를 측정하는 시험인 것입니다. 이런 개념에 익숙지 않은 수험자들은 자신의 능력 범위를 넘어 TEPS의 모든 문제를 풀려고 무작정 서두르다가 문제를 다 풀지도 못하고 푼 문제마저도 틀리는 최악의 경우를 경험하게 됩니다. TEPS처럼 '숙달'을 측정하는 시험에서 과욕은 금물입니다. 풀 수 있는 만큼만 여유 있게 풀겠다는 마음가짐이 더 좋은 결과를 가져옵니다.

정형화된 문제와 반복 출제되는 문제들이 많아서 모의고사 문제풀이를 많이 할수록 유리한 TOEFL, TOEIC 시험들과는 달리 생활영어 및 시사영어 시험인 TEPS는 청해 속도가 TOEFL,TOEIC보다 2배 이상 빠르고, 시사영어를 다루는 시험답게 TEPS RC에서 다루는 주제는 '정치, 경제, 사회, 문화, 건강, 예술, 종교, 환경' 등 상당히 다양하고 포괄적입니다.

이러한 특징의 TEPS를 준비하는 데 있어서 가장 중요한 학습법은 다독입니다. 평소에 다양한 주제의 영어를 읽은 사람들은 시험문제의 RC 지문 내용을 모두 읽지 않고도 첫 문장만 가지고 정답을 찾을 수 있는 문제들이 의외로 많기 때문에 시간이 전혀 모자라지 않습니다. 적어도 글을 빨리 읽을 수 있는 능력이 생기게 됩니다. 예를 들어, 지구 온난화와 이상 기온 문제, 국제 분쟁 상황이나 세계의 고대, 근대 역사등에 대해 평소에 영자신문의 시사적인 내용을 관심 있게 읽은 사람들은 그에 관한 독해 혹은 청해 문제를 아주 수월하게 풀 수 있습니다.

파트3,4의 경우 대화나 지문은 그리 어렵지 않은데 선택지에 등장하는 어휘가 난이도가 있어서 힘들게 푸는 문제도 등장했고 또 앞으로도 등장할것이기 때문에 평소에 어휘 공부를 틈틈이 해두는 것이 도움이 될 것입니다. 그리고 기존의 TOEIC이나 TOEFL시험에서 편법에 의존하지 않고 착실히 청해능력을 쌓아 온 응시자라면 크게 걱정할 수준은 아닐 것입니다.

내용면에서 있어서 Listening을 공부할 때 지나치게 TEPS라는 점에 얽매이지 말고, 꾸준히 관심을 갖고 착실하게 준비하면 충분히 고득점이 가능한 영역이 청해입니다. TOEIC이 실무 영어에 편중되어 있고, TOEFL이 학술 영어에 치중하고 있다는 한계를 극복하기 위해 TEPS가 개발되었다는 점을 상기하면서 학습에 임하면 좋은 효과를 거둘 수 있을 것입니다.

청해영역 에 대해서 살펴보면 Part Ⅰ 에서 Part Ⅲ 까지는 까다로운 관용표현들을 제외하면 큰 무리가 없다고 하겠으나 Part Ⅳ 에 자주 등장하는 기사체의 문장에 까다로움을 느끼는 응시자들이 의외로 많은 것으로 보입니다. 이 Part는 특별한 준비 방법보다는 평소에 영자신문을 자주 접하고 빠른 속도로 의미를 생각하면서 읽는 훈련을 꾸준히 하면 좋은 성과를 얻을 수 있을 것입니다.

청해의 비법이란 다름이 아니라 모국어 화자가 말하는 속도에 버금가는 독해 속도를 연마하는 것입니다. 최소한 1분에 160자 정도를 읽고 이해할 수 있으면 여러분의 영어청취 정복은 시간문제라고 해도 과언이 아닙니다. 독해력이 뒷받침이 되지 않은 상태에서 한두 달, 또는 서너 달 만에 청해를 정복할 수 있다는 순진한 생각은 빨리 버리는 것이 좋을 것입니다.

문법영역 의 경우 50문제에 25분이 주어지므로 계산상으로는 문제당 25초를 쓸 수 있지만, 답을 기입하는 시간 등을 감안하면 한 문제를 약 20초 이내에 해결할 수 있어야 합니다.
따라서, 문장의 구조를 분석하려 하기 보다는 직감적으로 표현의 옳고 그름을 파악할 수 있는 수준에 이르도록 노력해야 합니다. 또한 TEPS의 문법영역은 기존의 TOEIC이나 TOEFL과는 크게 다른 형식을 취하고 있습니다. 밑줄 친 부분의 오류 파악과 같은 문제는 출제되지 않는다는 점에 유의해야 합니다. 그렇다고 지금까지의 문법지식이 전혀 필요 없다는 것은 아니며, 상당부분 일치하기 때문에 단편적으로 알고 있었던 문법적 내용을 체계화 할 필요가 있습니다. 반드시 활용할 수 있는 문장과 연결해서 학습하도록 해야 합니다.

그리고 TEPS 문법영역에서는 반드시 실용문법에 숙달되어 있어야 좋은 점수를 기대할 수 있습니다. 여기서 실용문법이라고 하는 것은 독해는 물론 의사소통 능력에 직결되는 문법을 말합니다.

분야별로 보면 TEPS 문법영역에서 중요하게 다루어지는 내용 중 한 가지가 화법에 대한 이해문제입니다. 지금까지 치러진 TEPS시험에서 화법 문제가 빠진 적이 거의 없었습니다. 화법문제는 관용표현과 겹쳐서 출제가 되므로 평소에 청해나 어휘표현을 암기할 때 각 상황과 표현에 대한 명확한 이해가 필요합니다.

그리고 수동분사구문과 능동분사구문을 직감적으로 파악할 수 있는 수준에 도달하도록 많은 예문을 접하고, 능동적으로 활용해 보아야 합니다. 수동 구문에 대한 이해는 관계사와 더불어 영어를 공부하는 데 있어 가장 기본적인 사항이므로, 반드시 숙지하고 넘어가야 합니다.
다음으로 부정사, 동명사의 쓰임에도 눈여겨 볼 필요가 있습니다. 이 부분도 TEPS 문법영역에서 자주 출제되는데, 단편적으로 to부정사를 목적어로 취하는 동사 내지는 동명사를 목적어로 취하는 동사를 암기하기 보다는 다양한 표현을 접하면서 to부정사나 동명사가 나올 때마다 관심을 갖고 하나씩 익혀 나가는 것이 효과적입니다.

지금까지 치러진 일반 시험의 내용을 토대로 TEPS 문법영역의 문제의 성격을 분석해본 결과, 수동표현과 능동표현의 이해를 묻는 문제도 여러 형식으로 출제된 것으로 파악됩니다. 이 부분은 능동태와 수동태에 대한 이해를 철저히 한 다음, 준동사 구문에서도 이를 자유롭게 활용할 수 있느냐 하는 것이 관건이 됩니다.

어휘영역 에서는 쉬운 단어에 특히 주목할 필요가 있습니다. 우리가 익숙하다고 주의를 기울이지 않지만, 실상은 정확한 쓰임을 몰라서 실수할 수 있는 단어들이 TEPS 어휘영역의 주요 출제 대상이 됩니다. 그리고 철자가 비슷한 단어들이나 모양이 비슷한 단어들을 구별하는 문제들도 매회 거의 빠지지 않고 출제되고 있습니다. 흔히 동의어라고 생각되지만, 쓰임이 각각 다른 단어들이 많이 있으므로, 양적인 면에서 너무 집착하지 말고 개별단어의 정확한 쓰임을 의미 있는 문장을 통해 착실히 익혀두는 습관이 필요합니다.

중고생들의 경우 가급적이면 예문이 풍부한 영영사전을 이용하는 것이 좋고, 이러한 실용영어능력에 추가하여 SAT나 TOEFL 수준의 어휘력으로 보강한다면 TEPS 어휘영역에서 큰 어려움은 없을 것입니다.

개인적인 목적이 있다면 모르겠지만, 몇 년이 가도 한 번 볼까 말까한 난해한 어휘를 공부하는데 더 이상 시간을 낭비하지 않는 것이 좋습니다. TEPS에서는 실제 영어에서 활용 빈도가 낮은 표현이나 구문은 출제를 꺼리는 경향이 있다는 점을 명심해 두기를 바랍니다.

지금까지 TEPS 어휘영역에서 출제된 단어의 수준은 기존의 다른 영어 시험들과 비교할 때 결코 어렵다고 할 수는 없으나, 한 문제당 주어지는 시간이 총 15초 밖에 안되므로 기본적으로 속도 감각이 뒷받침 되어야 좋은 점수를 얻을 수 있습니다. 신속한 문제 해결 능력을 위해서는 정확한 표현이 내재화되어 있어야 하므로, 쉬운 의미라고 하더라도 반복적으로 활용하는 습관이 중요합니다.

그리고 informal한 영어 표현들에도 익숙해져야 합니다. 여기서 informal이라는 말은 경의 없이 일반 구어체에서 빈번하게 사용되는 표현으로, 저속한 표현과는 다른 개념입니다.

문어체 표현과 관련해서는 기존의 다른 시험과 큰 차이를 나타내지 않고 있습니다.

TEPS 어휘영역에서는 문제를 빠른 속도로 해석하지 못하면 정답을 맞출 수 없습니다. 개별적인 단어의 뜻을 아는 것만으로는 부족합니다. 따라서 이 영역은 독해와 청해의 기초를 쌓는다는 마음으로 접근하기를 바랍니다.

독해영역 에서는 한 문제의 길이는 평균적으로 6~7줄 정도이고, 단어수도 100단어를 넘지 않는 것이 보통입니다. 그렇지만 여기에 질문을 읽는 시간과 문제를 푸는 시간을 더한다면 기본적으로 1분에 200단어 이상을 소화해낼 수 있어야 합니다. 내용면에서 볼 때, 전문적인 학술문은 출제되지 않고 있는데, 앞으로도 이러한 경향은 지속되리라고 판단됩니다.

실무적인 내용의 문제로는 상품판매, 예약편지, 광고 등을 소재로 한 것들이 있고, 시사적인 내용과 관련해서는 유럽의 금융 관련 기사, UN의 위상 약화에 대해 언급한 글 등이 있습니다. 글의 수준은 영자신문을 무리 없이 읽을 수 있는 정도면 된다고 봅니다. 영자신문은 꼭 시사적인 내용에 익숙해진다는 차원보다는 일반적인 교양을 위해서도 가까이할 만합니다.

최근 독해시험 영역에서는 정보를 전달하는 목적의 글이 자주 등장하는 편입니다. 하지만 명심하실 것은 회를 거듭하면서 한 분야에 치중된 내용의 출제는 가급적 피할 것으로 예상되기 때문에, 특정 분야의 글이나 문체에 편중된 독서를 하지 말고 가급적 다양한 내용의 글을 접하는 것이 좋습니다.

여전히 과학 및 의학 분야의 글도 꾸준히 등장하고 있으므로, 지구 이상기후나 나 인간 복제 등과 같은 시사성이 있는 내용들에도 관심을 가지고 읽어두면 좋고, 상업서한 부분도 3-4문제 정도 출제가 되고 있는데, 서식 자체에 대한 이해뿐만 아니라, 편지의 내용에 대한 것도 이해하고 있어야 원활하게 문제를 풀어 나갈 수 있습니다.

독해영역에서 좋은 점수를 얻으려면 글의 대의 파악 능력이 절대적으로 요구됩니다. 이를 위해서는, 영어로 된 책이나 신문 등을 읽을 때, Paragraph별로 요지를 파악해보는 연습을 하는 것이 좋습니다. 글을 읽고 내용을 요약할 수 없다면, 사실상 글을 제대로 읽었다고 할 수 없지요. 대의 파악 능력 자체가 바로 독해능력이고, 실질적인 자신의 영어 실력인 것입니다.

아무쪼록 대한민국 제1의 출판사 랭귀지 플러스와 TEPS 1등 강사 저 죠셉킴과 함께 최선을 다하셔서 최고의 결과를 얻으시길 바랍니다.

Joseph Kim

▶ 청해 Listening

청해시험의 경우 두 가지 정도 기존의 시험과 비교되는 다른 점이 있는데 첫째는, 화자들의 말하는 속도가 좀 빨라진 느낌이고, 둘째는 PartⅢ와 PartⅣ가 분량 면에서 좀 짧아졌다는 점이다. 따라서 문제의 유형이 반드시 동일하지 않을 수도 있으므로 어떤 내용이든 소화해 낼 수 있는 능력을 갖추는 것이 중요하다. 내용면에서는 길 묻기, 전화 통화, 공항의 안내방송 등 이전 시험에서 다루었던 내용과 큰 차이는 없다.

청해영역의 학습은 다른 영역에 비해 많은 시간과 노력이 요구되기 때문에 일단 조급한 마음을 갖지 말고 확실히 대비하는 것이 가장 중요하다. 청해를 처음 시작하는 사람들은 자연히 의미보다는 개별적인 소리에 정신을 집중하게 되는데, 이러한 단계에서 벗어나서 의미에 주의를 기울이는 수준에 이르면 청해가 재미있어질 것이다.

청해영역을 공부할 때 가장 나쁜 방법은 일방적으로 듣기만 하는 것인데, 반드시 큰 소리로 직접, 그리고 감정을 실어서 발음하는 연습을 꾸준히 하다보면 이것이 아주 효과적인 방법임을 스스로 깨닫게 될 것이다. 그리고 청해 실력을 기르기 위해서는 CD 나 MP3를 자주 듣고 따라하는 것도 중요하지만, 표현 자체를 모르면 소리가 들린다 하더라도 의미를 이해할 수 없으므로 유용한 표현과 구문을 평소에 많이 학습해 두어야 한다. 이러한 방법이 결과적으로 문법영역이나 어휘영역에도 많은 도움이 된다는 사실을 여러분 스스로 느낄 것이다.

●● 세부적인 청해분석과 공부법

1. Listening

청해 영역은 55분 동안 들려주는 문제를 들으면서 60문제를 공략해야하며, 정답표시에 주어지는 시간은 문제당 2~3 초에 불과하다.

즉 Native Speaker의 음성은 1분당 150~200단어의 속도로 방송되며, 수험자는 그 내용을 들으면서 곧바로 해석하는 능력이 요구된다.

또한 청해영역은 문제지에 인쇄된 문구가 전혀 없으므로 청각에만 의존해야하며, 60문제 전체가 상황이 다르고 서로 아무런 관련도 없는 만큼 피로감도 대단히 크게 느끼게 될것이다.

속도 적응력과 재빠른 판단을 요구하는 것은 회화문제와 설명문 문제에 모두 공통된다. 설명문 문제에 대비하는 가장 좋은 방법은 서로 관련이 없는 단문, 대화문, 설명문 등을 반복해서 듣는 부단한 연습이다.

회화 문제도 마찬가지이지만 또 하나 중요한 점은 영어의 음을 식별하는 능력이다.

예를 들면 club/glove, coffee/copy, seat/sit 등을 구분할 수 있는 능력을 길러야 하며, 이것은 발음과 청취 모두 해당되는 것이므로 훈련을 게을리하지 말아야한다.

회화문제와 설명문 문제 모두 영화, 뉴스해설, AFKN, 특집 프로그램을 적극적으로 활용하도록 하고, 특히 날짜나 숫자가 나오면 문제지 여백에 빠르게 메모해 두는 습관을 기르는게 좋다.

출제자의 의도를 미리 파악해서 예측해보는것도 좋은 방법이다. 또한 중간에 모르는 단어나 표현이 나와도 당황하지말고, 계속해서 성우의 음성을 따라가면서 문맥 속에서 뜻을 유추해 전체의 뜻을 파악하도록 해야한다.

또한 지문에 나온 단어와 발음이 비슷한 단어가 있을 때는 무턱대고 반가운 마음에 답으로 고르지 말고, 다시 한번 생각해 보아야한다. 이러한 단어들은 혼동을 유발하기 위한 함정일 가능성이 크기 때문이다. 단, 주의할 것은 단어들을 단독으로 익히는 것으로 끝내서는 안되고 이에 대한 기본 지식을 습득한 후에 문맥 속에서 그 의미를 파악하는일이 무엇보다 중요하다.

TEPS LC는 영어를 수동적으로만 학습하는 사람에겐 어렵게 느껴질 수 있다. 지금까지 우리는 생각하는 영어보다 받아들이는 영어에 익숙해왔기 때문이다. 모두가 적혀 있거나 흘러나오는 영어만 수동적으로 접하였고 영어를 사용할 일이 없었을뿐더러 적극적으로 활용하려 하지도 않았다. 사실 실생활에서 주고 받는 대화에 정답이 있을까? 답이 한 두가지로 결판날 수 없는 상황이 많다는 것이 TEPS 청해시험의 요점이다. 그렇다면 어떻게 대비해야 할까? 여기에 대응하려면 문장을 대화 단위로 암기하는것 외엔 다른 방법이 없다는 것이다. 이제부터는 한문장을 암기했다고 만족하지 말고 대화 가능한 대답을 모두 알아두어야 한다.

Part 1
1. 기본 정답 숙어, 표현들을 익힌다.
2. 절대로 답이 될 수 없는 것을 꼭 체크한다.
3. 제일 정답률이 낮은 파트로 문제내용보다는 문제의도를 파악하는 훈련이 필요하다.
4. 항상 나오는 상황과 표현들을 미리 숙지해야 한다.
5. 문제와 답을 항상 같이 외운다.

Part 2
1. 첫 문장에서 전체 흐름을 파악하고 듣는다.
2. 두 번째 화자의 어투로 답을 짐작한다. (긍정적 또는 부정적)
3. 세 번째 문장이 답의 80%를 좌우한다. (첫 문장을 이해해야 되는 문제들이 많다.)
4. 항상 나오는 상황표현들을 익혀 둔다.

Part 3
1. 상당수가 답을 결정하므로, 처음에 나오는 첫 두 문장을 놓치지 않는다.
2. 평소에 항상 듣고 난 후 대화의 Main Idea를 찾는 훈련을 한다.
3. 처음 들을 때는 하나하나 들으려고 하지 말고 전체내용의 핵심을 파악한다. 대화의 주인공이 누구인지 파악하고 그 화자의 말에 초점을 맞춘다.
4. 두 번째 들을 때는 중요한 내용은 메모를 한다.
5. 질문 유형은 Main idea 고르기, 사실부분 찾기, 의문사로 시작되는 질문, 화자의 어투, 유추하는 문제 등이 있다.

Part 4
1. 첫 한, 두 문장이 제일 중요하다.
2. 전체 내용을 파악하는 훈련을 평소에 한다.

3. 주제별 어휘를 습득한다.
4. 질문의 대부분은 핵심을 묻는다.
5. 자주 등장하는 내용에 익숙해 있어야 한다.

▶문법 Grammar

TEPS 의 문법영역은 전체 50문항으로 구성되어 있으며, 25분내에 풀어야한다.

TEPS 문법공부는 기존의 정형화된 규범 문법이 아니라 어법을 공부하는 방향으로 접근해야 할 것이다. 배점은 100점으로 상대적으로 적은 점수이다. 그러나 고득점을 노리는 사람에게 있어서는 "승부처"라고 할 수 있을만큼 중요한 영역이다.

적절한 표현 고르기와 틀린 어법(문법)으로 된 구절 찾기로 나뉘어 있으며, 난이도 1부터 난이도 5까지 있다.

난이도 2~3에 해당되는 문제가 가장많고, 난이도 1이나 5에 해당하는 문제는 상대적으로 적게 출제되지만 난이도가 높을수록 문제 배점이 높다는것을 명심해야한다.
문법 문제에서는 역시 영어 문법에서 가장 중요하다고 할 수 있는 동사 중심의 문법 (부정사, 분사, 태, 어순, 수일치) 과 시제 문제가 중점을 이루고 있다.

그리고 보기는 우리나라 사람들이 특히 취약한 부분을 이용해 함정을 만들어 놓고 있다. 어떤 면에서 보면 기존의 외국에서 개발된 영어검정시험보다 더 익숙한 문법 문제들이라고 볼 수 있다. 그러나 시간이 아주 짧게 주어지기 때문에 충분히 생각을 하고 나서 푸는 기존 시험과 다르다는 점을 염두에 두어야한다. 따라서 문제를 읽어나가면서 즉각적으로 답이 나올 수 있도록 많은 구문에 익숙해지는 훈련이 필요하다.

그리고 평소 글이나 표현등을 접할때 그냥 눈으로 읽어 넘어가지 말고 몇번씩 소리내어 읽어 입이나 귀에서 낯선 표현이 나왔을때 쉽게 찾을수 있도록 충분히 연습하면 좋다.

Part 1 구어체 (20문제)

Part 1은 전치사의 표현력, 구문이해, 품사의 이해도, 접속사 등에 대한 이해력을 묻는 형태로 구성되어 있다. 가장 적절한 표현을 넣는다는 것에 주의해야 한다. 답이 두 개가 될 수 있다고 생각이 될 때에는 가장 보편적이고 상식에 어긋나지 않는것을 골라야 한다.

Part 2 구어체 (20문제)

1. 구문을 익히자!

Part 2는 하나의 문어체 문장 내의 빈칸을 채우는 문제로 구성되어 있다.
Part 2에서는 문법 자체에 대한 이해도는 물론 구문에 대한 이해력이 중요하다.

2. 다양한 표현을 익히자!

평소 신문이나, 뉴스 등 다양한 구문에 익숙해지는 것이 중요하다.
관용표현을 많이 알아두는 것도 큰 도움이 된다.

Part 3 긴 대화문에서 잘못된 어법 찾기 (5문제)

1. 동사에 유의하자!

A-B-A-B 로 이어지는 대화문 중 어법상 틀리거나 어색한 부분이 있는 문장을 고르는 문제이다.
잘못된 표현을 고르는 문제는 동사에 관한 것이 많이 나온다.
동사부터 주의 깊게 살피는 것이 답을 찾는데 포인트가 될 수 있다.

2. 문법 문제임을 잊지 말자!

어법이 틀린 부분을 찾다가 내용이 어색하다고 답으로 오인하지 말자.
그런경우에는 특히 이 영역이 문법에 대해 묻고 있다는 점을 잊지말자.

Part 4 설명문에서 잘못된 문법찾기 (5문제)

1. 직독직해를 하자!

Part 3와 마찬가지로 5문제가 출제되는데 part 4는 한 문단을 주고 그 가운데 문법적으로 틀리거나 어색한 문장을 고르는 문제이다.
내용의 흐름을 전체적으로 정확히 이해하고 출제자의 의도를 파악하며 전체적으로 이해하면서 부분적인 정확성을 따져 보아야 한다.

● ● 세부적인 학습법

1. 시제, 조동사, 수동태, 준동사(특히 분사), 명사, 전치사 부분을 중점적으로 공부한다.

문법 영역에서 주로 출제되는 내용은 시제, 분사구문, 수동태, 문장의 형식(특히 5형식에서 목적보어 넣기), 조동사, 명사와 관사, 어순, 일치, 대명사이다. 요즘은 접속사, 관계사 부분이 자주 출제된다.

2. Part 4는 수 일치, 시제 일치, 태를 중점적으로 살펴본다.

Part 4의 경우 그냥 지문을 해석하면서 읽어내려가지 말고 각각 선택지의 주어, 동사를 파악해서 수의 일치(주어와 동사의 단ㆍ복수 일치), 시제 일치(각 선택지들 간의 시제 흐름 일치), 태(능동태, 수동태)가 맞는지만 살펴봐도 상당수 문제를 쉽게 해결할 수 있다.

3. Part 3, 4부터 푼다.

문법 Part 3, 4는 배점이 상당히 높다. 그러므로 문법영역을 풀 때는 후반부 문제부터 푸는 것이 바람직하다. 참고로, 독해도 이와 같은 방법으로 문제를 풀어야 한다. 독해 Part 2, 3 또한 배점이 상당히 높은 파트임에도 불구하고, 많은 분들이 시간 부족으로 이 파트를 놓치고 있어서 안타깝다.

▶어휘 Vocabulary

어휘영역은 15분내에 50문항을 풀도록 되어 있으며, 대화문에서 구문의 빈칸에 들어갈 단어를 선택하는 문제 25개와 1~2개의 문장으로 이루어진 짧은 글 속의 빈칸에 들어갈 단어를 선택하는 문제 25개로 구성되어 있다.

TEPS에서 어휘라 하면 다들 굉장히 어렵다고 생각하는 경우가 많다. 그래서 다른 어떤 시험보다 수준이 높을 거라고 생각하지만 절대 그렇지 않다. 단, 다른 시험과 공부하는 방법을 조금 다르게 접근해야 효과를 볼 수 있다.

우선, TEPS에는 어휘영역이 따로 있기는 하지만 다른 시험 준비를 하듯이 단어를 단순한 의미파악 위주로 공부해서는 별로 효과를 보지 못한다. 따로 공부하기보다는 우선 듣기에 나오는 표현에 익숙해져야 한다. 청해에 나왔던 표현들이 100% 어휘에 나온다고 생각하면 되는데, 단어 하나하나의 의미만을 보지말고 문장 전체를 외우면서 의미를 파악하는 게 효과적이다. 그러면 듣기표현에 익숙해지게 되어 단어의 쓰임새를 정확하게 파악하게 된다. 이미 알고 있는 단어임에도 불구하고 정확한 쓰임을 몰라서 실수할 수 있는 단어들이 TEPS 어휘영역의 주요 출제 대상이 되며 TEPS에서는 실제 영어에서 활용 빈도가 낮은 표현이나 구문은 출제되지 않는다는 것을 기억한다면, 듣기표현에 시간을 투자 하는 것이 언어영역에도 막대한 영향을 끼친다는 것을 알 수 있다.

또한 어휘의 양적인 면에 너무 연연하지 말고 개별 단어의 활용도에 초점을 두어 매 문장을 통해 꼼꼼히 이해해 가는 습관이 필요하다. 예문이 풍부한 영영 사전을 이용하면 더 효과적일 수 있다. 문어체의 경우 어느 한 분야에 국한되지 않고, 시사, 문화, 과학 등 다양한 분야의 어휘가 나오므로, 각 주제별 어휘를 골고루 학습할 필요가 있다. 특히, 건강, 법과 관련된 어휘는 항상 출제되므로 외운 만큼 효과를 볼 수 있다. 실용영어 실력에 TOEFL 수준의 어휘력으로 공부해 간다면 큰 어려움이 없을것이며, 거의 사용하지 않는 단어나 표현에 연연하지 말아야 한다. 독해를 통해서 어휘를 습득해 가는 게 가장 기본이 된다. 그리고 어휘공부를 위해 한두 권의 책에 너무 의존하거나 단기간에 끝내야 한다는 생각은 금물이다.

TEPS 어휘영역에서 가장 중요한 것은 빠른 속도로 문제를 정확히 푸는것이다. 다른 시험과 비교할 때 TEPS 단어 수준은 결코 어렵지는 않지만 기본적으로 속도 감각이 뒷받침돼야 좋은 점수를 얻을 수 있다. 그러기 위해서는 단어 하나하나의 의미파악보다는 독해와 청해의 기본을 쌓는다는 자세로 공부해야 한다. TEPS 어휘는 항상 아는만큼 들리고, 아는 만큼 이해가 된다는 것을 명심해야 한다.

TEPS의 어휘영역은 단편적 의미보다는 문맥에 쓰인 상대적인 의미를 중요하게 여긴다. 따라서 평소 영문을 읽을때 단어의 사전적인 의미뿐만 아니라 뉘앙스, 구어 표현의 의미에도 주의를 기울이는 습관을 길러야한다.

또한 표현력 측정에도 역점을 두는 문제가 많이 나오므로 뉴스나 방송 스크립트를 많이 접하는것도 좋다. 꾸준히 회화연습을 하면서 구문 속의 어휘 선택 감각을 기르는 것이 무엇보다 중요하다고 볼 수 있다.

▶독해 Reading

독해영역은 세 개 Part로 나누어지며, 청해영역과 마찬가지로 400점 만점이다.

Part I에서 16문항, Part II에서 21문항, Part III에서 3문항이 출제되며, 전체 40문항에 45분의 시간이 주어진다. 총점 400점을 차지하기 때문에 전체 TEPS시험에서 40%를 차지하고 있고 문법지식과 어휘 그리고 논리력을 요구하는 독해시험은 실제로 수험자들이 가장 어렵게 느끼는 영역 가운데 하나이다.

지문의 내용은 신문기사, 광고문, 도표와 같은 실용문을 비롯하여 다소 까다로운 학술문에 이르기까지 다양한 영역에서 출제된다. 일반적으로 자주 접할 수 있는 실용문에 가까울수록 저난이도의 문제이고, 전문적인 학술과 관련된 내용일수록 고난이도의 문제로 분류하면 된다. 내용에 관계없이 구성되는 어휘나 문장구조에 따라 난이도가 구별되는 경우도 있다. 문장의 길이는 단문으로 분류될 수 있는 것은 많지 않고, 중문에 가까운 비교적 긴 내용도 많이 출제된다.

여타 영어시험이 비즈니스 상황이나 학교생활을 중심으로 출제되고 있는 것과 비교해 다양한 생활영어를 묻는 TEPS는 그만큼 시험에 출제되는 이슈가 다양하다고 할 수 있다. 신문, 잡지, 대학 교양과목 개론 등 시사적인 내용과 서신, 광고, 홍보, 지시문, 설명문, 도표, 양식 등 실용적인 글을 이해하는 데 요구되는 총체적인 독해력을 측정하기 위해서 실용문 및 비전문적 학술문과 같은 독해 지문의 소재를 균형 있게 다루고 있다. 따라서 평소에 영문으로 된 다양한 읽을 거리를 접하는 것은 상당히 중요하다.

학교에서 배운 영어지식과 한국식 영어에서 많이 쓰이는 표현과 단어만으로는 해결되기 힘든 TEPS의 지문을 빨리 읽어 나가기 위해서는 영어 뉴스뿐 아니라 광고문, 설명문 뿐 아니라 제품의 매뉴얼 등에 까지 관심을 갖고 눈여겨 볼 필요가 있다.

독해영역에서 최대의 관건은 지문 전체를 얼마나 빨리 읽고 이해할 수 있는가이다. 1지문 1문항 원칙을 고수하고 있고, 중문 이상의 긴 지문이 주어지기 때문에 속독속해가 절실히 요구되는 부분이다. 문제 하나하나를 훑어 본다면 결코 단어가 난해하거나 문장구조가 어려운 것은 아니지만, 짧은 시간에 많은 문장을 이해해야 한다는 것이 부담이 된다.

독해 초보들에게는 기초 부터 차근차근 읽어 내려가는 정독정해를 당연히 권하지만 실상 텝스시험에서 고득점 하기 위해서는 독해문제를 정독한다는 것은 시간낭비가 될 수 있다. 700점대 이상의 고득점을 원하는 수험자는 전체의 내용과 문제의 유형에 따라 지문을 한 눈 에 훑어 내려갈 수 있는 내공이 요구된다. 최소한 독해 시험 시간에 주어진 문제 40개를 다 풀기 위해서는 그러하다는 말이다.

이를 위해

1. 질문이 원하는 바를 파악하고
2. 질문에 대한 해답이 될 수 있는 지문의 부분을 찾아서 읽고
3. 질문과 상관 없는 지문의 군더더기는 과감히 skip 하고
4. 답변이 될 수 있는 선택지 한 두개 가운데서 정답을 찾아야 한다는 것

그러나 텝스 초보가 시험 시간내에 40개의 문제를 완전히 커버한다는 것은 불가능하므로 500점대 이하의 입문

자들은 못 푸는 문제를 포기하더라도 의미를 제대로 이해하며 읽어 나가야 한다는 걸 잊지 말자.

독해영역은 비전문적인 학술문, 도표, 신문기사, 광고문 등 다양한 실용문을 읽고 내용을 올바로 파악했는지를 묻는 문제로 구성되어 있다.

TEPS의 독해영역이 기존시험과 차별되는 가장 주요한 점은 한 지문에 대한 한 문제만을 묻는다는 것이다. 이것은 한 지문을 잘못 이해해도 한 문제만 틀리면 된다는 뜻이기도 하지만, 또 그만큼 많은 시간이 필요하다는 의미가 된다. 따라서 오래읽고 생각하며 풀기보다는 읽어 내려가며 이해하고 바로 답을 고를 수 있어야한다. 각각의 지문은 비전문적인 학술문에서부터 도표, 신문기사, 광고문 등의 실용문까지 다양한 영역을 포괄한다. 그리고 실제 생활에서 많이 쓰이는 내용일수록 저난이도에 속하고 학술적이거나 전문적인 내용일 경우에는 고난이도로 볼 수 있다.

또한 지문을 구성하는 어휘나 문장구조에 따라 난이도를 구별할 수 있다.

● ● 파트별 고득점 전략 Part I

Part I은 [지문을 읽고 지문의 빈칸에 들어갈 내용 고르기] 형식으로 1번에서 16번까지가 이 유형에 속한다. 이 유형은 일반적인 독해시험에서 가장 흔히 볼 수 있는 형태로 수능, 고시, 대학원, 편-입학시험 등에서도 자주 등장하는 형식이다. 빈칸에 들어갈 내용은 단어뿐만 아니라 구, 절, 연결어구(접속사나 부사) 등 다양한 내용이 포함된다.

출제경향

16문항이 출제되며, 지문을 읽고 질문의 빈칸에 들어갈 적절한 어구를 선택하는 유형이다. Part I은 글의 흐름에 맞추어 단락을 완성할 수 있는 표현을 찾는 유형으로, 글의 전체적인 맥락에 대한 이해도를 측정한다. 이런 관점에서, 밑줄의 위치는 후반부에 있는 경우가 많다. 출제 유형별로 분류하면, 전체 문맥을 파악하는 유형이 주류를 이루고(1-14번 문항), 바로 앞뒤 문장과의 흐름이나 핵심적 어구와의 일관성 여부를 묻는 경우도 있다 (15, 16번 문항).

해결포인트

이 Part의 point는 전체 내용의 대의파악 능력, 응집력, 이해능력의 측정에 있다. 단어들의 정확한 의미와 그 용례를 이해하는 것도 중요하겠지만 무엇보다 문장 전체를 이해하는 능력이 최우선의 관건이 된다. 문장에서 빈칸을 완성하는 문제를 해결하는데 있어서 가장 중요한 것은 먼저 글의 대의를 파악하면서 빈칸이 있는 부분까지 빨리 읽고, 빈칸이 들어 있는 문장과 앞뒤 문장을 정확히 읽어 전체의 의미 안에서 부분적인 내용을 이해하는 방법으로 접근해야 한다.

고득점 비법

1. 보기를 먼저 읽고 지문을 읽어라!

2. 지문을 읽을 때는 먼저 글의 대의를 파악하면서 빈칸이 있는 부분까지 빨리 읽고, 빈칸이 들어있는 문장과 앞뒤 문장을 정확히 읽어, 전체 대의 속에서 부분적 논리를 완성하는 방법으로 접근한다.

3. 선택지가 짧을 경우 선택지 먼저 읽고 지문 읽는다. 만약에 선택지가 길다면 지문먼저 읽는다.

4. 처음문장 읽고, 빈칸 읽고 답 선택한다. 그래도 아리송하면 마지막 문장 한번 더 읽고 답 선택한다. 그리고 지문 중간에 But, Whereas, Although, However, Yet S+V가 있는지 확인한다.

5. 괄호 대원칙 – 괄호가 있으면 괄호를 포함한 문장이 중요하다 .(괄호 안에서 더 설명해주기 때문에) 그 문장에 답의 힌트가 있을 가능성이 높다.

6. 소거법을 이용하여, 답이 아닌 것부터 제외시켜 가면서 정답으로 좁혀가는 방법으로 문제를 푸는 것도 한 방법이다.

7. dash(–)가 한번 나오면 답 확률 높고 dash(–)가 두 번나오면 별로 중요하지 않다.

8. surely, quite a ___ , promptly, new, likewise, like(~와 마찬가지로)를 잘 살펴본다.

9. 관계사는 엄청 중요하다. 다시 설명해주기 때문에 답의 힌트가 될 가능성이 높다.

10. 지문에 의문문 있으면 그 의문문에 답이 될 수 있는 내용이 선택지에서 답이 될 수 있다.

● ● 파트별 고득점 전략 Part II

Part II는 [지문을 읽고 질문에 가장 적절한 내용 고르기] 형식으로, 17번에서 37번까지 21문항이 출제된다. 독해 전체 40문항 중에서 절반이 넘는 비중을 차지하고 있으므로 독해영역에서는 이 Part의 문제 유형에 특히 많은 관심을 가져야 한다. 주어진 지문의 내용을 완전히 이해해야만 문제의 내용에 답할 수 있기 때문에 문제를 먼저 읽어보고 지문을 보는 것도 문제 풀이의 한 방법이 된다.

출제경향

지문을 읽고 질문에 대한 가장 적절한 답변의 선택지를 고르는 유형으로, 21문항이 출제된다. 질문의 종류에 따른 출제 유형을 살펴보면, 세부 내용 파악 문제가 가장 많고, 그 다음 대의 파악 문제가 5~8문제, 그리고 추론 문제가 3~5문제 정도 출제되고 있다. 최근에는 지문의 길이가 점점 짧아지고 난이도가 상대적으로 쉬워지는 경향이 있다.

해결포인트

이 Part에서 다루고 있는 글의 내용은 세부내용 파악(진위 파악), 내용과 관련한 추론 문제, 글의 대의 파악, 적당한 제목 고르기 등이 주를 이루며 도표, 상업서한, 광고문 등의 형식도 종종 출제되고 있다. 이 Part를 접근할 때는 글의 첫 부분에 오는 주제문에서 핵심어구와 대의를 추론해 보고 연차적으로 문장을 읽어 나가면서 글을 요약하고 추가되는 정보를 입수하는 방식이 좋다. 동시에 획득한 각각의 정보를 서로 연관시켜 글 속에 내포된 의미를 파악해 낸다면 좋은 점수를 기대할 수 있을 것이다.

고득점 비법

1. 먼저 문제를 읽고 문제가 요구하는 관점에서 지문을 읽어 답을 구하는 방법으로 시간을 단축하는 능력을 키우자.

2. 지문을 읽을 때 첫 문장에 주목하라.

3. 평소 다독과 속독 훈련을 꾸준히 한다.

4. which, what를 제외한 who, where, why, how를 포함한 Question은 지문에서 주제로 언급되기 때문에 절대로 틀리면 안 된다.

5. 광고는 미괄식이므로 뒤쪽을 자세히 보고 특히 광고 끝에 괄호 있으면 그 괄호 안이 답이 될 확률이 높다.

6. 지문에 all, every, only, never가 나오면 답일 확률이 높고, 단 선택지에 나오면 오답일 확률이 높다.

7. 세부내용 문제에 연도가 언급되었으면 자세하게 읽어야 한다.

8. 추론 문제에서 지문에 결론이 없으면 선택지에서 결론을 찾아주면 되고, 지문에 결론이 나와 있으면 선택지에서 결론보다 좀 upgrade된 문장을 찾는다.

9. 추론 문제에서는 제 2 또는 제 3의 인물을 잘 파악해야 한다.

10. ' A then B, A soon B, A into B'와 같은 표현은 변화를 암시한다.

●● 파트별 고득점 전략 Part III

독해영역의 마지막 부분인 Part III는 [지문을 읽고 문맥상 어색한 내용 고르기] 형식으로 38번에서 40번까지 총 3문제가 출제된다. 문제의 형태는 문법영역의 Part IV와 비슷하다고 보면 된다. 이어지는 문장 중에서 전체적인 대의에서 내용상 벗어나는 것을 고르는 문제이다.

출제경향

지문을 읽고 문맥상 어색한 내용을 고르는 유형으로, 3문항이 출제된다. 글의 일관성을 파악하는 논리적 추론 능력이 주된 측정 포인트이다. Part I이나 II에서 적절한 시간 안배를 해두지 않아서, Part III에서 그냥 찍고 말아야 하는 안타까운 경우가 종종 있다. 이 Part는 오랜 시간동안 긴장 상태로 문제를 풀다가, 집중력이 흐트러지는 마지막 부분에 등장한다는 점에서, 평소에 글의 흐름이나 문맥을 따라잡는 독해 훈련을 게을리 했을 경우, 매우 힘들게 느껴질 수 있는 부분이다.

해결포인트

이 Part는 전체 독해영역에서 차지하는 문항수 자체는 적지만, 독해문제 하나에 대한 배점이 높다는 점을 생각하면 결코 간과해서는 안 될 부분이다. 이 Part에서는 글의 응집, 즉 일관성(coherence)을 파악하는 논리적 추론 능력이 주된 측정 point라고 할 수 있다. 따라서 주어진 글에 대해 집중력을 가지고 문맥 사이의 연결 고리를 생각하면서 접근하는 것이 좋다. 조심할 것은 전체 지문의 내용과 반대되는 문장을 찾는 단순한 문제만 출제되는 것이 아니라는 점이다. 전체적으로 세부사항을 이야기하고 있는 지문일 경우에는 같은 내용이라도 포괄적인 내용을 이야기하다가 세부적인 내용이 나오면 흐름이 어색해지기 때문이다.

고득점 비법

1. 두괄식이므로 첫 문장을 정독한다.

2. 문제가 점점 쉬워지고있다.

3. 글의 전체적인 어조를 파악하라.

4. 주어, 시제, 어감이 갑자기 바뀌는 부분에 유의하라.

5. 끝까지 읽고 답을 고르자.

6. 평소 독해 공부를 할 때 구문 분석이나 문법적 이해보다는, 글의 논리전개와 대의 파악 쪽으로 많은 연습을 해두자.

마지막으로 TEPS 독해를 준비하는 수험생을 위해 반드시 숙지해야할 시험 유의사항으로 글을 마무리 하고자 한다.

1. 어려운 문제는 과감하게 포기하자.

독해영역의 문제를 앞에서부터 순서대로 풀다보면 시간이 모자라 Part III는 제대로 읽어보지도 못하고 놓치는 경우가 종종있다. 좋은 점수를 얻기 위해서는 각 Part별로 문제를 골고루 푸는 것이 중요하지만 어차피 시간이 부족하다면 쉬운 문제와, 쉽게 풀 수 있지만 배점이 높은 문제는 놓치지 말고 풀어야 하므로 가능하다면 Part III → Part I → Part II의 순서대로 문제를 풀어나가도록 하고, 스스로 생각해도 너무 어려운 문제는 과감하게 포기하는 것도 전략이다.

2. 당황해서 실수하는 일이 없도록 하자.

전체 40문제를 45분 안에 풀어야 한다. 답안지에 표시하는 시간을 빼고 계산해보면 1문항에 60초라는 시간이 주어진다. 따라서 시험 종료 10분전이라는 안내방송이 나오더라도 10문제를 풀 수 있다는 계산이 나온다. 마지막 10분을 잘 이용해서 당황하지 말고 침착하게 대응하여 실수하는 일이 없도록 하자.

3. 답안지를 바꾸지 말자.

답안지를 바꾸어 다시 표기하는 데 5분에서 10분 정도의 시간이 소요된다. 그 시간이면 5~10문제를 풀 수 있다. 답안지 자체를 바꾸어야 할 만큼 큰 실수나 표시가 난 경우가 아니라면 미리 수정테잎을 준비해 수정하는 것이 좋고, 처음부터 답안지 작성을 잘 하는 것이 더 좋다는 것은 말할 필요도 없을 것이다.

[본 계명들은 The TOP in TEPS 독자들을 위해 최근 TEPS 를 보실 때 필요한 시험계명을 8개로 요약 분석 한 것입니다. 시험보시는 당일날 꼭! 읽고 들어가시기 바랍니다.]

1. 시험당일 한 시간정도 일찍 도착하세요. 도착해서 마음을 진정시킨 후 평소 공부했던 교재와 정리노트로 그동안 공부해온 내용들을 차분하게 정리하세요.
   청해 Part 1,2는 한번만 들려주고 발음 혼동문제나 단어 하나를 가지고 오류를 묻는 문제가 많기 때문에 당일 컨디션이 의외로 시험에 큰 영향을 줍니다. 그리고 화장실은 꼭 휴식시간에 갔다 오세요.^^

2. 청해의 경우 청해 Part 1,2를 들을 때 절대로 받아 적지 마세요. 들려주는 시간이 평균 5초 정도이기 때문에 그거 적다가 다음 문제를 놓칠 수 있습니다.
   청해 Part 1의 경우 '처음 나오는 의문사'와 '시제', '인칭'을 빠르게 포착해서 상황 판단을 해야 합니다. 그러면서 상황에 맞는 가능한 답을 머리 속에서 그려내야 합니다. 이것이 가능하기 위해서는 평소에 다양한 표현들을 딕테이션하는 훈련이 필요합니다.

3. Part 3의 경우 아직까지 수험생들이 청해 파트에서 가장 쉽게 생각하는 파트입니다. 두 번 들려주고 대화 내용이 일상회화라서 쉬운 생활 영어책들로 준비하면 대부분 쉽게 맞출 수 있습니다. Part 3의 경우 처음 들을 때 중요한 정보(숫자, 사람이름, 약속시간, 전개되는 사실)를 시험지에 적어야 합니다.
   만일, 대화의 토픽을 묻거나, 두 사람의 관계를 묻는 문제가 나온다면 두 번째 들을 때 도입 부분만 제대로 들으셔도 답을 고르기가 편합니다.

4. Part 4는 주제문파악, 진위문제, 추론 문제 등이 등장하며, 보도문이 상당수를 차지합니다. 이 파트를 제대로 준비하려면 기초 CNN교재로 중요 토픽을 파악하는 훈련이 중요합니다. 이 파트는 처음 들을 때 지문이 보도문인지, 논문발표인지, 일기문인지, 편지인지 등을 파악하면서, 숫자 등 중요 정보가 나오면 시험지에 받아 적다가, 두 번째 들려줄 때 해당 질문에 맞춰서 들으면서 답에 접근해야 합니다. 평소에 한국 신문이나 영자 신문을 읽고 배경 지식에 대한 사전 지식을 알고 있어야 합니다. 혹시라도 영어 소설은 공부하지 마세요. 소설은 TEPS에 안 나옵니다.

5. Part 3,4 문제에서 선택지를 들을 때에는 확신이 서지 않더라도 시간을 끌지 말고 결정하세요. 긴 대화나 지문은 두 번 들려주지만 선택지는 오로지 남자 음성으로 한번만 들려주고 문제를 듣고 답을 표시하는 시간이 2,3초밖에 없으므로, 지체하지 말고 답을 결정해야 합니다. 우물쭈물하는 사이에 다음 문제는 이미 시작합니다. 초보자들은 미련이 많고 고수들은 과감합니다.

6. 어휘파트의 경우 청해에 나왔던 단어나 표현이 다시 나오는 경우가 많습니다. TEPS 어휘 파트를 다른 시험 준비하듯이 단순한 단어 의미파악 위주로 준비하면 큰 코 다칩니다. 한 문장안에서 그 어휘가 어떤 의미로 쓰였는가를 묻는 문제들이 주류를 이루기 때문에 평소에 공부할 때에도 단어 하나하나 보다는 문장 단위로 암기해야 합니다. 시험을 볼 때도 그냥 빈칸과 선택지 단어들만 보고 섣부르게 답을 유

추하지 말고 문장 전체의 의미파악을 한 다음 선택지를 보기 바랍니다. TEPS 어휘 파트에서는 쉬운 단어에 특히 주목할 필요가 있습니다. 우리가 익숙하다고 주의를 기울이지 않지만, 실상은 정확한 쓰임을 몰라서 실수할 수 있는 단어들이 TEPS 어휘영역의 주요 출제대상이 됩니다. 그리고 철자가 비슷한 단어들이나 모양이 비슷한 단어들을 구별하는 문제들도 매회 거의 빠지지 않고 출제되고 있습니다. 흔히 동의어라고 생각되지만, 쓰임이 각각 다른 단어들이 많이 있으므로, 양적인 면에 너무 집착하지 말고 개별 단어의 정확한 쓰임을 의미 있는 문장을 통해 착실히 익혀 두는 습관이 필요합니다. 이때 가급적이면 예문이 풍부한 영영사전을 이용하는 것이 좋습니다.

7. 문법의 경우 항상 나오는 문법을 중점적으로 다루면 그것이 시험에 많이 나옵니다. 주로 출제되는 내용은 시제, 분사구문, 수동태, 문장의 형식(특히 5형식에서 목적보어 집어넣기), 조동사, 명사와 관사, 어순, 일치, 대명사입니다. 요즘은 접속사, 관계사 부분이 자주 출제됩니다. 항상 출제되는 시제, 조동사, 수동태, 준동사(특히 분사), 명사, 전치사 부분은 중점적으로 공부하세요. Part 4의 경우 그냥 독해하지 말고 각각 선택지의 주어, 동사를 파악해서 수의 일치(주어와 동사의 단수 복수 일치), 시제 일치(각 선택자들 간의 시제 흐름 일치), 태의 일치(능동태, 수동태)가 맞는지만 확인해도 상당수 문제를 풀 수 있습니다. 문법의 경우 시험 당일 오답노트를 갖고 와서 훑어보시면 많은 도움이 됩니다.

8. TEPS 독해 파트에서 고득점을 받으려면 많은 글을 읽고 각 문단의 주제를 파악하면서 문단의 흐름을 정확하게 이해하려는 노력이 필요합니다. 비즈니스를 다루는 TOEIC과는 수준이 다른 다소 어려운 부분이 TEPS의 독해 파트입니다. 다독만큼 좋은 독해 학습은 없습니다. 주제문은 보통 문단 앞부분에 있습니다. 항상 명심할 것이 TEPS 독해 문제를 풀 때 가장 먼저 선택지를 읽어서 이 문제가 무엇을 물어보는지를 파악한 다음 지문을 두 번 읽습니다. 처음 읽을 땐 이 지문이 뭔지 빠르게 파악하고(공고인지, 편지인지, 비전문 설명문인지) 동시에 지문 중 역접의 접속어(But, However, Nevertheless)가 있는지 파악해야 합니다. 만일 있다면, 그 역접의 접속어 주변에 항상 답이 있기 때문입니다. 두 번째 읽을 때는 선택지와 처음 읽었을 때 얻은 정보를 근거로 답이 아닌 것을 머릿속에서 소거해가며 읽어나가서 답에 접근합니다.

The TOP in
TEPS

Grammar

Half TEST 01

DIRECTIONS

This part of the exam tests your grammar skills. You will have 12 minutes to complete the 25 questions. Be sure to follow the directions given by the proctor.

Part I	**Questions 1 ~ 10**

Choose the best answer for the blank.

1. A: Do you want the blue shirt or the red one?
   B: The blue one is too big, so the red one
   will __________.

   (a) go
   (b) do
   (c) make
   (d) show

2. A: I heard you lost your mother's favorite earrings.
   B: Yes, I did. But I'll replace them, __________.

   (a) one way and another
   (b) one way or other
   (c) one way or another
   (d) one way and other

3. A: What is that trophy for?
   B: It's for the race later today. It __________ to the
   fastest runner.

   (a) will be given
   (b) has been given
   (c) was given
   (d) is given

4. A: Your party is on Saturday night, __________?
   B: That's right. I can't wait.

   (a) isn't it
   (b) is it
   (c) aren't you
   (d) are you

5. A: There's Tom. He's standing near the door.
   B: Oh, good. I asked __________ me a book. Maybe
   he has it.

   (a) him to bring
   (b) to bring
   (c) him to take
   (d) to take

6. A: Can I borrow that DVD from you?
   B: Sure. I'll give it to you __________ it.

   (a) as soon as I am finished
   (b) as soon as I finish
   (c) when I will finish
   (d) when I am finishing

7. A: I'm so hungry. I haven't eaten all day!
   B: __________ go out to eat then?

   (a) Why we
   (b) Where we
   (c) Shall we
   (d) Aren't we

8. A: I'm going to New York next summer.
   B: That's exciting. I __________ there before.

   (a) have never been
   (b) never have been
   (c) have ever been
   (d) ever have been

9. A: That's a beautiful scarf. Where did you get it?
   B: I bought it __________ to Morocco last year.

   (a) where I was going
   (b) when I went
   (c) as I have gone
   (d) while I will go

10. A: I'm bored. Let's go for a walk around the
    neighborhood.
    B: I __________ that. Let's go before it gets too
    dark.

    (a) was just due to suggest
    (b) was already about to suggest
    (c) was just about to suggest
    (d) had just suggested

Part II   **Questions 11 ~ 20**

Choose the best answer for the blank.

11. The audience __________ cheering loudly at the concert last night.

(a) is
(b) are
(c) was
(d) were

12. Jane saw the neighbor's dog __________ down the street.

(a) runs
(b) ran
(c) running
(d) to run

13. Do you have an alarm clock __________ I can use until I buy myself a new one?

(a) when
(b) who
(c) that
(d) what

14. Looking at your notes after class can help you __________ what has been taught.

(a) remember
(b) remembered
(c) remembering
(d) be remembered

15. The bestselling author __________ writing stories since she was a little girl.

(a) is
(b) was
(c) has been
(d) will have been

16. The professor __________ students to begin asking questions.

(a) stood up waiting for
(b) waiting for stood up
(c) stood up for waiting
(d) waiting up stood for

17. __________ her brother to his school, Hannah got on the bus going to her school.

(a) Having walked
(b) To have walked
(c) Walked
(d) To walk

18. __________, will be torn down this summer and replaced with a new community park.

(a) The city's oldest building is Smith Hall
(b) Smith Hall, the city's oldest building
(c) Smith Hall is the city's oldest building
(d) Smith Hall, city's the oldest building

19. The law __________ by the city council will go into effect next year.

(a) passing
(b) to pass
(c) passed
(d) is passed

20. The new supermarket is about three miles __________ my house.

(a) to
(b) from
(c) into
(d) at

21. (a) A: I don't think I'll buy anymore bananas for a while.

    (b) B: Yeah, we don't really eat them that often.

    (c) A: I noticed that. They go badly before anyone eats them.

    (d) B: You should get some oranges. We'll eat those.

22. (a) A: Tom, I need to have word with you.

    (b) B: Is anything wrong?

    (c) A: Well, I'm wondering when you'll be finished with those reports.

    (d) B: I'll be finished first thing tomorrow morning.

23. (a) A: Sir, are you ready to order your food?

    (b) B: First, I'd like to hear what is the daily special.

    (c) A: Today, we have lobster served with fresh vegetables.

    (d) B: That sounds good. I think I'll have that.

24. (a) The triarchic theory of intelligence suggests what there are three types of intelligence. (b) Creative intelligence relates to a person's ability to use their skills and experiences to solve problems or deal with new situations. (c) Analytical intelligence is the ability to solve problems, while practical intelligence is the ability to adapt to a new environment. (d) All humans possess some level of intelligence in each area, although some areas might be stronger than others.

25. (a) Peter woke up late, so he didn't have time to pack a lunch. (b) Instead, he stood in line at the cafeteria with his friend Mark. (c) When Peter got to the cash register, he realized that he had forgotten his wallet at home. (d) He asked Mark for a few dollars, promising paying him back tomorrow.

01 문장구조 (명사절)

모든 명사가 그러하듯 명사절 역시 문장성분인 주어, 목적어, 보어로 사용된다. 순발력 있게 명사절을 구분하기 위해서는 명사절을 이끄는 접속사들을 암기해두면 좋다. 명사절을 이끄는 대표적인 접속사를 정리해 두자.

TEPS 기출유형

A: It's cold. Why didn't you wear that nice coat you bought last winter?

B: Well, I was going to, but the problem is **that I've sent it to the dry cleaner's and never picked it up.**

A: 날씨가 추워. 지난 겨울에 산 좋은 코트를 왜 안 입었니?

B: 입으려고 했는데 문제는 그걸 세탁소에 보내놓고 찾아오질 않았다는 거지.

· that 완전한 절 수반	I think **that she loves him**. 목적어 The truth is **that she loves him**. 보어
· if, whether ~인지, 아닌지	**Whether** she loves him is unknown. 주어
· 모든 의문사 주로 간접의문문	I am anxious about **when she will come**. 전치사의 목적어 **Where she lives is** not important. 주어
· 관계 대명사 what **· 복합관계대명사** **who(m)ever,** **whatever, whichever**	I will give you **what [whatever, whichever] you want.** 직접목적어 **Whomever she loves** is none of my business. 주어 선행사를 포함한 관계대명사 출신이라는 공통점이 있고, 접속사 뒤가 불완전한 절이 와야 한다.

02 간접의문문의 어순

의문사가 있는 직접의문문을 간접의문문으로 고칠 때 보통의 간접의문문의 어순은 **[주절동사+의문사+주어+동사]** 순인데 주절동사가 think, believe, suppose, say일 경우는 의문사를 주절동사 앞, 즉 문두에 써야 한다. 따라서 보통의 간접의문문 형식인 Do you think how much it would cost? 형태로 쓰면 안되고, 의문사 how much를 문두로 보낸 How much do you think it would cost?의 어순으로 빈칸을 완성해야 한다.

TEPS 기출유형

A: Hey, Suzie. I've been thinking about taking a vacation to New York City this summer.

B: Sounds great, but isn't everything really expensive in New York? How much **do you think** it would cost?

A: 안녕, Suzie. 이번 여름에 뉴욕으로 휴가를 갈까 생각 중이었어.

B: 좋은 생각인데, 뉴욕은 모든 게 다 비싸지 않니? 얼마나 들거라고 생각해?

03 would rather 용법

would rather는 두 단어로 되어있지만, 하나의 조동사로 간주한다. 따라서 **would rather** 뒤에는 원형부정사가 와야 하며 부정형은 **would rather not**이란 걸 꼭 기억해야 한다.

TEPS 기출유형

A: I heard your husband bought a new car for you. What type of car did he get?

B: A compact, but to be honest with you, **I would rather** have an SUV.

A: 남편이 새 차를 사셨다면서요? 무슨 종류의 차를 샀나요?

B: 소형차를 샀는데 솔직히 말하면 나는 SUV가 더 좋아요.

• **would rather** + 원형부정사 ~하는 것이 더 낫다 • **would rather** + 동사원형	**I'd rather stay** home.
• **would rather** + 주어 + 과거시제 　　　　　　　　가정법 과거	**I'd rather you didn't go** there.

e.g.) I **would rather sit** on a pumpkin and have it all to myself, than be crowded on a velvet cushion.

- Henry David Through

여러 사람이랑 비싼 소파에 앉느니 난 차라리 호박 위에 앉겠다.

[비싼 집에서 다른 사람들과 함께 사느니, 초가삼간이라도 내 집에서 혼자 살고 싶다'는 의미]

04 부가 의문문 만들기

부가의문문에서 **명령문의 부가의문문과 청유문의 부가의문문**이 가장 많이 출제되는 영역이다.
한 가지 주의할 점은 권유의 명령문은 **'will you'** 대신에 **'won't you'**를 쓴다는 점이다.

▶ 부가의문문에서는 본 문장에 쓰인 것과 같은 동사를 사용하는데, 본 문장이 **평서문일 때 부가의문문은 부정형**이 되고, 본 문장이 **부정문일 때 부가의문문은 긍정형**이 된다. 이 때 부가의문문은 Right? 혹은 Isn't that true? 의 의미이다.

  e.g.) You're from Seoul, **aren't you?**
         He isn't your brother, **is he?**

▶ 본 문장이 **일반 동사가 쓰인 문장**일 때는 **'do'를 주어에 맞도록 변형**해서 쓴다. 이 때도 역시 긍정문에 대해서는 부정 부가 의문문을, 부정문에 대해서는 긍정 부가의문문을 쓴다.

  e.g.) You work on Sundays, **don't you?**
         He doesn't like seafood, **does he?**

▶ 본 문장이 조동사가 있는 문장일 때는 **똑같은 조동사를 사용하여 부가의문문**을 만들면 된다. 긍정문에 대해서는 부정 부가 의문문을, 부정문에 대해서는 긍정 의문문을 쓴다.

  e.g.) She can't drive, **can she?**

그밖에 다음의 조동사들이 들어 있는 문장의 부가의문문의 형태를 기억해 두자.

• would rather~ → **wouldn't ~?**	• had better~ → **hadn't~?**	• used to~ → **didn't~?**
• have to~ → **don't~?**	• ought to~ → **shouldn't~?**	• had to~ → **didn't~?**

TEPS 기출유형

A: I can't believe that we finished the work. We're done at last!

B: Isn't it nice? Let's just sit down and relax for a moment, **shall we?**

A: 우리가 일을 마쳤다는 걸 믿을 수가 없어. 마침내 끝냈다구!

B: 기분 좋지 않니? 잠깐 앉아서 쉬자.

05 부정문

부정문에 대한 대답은 **질문의 긍정/부정 여부에 관계없이 긍정이면 yes, 부정이면 no**라고 대답한다.

부정문에 대한 답변을 고를 때는 절대로 우리말 해석을 기준으로 하면 금물!
예를 들어, 우리말로는 '김치 안 좋아하니?' 라는 물음에 좋아하면, '아니, 좋아해' 혹은 좋아하지 않으면 '응, 안 좋아해'라고 대답하지만, **영어에서는 좋아하면 무조건 yes로, 좋아하지 않으면 no**로 대답해야 한다. 즉, yes 다음에 부정의 내용이 올 수 없고, no 다음에 긍정의 내용이 올 수 없다.

TEPS 기출유형

A: You look exhausted today. Didn't you sleep well last night?

B: **No, I didn't.** And I have a headache.

A: 너 오늘 아주 피곤해 보인다. 어젯밤에 잘 못 잤니?

B: **응. 못 잤어.** 그리고 머리가 아파.

The TOP in
TEPS

Grammar

Half TEST 02

DIRECTIONS

This part of the exam tests your grammar skills. You will have 12 minutes to complete the 25 questions. Be sure to follow the directions given by the proctor.

Part I **Questions 1 ~ 10**

Choose the best answer for the blank.

1. A: What happened to your bike? You usually ride it everywhere.
    B: It __________ from the bike rack at school.

    (a) is stolen
    (b) was stolen
    (c) has stolen
    (d) will be stolen

2. A: I thought that movie was really funny.
    B: __________________. The ending was great.

    (a) So do I
    (b) So did I
    (c) Neither do I
    (d) Neither did I

3. A: Where is your father? Is he still at work?
    B: Yeah, he __________ to work late tonight.

    (a) get to ask
    (b) got to ask
    (c) got asked
    (d) gets asked

4. A: I didn't know you were such a good dancer.
    B: Well, I __________ take dance classes when I was young.

    (a) use to
    (b) would to
    (c) used to
    (d) would have

5. A: I can help you with your homework, if you want.
    B: Thanks. It's so nice __________________.

    (a) of you to offer
    (b) of you offering
    (c) in you to make
    (d) in you making

6. A: I'm freezing. It's cold out here.
    B: You __________________ your winter coat. Why don't you go back inside and get it?

    (a) should have worn
    (b) should wear
    (c) would have worn
    (d) would wear

7. A: I can't decide which computer to get. These three all seem very good.
    B: Well, which computer is __________ expensive of the three?

    (a) less
    (b) the less
    (c) least
    (d) the least

8. A: Stephen has really become a great artist.
    B: Yes, he has. The quality of these paintings is much higher than __________ of his earlier work.

    (a) that
    (b) those
    (c) these
    (d) this

9. A: Is Jane coming with us to the play tomorrow?
    B: Well, when I __________ her, she said yes. Now, I think she has changed her mind.

    (a) first ask
    (b) first asked
    (c) will first ask
    (d) have first asked

10. A: What did you think about that new song?
    B: I wish it __________ more like the band's older songs.

    (a) were sounded
    (b) had sounded
    (c) sounded
    (d) sounds

Part II   **Questions 11 ~ 20**

Choose the best answer for the blank.

11. The group of musicians and actors __________ performing every night next week.

(a) are
(b) is
(c) have been
(d) has been

12. Alan wanted to practice for his next game, _________ the bad weather stopped him from doing so.

(a) which
(b) but
(c) if
(d) or

13. Peter is flying to Madrid, __________ is where most of his family lives.

(a) who
(b) that
(c) what
(d) which

14. Paul's team won more games than any other team __________ this season.

(a) does
(b) did
(c) was
(d) have

15. The woman was __________________ by the wonderful gift her husband gave her.

(a) left speechless
(b) leaving speechless
(c) having left speechless
(d) having been left speechless

16. Though it was __________, we decided to go for a walk near the river.

(a) any cloudy day
(b) cloudy day
(c) the cloudy day
(d) a cloudy day

17. Ben and Joe liked the movie, but their other friends __________________________.

(a) did not enjoyed it at all
(b) not at all enjoyed it
(c) did enjoy it not at all
(d) did not enjoy it at all

18. The company has created a variety of __________ __________________ for the home.

(a) an affordable product
(b) affordable product
(c) affordable products
(d) the affordable products

19. The heavy snowfall damaged many houses, __________ often happens in the wintertime.

(a) though
(b) so
(c) as
(d) because

20. The secretary's job is to handle __________ requests his or her boss might have.

(a) whatever
(b) whichever
(c) what
(d) which

Identify option that contains an awkward expression or an error in grammar.

21. (a) A: We need to leave in a few minutes.
(b) B: I know. Let me make sure I turned off the coffee pot.
(c) A: OK. I had to check the windows before we leave, too.
(d) B: Oh, that's right. Last time, we left them open.

22. (a) A: How much longer before the plane leaves?
(b) B: It leaves in about an hour and a half.
(c) A: I can't wait until we get to Aunt Mary and Uncle Tom's house.
(d) B: Neither can I. I bet they'll be happy see us.

23. (a) A: Here is your soup and some magazines for you to read.
(b) B: Thanks for taking care of me. I wish I wasn't so sick!
(c) A: I don't mind at all. Is there anywhere else you need?
(d) B: No, you've already done enough.

Identify option that contains an awkward expression or an error in grammar.

24. (a) One of the most important American inventions of the 19th century, the telegraph was invented by Samuel Morse in 1844. (b) It used electrical pulses to send messages through wires, allowed people to communicate across long distances. (c) The availability of a fast, efficient communication system allowed businesses to expand significantly. (d) This, along with the railroad system, directly contributed to the growth of the western U.S. in the 1800s.

25. (a) I woke up this morning feeling better than I had in weeks. (b) I took a shower, put on my clothes and walk outside with a smile on my face. (c) The whole world seemed perfect—the flowers were blooming, the birds were singing a happy tune, and my normally unpleasant neighbor was smiling and waving at me. (d) Certainly, nothing could ruin this wonderful day.

06 had better

주로 우리말로 '~하는 편이 낫다' 로 해석되는 **had better**는 흔히 should나 ought to와 같은 의미로 통하는 경향이 있지만, **사실은 '협박'이나 '경고'의 의미가 있는 간접명령**에 가깝다. 따라서, 회화에서 사용할 때는 상당히 주의를 요하는 조동사인데, should나 ought to보다는 오히려 must나 have to와 가깝다고 할 수 있다. had better 역시 조동사이므로 **뒤에는 원형부정사를 써야한다**는 점과 **부정형은 had better not**이라는 점에 유의하자.

TEPS 기출유형

A: My back has been bothering me since I helped my brother move his furniture.

B: You must have hurt yourself. **You'd better go** see a doctor before it gets worse.

A: 형의 가구 옮기는 걸 도와 준 이후로 등이 아파.

B: 다친 모양이구나. 악화되기 전에 의사를 만나 보는 게 좋겠어.

07 대부사

대부사는 TEPS 문법파트에서 빈출되는 문법영역 중의 하나이다. 주로 **[say, hear, tell, hope, be afraid, think, suppose, expect]** 등의 목적어 자리에 앞 문장 전체의 반복을 피하기 위해 긍정의 내용이면 **so**를 부정의 내용이면 **not**으로 대신 받는데, 이런 경우의 **so**와 **not**을 대명사로 보기도 하는데 그냥 편의상 대부사라고 칭한다. 청해 파트 1-2의 선택지로 굉장히 자주 등장하므로, 의미를 혼동하지 않도록 잘 정리하자.

▶ **[I hope so. / I hope not. / I'm afraid so. / I'm afraid not.]**는 경우에 따라 의미가 다르게 쓰인다.

A: Do you think he'll pass the exam?
B: **I hope so.** ['그가 시험을 통과하기를 바란다'는 의미]

A: Are we going to be late?
B: **I hope not.** ['우리가 늦지 않기를 바란다'는 의미]

A: Did she forget to lock the door?
B: **I'm afraid so.** ['유감이지만 그녀가 문 잠그는 걸 잊은 것 같다'는 의미]

A: Will you be there?
B: **I'm afraid not.** ['유감이지만 그곳에 못 갈 것 같다'는 의미]

A: I really need to talk to Mr. Harris. Do you think he has time to meet me today?

B: I'm sorry, but **I'm afraid not**. He's booked up all day.

A: Harris씨와 꼭 이야기를 해야 하는데요. 그 분이 오늘 저를 만날 시간이 있을까요?

B: 죄송합니다만 안 될 것 같아요. 그 분은 오늘 하루 종일 일정이 꽉 찼거든요.

08 비교대상의 동일성

영어에서 비교의 대상은 동일해야 하는데, 이 부분은 TEPS에 자주 등장하는 내용이다.
많은 학생들이 지시대명사 that이나 those 대신에 it이나 them은 왜 안 되냐고 문의를 해오곤 하는데 기본적으로 it, them과 같은 일반대명사는 형용사구나 절의 수식을 받을 수 없다는 사실을 기억하자. 복잡하게 생각할 필요 없이, 앞에 나온 명사를 받아 줄 때, 형용사구(The population of Busan is smaller than that of Seoul)나, 형용사절(People who live in Busan are generally more interested in Baseball than those who live in Seoul) 수식을 받는 경우는 지시대명사 that이나 those를 써야하고, 수식을 받지 않는 경우는 it이나 them, they를 쓴다는 점만 기억해 두면, 순발력 있게 문제를 풀수 있다.

e.g.) **The houses** in this town look very different from **those** in my hometown.
이 동네의 집들은 내 고향의 집들과는 매우 다르게 보인다.

A: Sounds like you had fun in Japan. What was the weather like in Tokyo, anyway?

B: It was somewhat like **that** of Seoul. It was hot and humid.

A: 일본에서 재미있게 지낸 것처럼 들리는구나. 그나저나 도쿄의 날씨는 어땠니?

B: 서울 날씨랑 다소 비슷했어. 덥고 습기가 많았어.

09 to 부정사만을 목적어로 취하는 동사

동명사만을 목적어로 취하는 타동사와 to 부정사만을 목적어로 취하는 타동사는 TEPS 문법에서 빈출되는 문법파트로 잘 분류해서, 반드시 암기하고 있어야 순발력을 발휘할 수 있다. to 부정사만을 목적어로 취하는 동사들에는 주로 희망 [hope, expect, wish, want, desire, need], 계획, 의도 [plan, arrange, mean, prepare, propose], 결심 [decide, determine, resolve], 요구 [ask, beg, demand, implore], 약속 [promise, swear, vow], 거절 [decline, refuse], 동의 [agree, consent], 명령 [command, direct, order]등의 동사등과 같이 주로 주어의 의지, 미래 지향적 의미를 가지는 동사들이다.

TEPS 기출유형

A: What do you think you will do on the test today?

B: I'm **expecting to pass** it easily.

A: 오늘 시험 어떨 것 같니?

B: 쉽게 통과할 것 같아.

10 복합관계대명사 Whatever

복합관계대명사 whatever는 '하는 것은 무엇이든지' 혹은 '무엇이더라도'의 양보의 의미로 쓰인다.

e.g.) I won't believe **whatever** you say. 나는 네가 하는 말이라면 무엇이든 안 믿어.

    (= I won't believe **anything** you say.)

    Whatever will happen, I'll be with you. 무슨 일이 생기더라도 네 곁에 있을게.

    (= **No matter what** will happen, I'll be with you.)

TEPS 기출유형

A: Is there any particular wine you prefer? Red, white or rose?

B: Well, you know a lot more about wine than I do. **Whatever** you choose is fine with me.

A: 특별히 좋아하는 와인이 있니? 레드와인, 화이트와인 아니면 로제?

B: 네가 와인에 대해서는 나보다 훨씬 잘 알잖아. 네가 고르는 것이라면 아무거나 괜찮아.

The TOP in TEPS

Grammar

Half TEST 03

Choose the best answer for the blank.

1. A: Why don't you come to the store with me?
   B: OK. But I have to be back by 9:00, ______________
      I'll miss my favorite TV show.

   (a) otherwise
   (b) in case
   (c) unless
   (d) provided

2. A: Can I come over to your house now?
   B: I'd __________ you came later. I have to clean
      first.

   (a) want
   (b) wish
   (c) choose
   (d) rather

3. A: I need to ______________________. Do you know
      of a place?
   B: Yes, there's a computer store on the corner of
      Main Street and 2nd Street.

   (a) have repaired my computer
   (b) have my computer repaired
   (c) have my computer to repair
   (d) have to repair my computer

4. A: The blouse I want is expensive. Let's check out
      one more store.
   B: You ______________________ buy it. It probably
      won't be cheaper anywhere else.

   (a) could as well
   (b) must as well
   (c) might as well
   (d) would as well

5. A: So how do you like your apartment?
   B: I'm not __________ so close to my neighbors.

   (a) living
   (b) used to live
   (c) to live
   (d) used to living

6. A: Do you ever make Italian food?
   B: No, I don't know ______________________.

   (a) which to cook
   (b) when to cook
   (c) how to cook
   (d) where to cook

7. A: The dog made a mess of the house.
   B: Yes, the furniture ______________________ mud.

   (a) is covered with
   (b) covered to
   (c) covered with
   (d) is covered in

8. A: I'm looking for a new coffee maker.
   B: There are some on sale __________ the
      department store.

   (a) at
   (b) beside
   (c) from
   (d) with

9. A: What are you studying?
   B: Geography. It's ______________________.

   (a) an interested subject
   (b) a subject interest
   (c) a subject interesting
   (d) an interesting subject

10. A: Let's go to the movies on Friday.
    B: Sure. I'll ______________________ it to Nancy.
       Maybe she will come, too.

    (a) mention
    (b) mention about
    (c) mention with
    (d) mentioning

Part II **Questions 11 ~ 20**

Choose the best answer for the blank.

11. Most of the paintings ________________ regular people in everyday situations.

(a) feature
(b) features
(c) was featuring
(d) were featuring

12. Make sure you're on time for the movie; it starts in ________________.

(a) hour
(b) a hour
(c) an hour
(d) the hour

13. ________________ the movie about firefighters, Kyle decided to become one.

(a) Watch
(b) To watch
(c) From being watched
(d) On watching

14. Scientists have found that most major earthquakes ________________ in or near the Pacific Ocean.

(a) occurs
(b) occur
(c) are occurred
(d) is occurring

15. When choosing a career, it is helpful to talk to people already ________________ in that job.

(a) work
(b) working
(c) worked
(d) have worked

16. My friend persuaded me __________ the blue shirt rather than the yellow one.

(a) to buy
(b) buy
(c) bought
(d) buying

17. Brandon left the lights on all night, __________ caused the light bulbs to burn out.

(a) it
(b) what
(c) that
(d) which

18. I didn't know where we were going or ________________.

(a) when would we be there either
(b) when we would be there either
(c) either when we would be there
(d) we would be there when either

19. Robert and James wanted to go to the park, but their other friends didn't ________________.

(a) want
(b) want to
(c) want to do
(d) want it to do

20. The police spoke to the man __________ they believe committed the crime.

(a) who
(b) what
(c) which
(d) whom

   Questions 21 ~ 23

Identify option that contains an awkward expression or an error in grammar.

21. (a) A: How did you get such a good grade on the paper?
(b) B: It was a hard work result.
(c) A: I didn't do that well on mine.
(d) B: You should spend more time working on the next one.

23. (a) A: My friend and I made plans to go to the movies on Saturday.
(b) B: So what happened? Did you go?
(c) A: No, she never called me. She never calls when she says she will.
(d) B: Well, if she were my friend, I'll talk to her about it.

22. (a) A: What time is dinner tonight?
(b) B: We're going start eating at 7:00.
(c) A: Well, I might be a little late.
(d) B: We don't mind waiting for you.

Part IV   **Questions 24 ~ 25**

Identify option that contains an awkward expression or an error in grammar.

24. (a) Some of the most ambitious entrepreneurs can be found on college campuses. (b) In 2007, one group of students formed the company GXStudios, which has produced several successful multiplayer online games. (c) The company earns money by selling advertisements to major companies and incorporating them into the games. (d) Over the last two years, profits at the student-founded company increase steadily.

25. (a) Joan was standing near her host's bookshelves, pretending to be fascinated with a collection of poetry. (b) She didn't know anyone at the party and was feeling a bit shy, so she did her best to blend in. (c) As Joan glanced to her right, she noticed a woman about her age, around looking uncomfortably. (d) Wanting someone to talk to, Joan decided to introduce herself.

11 구어체 표현

TEPS 50문제 중 통상 10문제 정도는 문법과는 관계없는 일상회화의 구어체가 등장한다.

예를 들어 "더 이상 좋을 수가 없(었)다. 최상이었다" 라는 뜻으로 "couldn't be better"와 "couldn't have been better"와 같은 표현이 자주 등장한다. 또한, "couldn't have been worse"는 "최악이었다"라는 뜻이다. 영어에는 이런 식의 표현이 매우 발달해 있는데 해석에 유의해야 한다. 또한 동의하는 표현 중에 "I couldn't agree with you more."는 뜻을 혼동하기 쉬운데 "전적으로 동의하다"라는 뜻이다. 참고로 안부를 묻는 질문에 "I have been better."를 해석하라고 하면, 영어를 곧잘 하는 학생들도 "좋았어" 정도로 해석 하는데, 사실은 정반대로 "별로 안 좋다"라는 뜻을 가지고 있다. 즉, better 뒤에 than now가 생략되어있다고 봐서, "지금보다는 쭉 좋았어" 라는 뜻이므로, "지금은 그다지 좋지 않다"라는 의미가 되는 것이다. 따라서 구어체에서 비교급 표현은 해석에 주의해야 한다.

TEPS 기출유형

A: How was your job interview?

B: I was so worried, but everything went very well. Actually, it **couldn't have been** better.

A: 면접은 어땠어?

B: 너무 걱정을 했었는데 모든 게 잘 되었어. 사실은 더 할 나위 없이 좋았어.

12 조동사의 조합

문맥에 알맞은 적절한 조동사 조합을 묻는 문제 중 **[could have p.p.]** 는 TEPS 청해, 문법시험에서 **[should have p.p ~했었어야 했는데 안 했다]** 다음으로 자주 등장하는 조동사 조합이다. **[could have p.p.]**는 크게 3가지 뜻으로 자주 쓰인다.

▶ **과거에 대한 약한 추측**
He **could have done** it. 그가 그것을 했을지도 몰라.

▶ **지나간 과거 사실에 대한 때늦은 가벼운 제안**
You **could have asked** me. 나에게 부탁 했으면 됐잖아.

▶ **가정법 과거완료의 주절에서 '~했더라면 ~할 수도 있었을 텐데'라는 의미로 쓰인다.**

A: Oh, Bill, it was very brave of you to stand up for that poor woman.

B: It was nothing. Anyone **could have done** it.

A: Bill, 그 불쌍한 여자를 위해서 나서다니 참 용감했어.

B: 별일 아니었어. 누구나 할 수 있었던 일인데 뭐.

Joseph's TIP

13 사역동사

사역동사가 5형식으로 쓰일 때 **목적격 보어자리에 알맞은 단어형태와 관사를 물어보는 문제** 역시 역대 TEPS 시험에서 단골로 등장하는 메뉴이다. **[make, let, have]** 등의 사역동사는 목적어와 보어의 관계가 능동일 경우에는 **원형부정사를 목적격 보어**로 취해야 하고 **수동일 경우에는 과거분사를 목적격 보어로 취한다**는 점만 암기하면 별 문제없이 관련문제들을 풀 수 있다. 참고로 목적격보어자리에 현재분사를 취하는 동사, to 부정사를 취하는 동사들을 잘 분류해서 반드시 암기하는 것은 TEPS 문법시험에서 필수사항이다.

TEPS 기출유형

A: Look at this weather-forecasting umbrella. I might buy one.

B: No way! I can't **let** you waste **your money on such a useless thing.**

A: 이 일기 예보 우산 좀 봐. 하나 살까 봐.

B: 말도 안 돼! 네가 이렇게 쓸데없는 물건에 돈을 낭비하게 둘 수 없어.

14 수량형용사

TEPS에서는 명사지식과 더불어 부정 수량형용사 [many, much, few, a little]와 관련 문제가 자주 출제되고 있으며, 수 일치도 함께 물어보는 유형도 출제되는 경우가 있다. 수량형용사의 뜻은 기본적으로 알고 있어야 하며, 수를 표현하는지, 양을 표현하는지, 수와 양 모두 표현할 수 있는지 정확하게 숙지하고 있어야 한다. 복수가산 명사 앞에 붙어서 복수동사를 쓰는 형용사에는 [a number of, many (많은), a good[great] many (많은), few (거의 없는), a few (some=약간), only a few (적은), quite a few (많은)] 등이 있고, 단수가산명사만을 수식하고 단수 동사를 쓰는 수량 형용사로 many만 암기하면 된다. 불가산 명사만을 수식하는 수량형용사로는 [much, a small amount of (적은 양의), little (거의 없는), a little (=some), quite a little (많은), only a little (적은), a good[great] deal of (많은)] 등이 있으며, 가산, 불가산 명사 모두 수식할 수 있는 형용사에는 [a lot of, lots of, plenty of (많은)] 등이 있다.

TEPS 기출유형

A: It's obvious to me that aliens don't really exist.

B: I don't know. **A great many people** believe in them.

A: 나는 외계인이 존재하지 않는다고 확신해.

B: 잘 모르겠어. 많은 사람들이 외계인의 존재를 믿어.

15 현재완료

TEPS시험에서는 다른 시험과는 달리 시제문제가 유독 많이 출제되는데 그 중에서 현재완료시제가 가장 많이 출제되는 부분이다. 현재완료시제에 대한 이해는 시제전반을 이해하기 위해서 가장 중요한 부분이므로 현재완료시제가 쓰이는 경우를 정리해 두어야 시험장에서 당황하지 않는다.

다음은 TEPS 문법시험에 잘 나오는 현재완료시제가 가장 많이 쓰이는 3가지 경우이다.

1. 과거로부터 발화시점까지 진행된 상태의 지속기간을 강조할 때

She **has been** asleep for 20 hours. 그녀는 20시간 동안 잠이 들어있다.

c.f.) **동작의 지속기간을 강조**할 때는 현재 완료 진행형 [have been ~ing]을 쓴다.

2. 과거로부터 발화시점까지 어떤 동작의 횟수나 양을 표현할 때

I **have watched** the movie **ten times.** 나는 그 영화를 10번 봤다.

3. **This is the first (second) time S+have p.p.** 지금까지 주어가 ~한 것이 처음(두 번째)이다.

This is the best (worst) 명사 S+have p.p. 여태껏 주어가 ~한 것중 최상의 (최악의) 명사이다.

TEPS 기출유형

A: Naomi? Is that you?

B: Oh, Jack! Long time no see! **It's been five years since we last saw each other.**

A: Naomi? 너 맞지?

B: 오, Jack! 오랜만이야! 마지막으로 본 게 5년이나 지났구나.

The TOP in TEPS

Grammar

Half TEST 04

Choose the best answer for the blank.

1. A: I want to do something exciting. Any suggestions?
    B: I __________ try rock climbing. It's a lot of fun.

    (a) don't think you should
    (b) think you shouldn't
    (c) think you should
    (d) don't think you shouldn't

2. A: I really like this restaurant. The food is amazing!
    B: Yes, the chef __________ for her delicious recipes.

    (a) known
    (b) is knowing
    (c) is known
    (d) has known

3. A: Watch out! Don't step on the __________.
    B: Oh, thanks for telling me.

    (a) broken glass
    (b) breaking glass
    (c) glass breaking
    (d) glass broken

4. A: My brother forgot to pick me up at school yesterday.
    B: Well, __________ me, I would have come to get you.

    (a) you should call
    (b) should you call
    (c) you had called
    (d) had you called

5. A: Are there __________ tickets left for tonight's game?
    B: Yes, but they're in the very back of the stadium.

    (a) such
    (b) another
    (c) any
    (d) all

6. A: I heard you got in trouble today.
    B: Yes, my teacher caught me __________ at my desk.

    (a) fallen asleep
    (b) falling asleep
    (c) fall asleep
    (d) to fall asleep

7. A: Will you be at the basketball game tonight?
    B: No, I decided __________. I have too much homework.

    (a) not to go
    (b) to go not
    (c) not going
    (d) going not

8. A: Did you like Alison's performance?
    B: She's as talented a singer __________ heard!

    (a) have ever
    (b) who ever
    (c) than ever
    (d) as ever

9. A: I'm looking for a new bike. Can you suggest one?
    B: Well, my bike, __________ I got for my birthday, is very fast. Get one like mine.

    (a) who
    (b) which
    (c) that
    (d) whose

10. A: __________ we get to the park, the game will have started.
    B: No, we'll get there in time. Just walk a little faster.

    (a) The last time
    (b) As long as
    (c) Every time
    (d) By the time

Part II **Questions 11 ~ 20**

Choose the best answer for the blank.

11. _______________, the students all leaned forward and listened to the lecture intently.

(a) Interesting
(b) To be interesting
(c) Having interested
(d) Being interested

12. The tour of Europe was _________ expensive for the average person to afford.

(a) much
(b) as
(c) too
(d) well

13. The Whitman family gave a valuable, _________ painting to the museum.

(a) 200-year-old
(b) 200 years-old
(c) 200-year olds
(d) 200 year old

14. Rebecca wanted a new hobby, _________ she decided to take up photography.

(a) for
(b) but
(c) so
(d) or

15. Please come to my office at 3:00, _________ time I will explain your new project.

(a) which
(b) in which
(c) under which
(d) at which

16. The quality of the performance was _________ even the singer's critics were impressed.

(a) in that
(b) such that
(c) one such
(d) as such

17. I'm going to the party _________ my friends Laura and Denise.

(a) through
(b) in
(c) by
(d) with

18. The boy was very rude and often spoke with _________.

(a) his mouth full
(b) full his mouth
(c) his full mouth
(d) full mouth his

19. The product's TV commercials were not successful, and _________.

(a) neither were its newspaper ads
(b) its newspaper ads were neither
(c) either were its newspaper ads
(d) were its newspaper ads either

20. _________ he's the shortest player, Tom plays basketball better than most of his teammates.

(a) Because
(b) Despite
(c) Even though
(d) In spite of

 Questions 21 ~ 23

Identify option that contains an awkward expression or an error in grammar.

21. (a) A: I'm looking for a new digital camera.
(b) B: Well, this model is brand new. We just received it a few days ago.
(c) A: Yes, I've heard that one works really well. Is it expensive?
(d) B: Hmm… I'm not sure how it costs much. Let me check on that.

22. (a) A: Have you seen James around lately?
(b) B: No. I didn't speak to him since last week.
(c) A: I hope he is doing all right.
(d) B: So do I. I think I'll call him tonight.

23. (a) A: Did you decide which computer to buy?
(b) B: I'm going to get the more expensive one.
(c) A: Really? I surprised that you picked that one. It's over your budget.
(d) B: I know, but I really think it's a better computer.

 Questions 24 ~ 25

Identify option that contains an awkward expression or an error in grammar.

24. (a) Mayor Ken Hoffman attended the opening of the new Bayside Community Center this morning. (b) The BCC will be the site of community meetings, after-school programs, and sports activities. (c) It built as part of Mayor Hoffman's city-improvement initiative. (d) He said that he hopes the BCC will provide a safe place for residents of all ages to gather.

25. (a) Chemical pesticides kill insects that damage crops, but they also harm the environment. (b) To solve this problem, scientists have created a new type of natural pesticide, made from herbs like mint and rosemary. (c) So far, scientists have tested herbal pesticides on strawberries, tomatoes and spinach with great success. (d) Right combination of herbs can be effective at killing pests without being a danger to the environment.

16 미래완료

미래완료 시제를 묻는 문제는 현재완료 시제 관련문제만큼은 아니더라도 빈번하게 출제된다.
by the time 시간 부사절에서 현재동사는 미래를 뜻한다. 다음에서 반드시 미래완료를 써야 하는 경우를 기억해 두자.

▶ **미래의 두 사건(동작)중 사건선후를 밝히기 위해 먼저 일어나게 될 행위나 동작**

I **will have left** Seoul by the time Joseph arrives.
I **will leave** [have left] Seoul before Joseph arrives.

▶ **미래의 어떤 특정 시점 이전에 완료될 동작**

Joseph **will have gone** to New York **by the end of this month.**

▶ **미래의 특정 시점을 기준으로 그 시점까지 어떤 상태의 지속기간을 강조할 때**

Joseph **will have lived** in Seoul for 10 years **by this time next year.**

▶ **미래의 특정 시점까지 발생하게 될 동작의 횟수나 양을 표현할 때**

He **will have written** three grammar books if he **writes** another one.

TEPS 기출유형

A: You look very busy. Can you make it to the soccer game tonight?

B: Sure. By the time you come to pick me up, I **will have finished** everything.

A: 너 매우 바빠 보이는 구나. 오늘 밤에 축구 경기 보러 갈 수 있겠어?

B: 물론이야. 네가 나를 데리러 올 쯤에, 아마도 모든 것이 다 끝나 있을거야.

17 부정사의 의미상 주어

[It is + 형용사 + for/of + 의미상 주어 + to 부정사] 형태의 가주어 구문은 시험에 자주 등장하는 구문 중 하나이다.

참고로 [사람주어 + was hard(easy) + to 부정사] 형태가 가능할 수도 있지만, 그 경우는 to 부정사어구의 의미상의 목적어가 **사람주어일 경우에만 가능**하다.

e.g.) **My boss** was hard to impress. ['impress'의 목적어는 'my boss']

　　　 She was hard to talk to. [전치사 'to'의 목적어는 'She']

반면, [사람주어 + was kind(사람의 성품을 나타내는 형용사) + to 부정사] 형태는 언제든지 가능하다는 점도 기억해야 한다.

▶ 부정사의 의미상의 주어

for + 목적격 + to 부정사	of + 목적격 + to 부정사
to 부정사의 행위자는 for 뒤에 목적격의 형태	사람을 칭찬하거나 비난할 때 쓰는 형용사 [kind, generous, polite, foolish, rude, cruel]

TEPS 기출유형

A: Why did you stop taking foreign language classes? I thought you enjoyed them.

B: Yeah, but I realized that **it was hard for me to study two languages** at the same time.

A: 왜 외국어 수업 듣는 걸 그만 뒀니? 좋아하는 줄 알았는데.

B: 응, 그런데 내가 두 가지 언어를 한꺼번에 배우는 건 무리라는 걸 깨달았어.

18 가정법 과거완료

TEPS 문법시험에서 가정법 문제는 매달 빠지지 않고 출제되는데 그 중에서 '**가정법 과거완료**' 형태가 가장 많이 출제되는 영역이다. 가정법이란, 현재, 미래 또는 과거사실에 대한 반대상황을 "**비현실적으로 가정**"하는 경우에, 시제를 한 단계씩 다운 [현재 → 과거, 과거 → 과거완료] 시켜주는 어법이라고 이해하면 된다. 가정법 과거나 과거완료 문제를 풀 때, 꼭 명심 해야 할 점은 주절은 무조건 **조동사 과거형 [would, could, might]**이 들어가야 한다는 것이다.

▶**가정법 과거** 현재사실의 반대상황이나 미래에 가능성이 희박한 상황을 가정할 때 쓰임	**If +주어+과거동사(were), 주어+would/could+동사원형**
▶**가정법 과거완료** 과거사실의 반대상황을 가정할 때 쓰임	**If+주어+had p.p., 주어+would/could+have p.p.**

TEPS 기출유형

If they had been more prepared for an emergency situation, lots of victims **could have been saved.**

그들이 위급 상황에 좀 더 대비를 했더라면 많은 희생자들이 구출될 수 있었을 텐데.

19 동명사의 관용표현

동명사 파트에서 가장 자주 출제되는 동명사의 관용구문은 무조건 암기를 해야 하는 부분이다.
다음의 동명사의 관용표현들은 무조건 암기하자!

- **What do you say to ~ing?** ~하는 게 어때?
- **look forward to ~ing** ~을 고대하다
- **come near[close to] ~ing** ~할 뻔하다
- **spend/waste +시간, 돈+~ing** ~하는데 시간, 돈을 쓰다/낭비하다
- **cannot help ~ing** ~하지 않을 수 없다
- **be busy ~ing** ~하느라 바쁘다
- **There is no ~ing** ~하는 것은 불가능하다
- **be on the point of ~ing** 막 ~하려던 참이다
- **be far from ~ing** 결코 ~않다
- **in the face of ~ing** ~에도 불구하고
- **for the asking[seeking]** 원하기[찾기]만 하면

• **be accustomed to ~ing** ~에 익숙하다

• **feel like ~ing** ~하고 싶다

• **be worth ~ing (= It is worthwhile to부정사)** ~할 가치가 있다

• **It is no use ~ing (= It is useless to부정사)** ~해도 소용없다

The math problem was so confusing that even my teacher **had trouble explaining** it.

그 수학 문제는 너무 난해해서 우리 선생님조차 설명을 하는데 어려움을 겪었다.

20 수동태 문제를 푸는 일반적인 방식

수동태 문제를 풀 때 해석과 의미를 따져서 접근하는 것과 문장구조와 동사지식을 활용해서 접근하는 것이 가능하다. 예를 들어, 예외 [4형식, 5형식의 수동태]가 있기는 하지만, 빈칸에 넣어야 하는 단어가 타동사일 경우 **빈칸 뒤가 명사[목적어]없이 전치사가 바로 이어지면 태는 수동이 되고, 명사가 있으면 능동**을 고르면 된다. 반면 빈칸에 들어가야 하는 동사가 자동사이면, 수동이 될 수 없으므로 무조건 능동이 정답이다.

Jesse was very excited because his artwork **was included** in an international exhibition.

Jesse는 그의 작품이 국제 전시회에 들어가게 되었기 때문에 매우 신이 났다.

The TOP in TEPS

Grammar

Half TEST 05

Choose the best answer for the blank.

1. A: Can you water my flowers while I'm gone?
   B: I would be glad _________________.

   (a) too
   (b) of that
   (c) for it
   (d) to

2. A: I'm working on new poems, but it is __________ ready yet.
   B: Well, I can't wait to read it when you're finished.

   (a) seldom
   (b) beyond
   (c) not quite
   (d) not always

3. A: Who is that woman standing by the door?
   B: She is _____________. Her name is Mrs. Roberts.

   (a) friend of my aunt's
   (b) a friend of my aunt's
   (c) aunt's friend of mine
   (d) an aunt's of my friend

4. A: I wish I could go outside instead of doing chores.
   B: Well, there's __________ chance that mom will change her mind about it.

   (a) a littlest
   (b) little
   (c) a few
   (d) few

5. A: I left a message for Dr. Jones earlier this morning. Did he get it?
   B: No, I don't think so. __________ did you speak?

   (a) To whom
   (b) With which
   (c) For that
   (d) Of what

6. A: We're going on a tour of a candy factory.
   B: It will be fun to see __________ they make all those candy bars.

   (a) what
   (b) who
   (c) how
   (d) why

7. A: I'm going to England for the very first time. What are the people like there?
   B: Well, _________________ known for being very polite and proper.

   (a) the English is
   (b) the English are
   (c) English is
   (d) English are

8. A: Let's go to the café by my house.
   B: That's a good idea. I need some coffee or _________________.

   (a) nothing
   (b) everything
   (c) anything
   (d) something

9. A: Have you spoken to James lately?
   B: Yes, I saw him today. _________________ about his trip, he showed me some pictures.

   (a) Having been talking
   (b) Since talking
   (c) While talking
   (d) During the talking

10. A: I think you should send that plate of eggs back to the kitchen.
    B: Why? ______________________________.

    (a) There's nothing wrong with them.
    (b) Them nothing wrong with there's.
    (c) With nothing there's wrong.
    (d) Nothing there's wrong with them.

Choose the best answer for the blank.

11. I have __________ read this book, so you are welcome to borrow it.

    (a) already
    (b) yet
    (c) since
    (d) ago

12. The concert __________ by the time Lucy and Fred arrived and found their seats.

    (a) will begin
    (b) has begun
    (c) had begun
    (d) will have begun

13. I __________ be ready for my speech tomorrow if I don't work on it tonight.

    (a) will not
    (b) cannot
    (c) must not
    (d) would not

14. The city council decided __________ until the next meeting to vote on the new law.

    (a) wait
    (b) waiting
    (c) to wait
    (d) to have waited

15. Last year, Walter Mead __________ the richest man in the country by a national magazine.

    (a) named
    (b) will name
    (c) was named
    (d) has been named

16. I was busy __________ dinner when I heard the phone ring.

    (a) making
    (b) made
    (c) to make
    (d) being made

17. __________ you need a business account or a personal one, the National Bank can help you.

    (a) Although
    (b) Either
    (c) Whether
    (d) As if

18. We have __________ payment plan available for large purchases.

    (a) a ten-months
    (b) ten-month
    (c) ten-months
    (d) a ten-month

19. __________ 100 new computers has not been determined.

    (a) Why will the school pay for
    (b) How the school will pay for
    (c) The school will pay for how
    (d) The school will pay for that

20. You can feel safe around me. I am frightened neither by ghosts __________ by aliens.

    (a) but
    (b) and
    (c) or
    (d) nor

21. (a) A: You're not riding your bike today.
 (b) B: I took it to the repair shop to have fixed it.
 (c) A: Well, do you need a ride?
 (d) B: No, thanks. I don't have far to walk.

23. (a) A: I can never figure these problems out!
 (b) B: What are you working on?
 (c) A: It's my math homework. It's so hard. Are you good at math?
 (d) B: I used to be. Let me see if I can help you.

22. (a) A: I wish I were able to go to your performance last night.
 (b) B: That's OK. Studying for a test is more important.
 (c) A: Will you be singing anymore this week?
 (d) B: No, my next performance isn't until July.

24. (a) Damon Weaver wanted to interview the president of the United States. (b) After making several requests, the 11-year-old journalist granted an interview with the powerful politician. (c) The young journalist admitted that he was nervous before the interview. (d) However, he was able to put that feeling aside and talk to the president about educational reform like a professional.

25. (a) A study asked shoppers whether they would pay more for locally-grown produce, and if so, how much more. (b) Most people said they would pay more, though the amount was variable. (c) For example, grocery store shoppers were willing paying 48 cents more for a basket of strawberries. (d) Farmers' market shoppers said they would pay 92 cents more for strawberries grown on local farms.

21 중간태

중간태를 묻는 문제에 접근할 때 많은 초급자 학생들은 실수를 할 가능성이 높다. 아래 기출 문제에서 보면, sell이 '팔리다'라는 뜻의 자동사 용법이 사전에 있다는 점을 잘 모르고, 상태수동과 동작수동에 대한 개념이 없기 때문에 "are sold"와 "have been sold"를 답으로 고르기 쉽다.

중간태가 필요한 이유는 'The window is broken.' 이라는 문장은 '창문이 깨어진다'라는 뜻보다는 오히려 '창문이 깨진 상태다'는 뜻으로 해석해야 자연스럽기 때문이다. 여기서 "broken"은 상태를 설명하는 형용사에 가깝다고 볼 수 있으며, 문법적으로는 "상태수동"이다.

따라서 '창문이 잘 깨어진다'는 뜻의 우리말을 영어로 옮길 때는 'The window breaks well.' [자동사로 중간태], 'The window gets broken well' [동작수동]으로 표현해야 한다.

'상태수동, 동작수동, 중간태' 예문을 통해 의미상의 차이를 알아두자!

▶ The book **sells** well. 그 책은 잘 팔린다.
  → 자동사로 쓰였고, 수동으로 해석되는 **중간태**로 보면 된다.

▶ The books **is sold [out]**. 그 책은 팔린[매진] 상태이다.
  → 상태수동으로 'The books **have been sold out**.'과 같은 뜻이다.
  "sold"는 책의 상태를 설명하는 **형용사**로 간주된다.

▶ The book **gets sold** well. 그 책은 잘 팔린다.
  → 첫 문장과 같은 뜻이지만, 첫 문장이 TEPS에 더 자주 등장한다.

TEPS 기출유형

The new products are so popular that it's hard to keep them in stock: **they are selling** like hot cakes!

신상품들은 매우 인기가 좋아서 재고가 남아있지 않다. 다시 말하면 날개 돋친 듯이 팔린다.

22 분사구문과 태

분사구문의 태와 시제를 동시에 묻는 문제가 자주 등장하는데, 분사구문의 태를 판단할 때는 일부 독립분사구문 (Generally speaking, Judging from, Considering, Admitting) 등을 제외하고 무조건 분사구문의 의미상의 주어는 주절의 주어와 일치 해야 하기 때문에 반드시 주절의 주어와 주술관계를 따져서 태를 판단해야 한다.

e.g.) **I** can safely say that Canada's trade deficit with Russia increased by four hundred percent, comparing it to the previous decade.

▶ 주절의 **주어 I**와 **comparing**의 의미상의 **주어 I**가 일치하기 때문에 문법에 맞는 문장이 되겠는데, 주절의 주어 와 분사구문의 의미상의 주어가 일치하지 않는 분사구문을 현수분사구문(dangling participle)이라고 하는데 비문법적인 문장이다.

TEPS 기출유형

Canada's trade deficit with Russia increased by four hundred percent, **compared** to the previous decade.

캐나다의 대 러시아 무역 수지 적자는 지난 10년에 비교해 볼 때 400퍼센트가 증가했다.

23 가정법 삽입어구

문맥에 맞는 **if 삽입어구**를 고르는 문제는 정확하게 의미를 파악해야 순발력 있게 풀 수 있는 문제이다. 다음은 숙어처럼 암기해야 할 자주 사용되는 **if 삽입어구**들이다.

- **if anything** 오히려
- **if nothing else** 적어도, 최소한
- **if I may ask** 실례되는 질문이지만
- **if necessary (= If need be)** 필요하면
- **if not** ~이 아니라 하더라도
- **if possible** 될 수 있으면, 가능하다면
- **if that (= if then)** 기껏해야
- **if you insist/must** 굳이 그래야 한다면, 꼭 그래야 한다면

e.g.) Joseph feels, **if anything**, more depressed today. Joseph은 오늘 오히려 더 풀이 죽었다.

e.g.) She was, **if then**, rarely more than fifteen. 그녀는 기껏해야 열다섯 살 밖에 되지 않았었다.

▶ If any/if ever는 강조할 때 삽입되는 표현들로 쓰임이 약간 다르다.

- There are very few, **if any**, spelling mistakes. (= if there are any mistakes)
  잘못된 철자법이 거의 없고 있다고 해도 아주 적다.
- She seldom, **if ever (= if at all)**, goes to bed before midnight.
  (= if she ever goes to bed before midnight)
  그녀는 자정 전에 잠자리에 드는 일이 거의 없는데, 있다고 해도 아주 드물다.

TEPS 기출유형

It is challenging, **if not impossible**, for women in Iran to get a divorce.

이란에서 여성이 이혼을 한다는 것은 가능하다 하더라도 매우 힘들다.

Joseph's TIP

24 관계대명사의 계속적 용법

관계대명사의 계속적 용법이란, 형용사절의 수식을 받는 선행사를 관계사절이 어떤 명사인지 한정하는 것이 아니라, 추가정보(extra information)를 주는 경우를 말하고, 선행사 뒤에 반드시 콤마를 찍어야 한다. 콤마가 있는 계속적 용법에서는 몇 가지 주의해야 할 점이 있다. 첫째, 목적격관계대명사라도 생략이 불가하고, 둘째, that으로 바꿔 쓸 수 없으며, 셋째, 전치사+관계대명사로 관계사절을 시작할 수 없다는 점이다.

▶ 다음 두 문장을 관계 대명사를 이용하여 연결하여 올바른 문장을 만들어보자.
  Two thirds of the people in town work at Data Corporation's **facilities**.
  The closedown of the **facilities** will have an enormous effect on the city's employment opportunities.
  → 반복되는 단어인 facilities를 생략하고 주격 관계대명사 [which]로 교체한다.

TEPS 기출유형

Two thirds of the people in town work at Data Corporation's facilities, **the closedown of which** will have an enormous effect on the city's employment opportunities.

마을 주민의 3분의 2가 Data 주식회사 시설에서 일하고 있으며 그 시설들의 폐쇄는 이 도시에서의 취업 기회에 거대한 영향을 끼칠 것이다.

25 수의 일치

형태는 복수형어미 –s로 끝나지만 단수 취급하여 단수동사를 쓰는 명사는 수 일치 문제로 자주 출제되는 영역이다. 영어에서 시간 [ten minutes], 거리 [ten miles], 금액 [three dollars], 무게 [ten pounds]등의 단위 표현은 단수취급을 한다는 점을 알아 두자. 그밖에 주로 –s로 끝나지만 단수동사를 쓰는 명사들에는 학과명 [economics, linguistics, ethics, statistics, politics, etc.], 스포츠 경기명 [billiards, bowls, gymnastics, etc.], 병명 [measles, diabetes, etc.], 복수형태의 국가명 [The United States, The Netherlands, etc.] 등이 있다. 스포츠명이나 학과명은 형태가 없는 추상명사에 가까우며, 복수 국가명은 고유명사이므로 단수동사를 쓰는 것으로 이해하여 기억해 두자.

▶ 수의 일치에서 '단수 취급'하는 문장 구조를 다시 정리하면 다음과 같다.
   ① 주어가 and로 결합되어 있지만 단수 취급하는 경우 **bread and butter**
   ② 집합명사 **staff, crew, etc.**
   ③ 동일인 **The singer and actor** [가수이자 배우]

▶ 이 밖에도 혼동하기 쉬운 주어와 술어동사의 일치 구문을 기억해 두자.
   • **either A or B, Neither A nor B** [B에 일치]
   • **not only A but (also) B, B as well as A** [B에 일치]
   • **a number of** 복수명사 + 복수동사
   • **the number of** 복수명사 + 단수동사

TIP 46-50번에 등장하는TEPS 문법 Part 4의 Error Analysis 문제를 풀 때는, 문제지 옆에 Check list [1. 수 일치 2. 시제 일치 3. 태 일치 4. 명사, 관사 5. 문장구조 6. 어순] 를 만들어 놓고 하나씩 점검해 나가면, 큰 도움이 된다. 그리고 해석을 하지 않으면 답을 찾기가 힘든 문제도 있기 때문에 가급적 해석을 하면서 문제를 풀도록 하자.

TEPS 기출유형

(a) Today, polygraphs, or lie detector tests, are used by criminal justice systems to check the veracity of a suspect's story or alibi. (b) Interestingly, cultures around the world have come up with their own methods of lie detection through the ages. (c) In West Africa, for example, people in a tribal court that **was suspected** of participation in a crime passed off a bird's egg to one another. (d) Anyone who broke the egg was considered guilty, as he or she would probably be nervous and thus more prone to drop the egg or squeeze it to the breaking point.

오늘날 거짓말 탐지기는 형사상 용의자의 이야기나 알리바이를 확인하는데 사용된다. 흥미롭게도 세계 여러 문화들이 수 세기에 걸쳐 나름대로의 거짓말 탐지 방법들을 고안해 냈다. 예를 들어 서부 아프리카에서는 범죄에 가담한 것으로 의심되는 사람들은 부족 재판에서 서로 새 알을 주고 받았다. 알을 깨뜨리는 사람은 유죄로 여겨졌는데 그 사람이 아마도 긴장을 해서 알을 떨어뜨리거나 깨질 정도록 꽉 쥐기 쉽기 때문이다.

[정답]
was suspected → were suspected

The TOP in TEPS

Grammar

Half TEST 06

1. A: Have you met the man __________ lives next
  door?
  B: Yes, I did. He and his family are very nice.

  (a) who
  (b) he
  (c) which
  (d) his

2. A: Where were you all morning? I was worried.
  B: I went for a bike ride __________ the river.

  (a) above
  (b) away
  (c) under
  (d) along

3. A: The repairman can't come until tomorrow. Do
  you think it can wait that long?
  B: No. __________ no other option, I'll
  have to fix the sink myself.

  (a) Being
  (b) There being
  (c) Having been
  (d) With being

4. A: Let's go to the mall this afternoon.
  B: I can't. I'm meeting Brian at the library __________
  we can study together.

  (a) so that
  (b) in case
  (c) unless
  (d) in that

5. A: Where is your mother?
  B: She's lying down. She suffers __________
  headaches.

  (a) out
  (b) by
  (c) from
  (d) with

6. A: I've been feeling very stressed lately.
  B: I know. That's __________ I offered to help you.

  (a) why
  (b) where
  (c) what
  (d) how

7. A: Juice is on sale at the grocery store.
  B: I saw that. You can choose __________ brand
  you want.

  (a) however
  (b) whoever
  (c) whichever
  (d) whenever

8. A: I haven't been feeling well lately.
  B: You __________ see a doctor.

  (a) should to
  (b) hadn't better
  (c) wouldn't
  (d) ought to

9. A: I heard you sold your giant TV.
  B: Yes, it was too big for the living room. I
  had __________.

  (a) giving up it
  (b) to give up it
  (c) to give it up
  (d) giving it up

10. A: I __________ the flowers bloom in the
  springtime.
  B: So do I. I pick a bunch and put them all over my
  house.

  (a) love them which
  (b) love when
  (c) love what
  (d) love it when

Part II **Questions 11 ~ 20**

Choose the best answer for the blank.

11. The weather will be nice tomorrow, so Jack and his father will go ___________________.

    (a) fishing at the lake
    (b) at the lake to fishing
    (c) at the lake fishing
    (d) for fishing at the lake

12. The only thing I needed for my winter trip _______________ a pair of skis.

    (a) is
    (b) are
    (c) was
    (d) were

13. Leslie got a job as a third-grade teacher at the school _______________ she attended as a child.

    (a) whom
    (b) in which
    (c) which
    (d) at which

14. My sister insisted that _____________________ because she wanted to surprise our mother.

    (a) be the plans kept secret
    (b) the plans be kept secret
    (c) to keep secret the plans
    (d) the plans to keep secret

15. Linda wrote a letter __________ her best friend, who lives in Mexico.

    (a) on
    (b) of
    (c) by
    (d) to

16. I'm only looking for one more rare baseball card __________________ has been hard to find.

    (a) which
    (b) whichever
    (c) what
    (d) whatever

17. Mr. Smith works very hard, so he has risen to the top levels __________ his company.

    (a) of
    (b) into
    (c) by
    (d) from

18. I was leaving the house __________ I remembered that I left my report on my desk.

    (a) while
    (b) where
    (c) when
    (d) since

19. This biography about France's King Louis XIV is _____________________.

    (a) to read to an interesting book
    (b) an interesting book to be read
    (c) to read an interesting book
    (d) an interesting book to read

20. I seldom, ____________, go to bed before midnight.

    (a) if any
    (b) if ever
    (c) if so
    (d) if not

Part III   Questions 21 ~ 23

Identify option that contains an awkward expression or an error in grammar.

21. (a) A: Luke, I was looking for you this morning.
(b) B: I was running late. What did you need?
(c) A: I have an extra ticket to a concert tonight. Do you want to go?
(d) B: I'd like to, but I made plans. I wish I saw you earlier.

22. (a) A: What's wrong with my car?
(b) B: There are some major problems with the engine.
(c) A: How much will come to those repairs?
(d) B: They will cost about $900 to fix.

23. (a) A: I'm so excited for my vacation. I'm going to the beach!
(b) B: That will be nice. It has been so rainy here lately.
(c) A: Yes, it will feel good sat in the sun.
(d) B: I think I need a beach vacation, too!

Part IV   Questions 24 ~ 25

Identify option that contains an awkward expression or an error in grammar.

24. (a) Last year I was a literacy volunteer at my local library. (b) Every week, I sat down with a woman named Lucy and taught her how to read. (c) Lucy's family was very poor, so when she was a child, instead of going to school, she went to work. (d) After six months of lessons, Lucy's reading skills improved greatly, and she later told me that this helping her get a good job at a local business.

25. (a) The island of Santorini, Greece is famous for its bright white buildings topped with blue dome roofs. (b) The structures are perched on steep cliffs, overlooking the deep, blue sea, beyond which indefinitely the horizon stretches out. (c) For the best views, people go to the very top of the island. (d) Many of the tourists get there on the backs of donkeys, which carry them through the village's winding streets for a small fee.

26 병렬구조

병렬구조란 '등위접속사나 상관접속사 등에 의해 문장을 구성하는 요소가 나열될 때에는 반드시 문법상 동일한 구조이거나 동일한 성분이어야 하는 경우를 말한다. 즉, **[A+등위접속사+B] 구조에서는 A와 B는 동일한 문장성분과 구조**여야 한다는 뜻이다.

• 단어+and[or, but]+단어	• 구+and[or, but]+구	• 절+and[or, but]+절
• 형용사+and[or,but]+형용사	• 동명사+and[or,but]+동명사	
• 부정사+and[or, but]+부정사	• 동사+and[or, but]+동사	

e.g.) This computer is old but **excellence.** (×) → **excellent**
I like swimming and **to play golf** (×) → **playing golf**
→ 대등한 형식을 취해야 한다.

Though many consider the government too powerful, it nonetheless performs valuable functions by **creating** key infrastructures, **developing** national laws and **providing** forces for the nation's defense.

많은 사람들이 정부가 너무 강력하다고 생각하지만 정부는 주요 기반시설들을 건설하고 국가적 법률을 제정하고 국방의 병력을 제공함으로써 귀중한 기능들을 수행한다.

27 부정대명사

부정대명사란 문자 그대로, 정해지지 않은 대명사를 뜻하며, 앞에서 언급된 복수 명사 중에서, 특별하게 지정해서 가리킬 필요가 없을 경우, 그 명사를 불 특정하게 받는 대명사를 말한다. 부정대명사 문제는 대상이 둘인지, 둘 이상인지를 가장 먼저 파악하고 문제에 접근해야 한다. 아래의 기출 문제에서는 'two sisters'로 대상이 둘임을 쉽게 파악할 수 있다. **전체 대상이 둘 일 경우 둘 중 막연한 하나는 'one', 그 하나를 제외한 나머지 다른 하나는 'the other'를 쓴다.**

▶ 부정 대명사 정리

1. **전체가 둘**일 때	**one, the other**
2. **전체가 셋**일 때	**one, another, the other**
3. **전체가 넷 이상**이고 **종류가 셋**일 때	**one, another, the others**
4. **전체가 셋 이상**이고 **종류가 둘**일 때	**one, the others**
5. **전체는 다수**이고 **종류가 둘**일 때	**some, others** [나머지 중 일부] **some, the others** [나머지 전부]

TEPS 기출유형

One of the man's two sisters is a homemaker, while **the other** is a banker.

남자의 두 여동생들 중에 하나는 가정 주부이고 다른 하나는 은행원이다.

28 가정법 문제의 일반적인 해법

대부분의 가정법 문제는 주절의 동사형태를 보고, if절의 동사형태를 유추하거나, if절의 동사형태를 보고 주절의 동사형태를 유추하는 문제가 대부분이다. 현재사실의 반대인 '~가 없다면'은 가정법 과거형태 **[If it were not for ~, 주어+would+동사원형]**로 표현하고, 과거에 '~가 없었더라면'은 가정법 과거완료 형태인 **[if it had not been for ~, 주어+would/could+ have p.p.]** 형태로 표현한다. 그리고 이는 **but for**나 **without**으로 바꾸어 쓸 수 있다.

▶ 참고로 가정법의 조건절에서 if가 생략되면, **[Had it not been for]형태로 주어와 동사가 도치된다**는 것도 알아두자.

TEPS 기출유형

The works of the medieval philosophers would have been lost forever **if it had not been for** the nameless scribes who had recorded their words on paper.

만약 그들의 언변을 기록한 이름없는 사람들이 없었다면 중세 시대 철학자들의 업적은 영원히 남아있지 않았을 것이다.

29 [수사 + 단위명사] = 형용사역할

[수사+단위명사]가 하이픈으로 연결되어 하나의 합성형용사로써 뒤에 있는 명사를 수식할 때에는 단위명사 [year, week, minute, story, day, dollar, etc.]를 복수형태로 쓰지 않는다는 점을 알고 있으면 형용사 관련문제들에서 쉽게 정답을 구할 수 있다. 예를 들어 '4살짜리 소년'을 영어로 표현한다면 'a boy (who is) four years old'로 표현하거나, 합성형용사를 써서 'a four-year-old boy'로 표현할 수 있다. 마찬가지로 '3달간의 방학'은 'a vacation which is three months long' 또는 'a three-month vacation'으로 표현할 수 있다. 참고로 방학, 휴가 등과는 달리 '4살짜리 소년'을 old를 빼고 'a four-year boy'로 쓰는 것은 틀린 표현이다.

e.g.) Jack is **seven years old**. (○)

　　　 Jack is **a seven-year-old** boy. (○)

TEPS 기출유형

Having unearthed a rare **2.5 million-year-old** mastodon in Romania, the archaeologists are now searching for more fossils in the area.

루마니아에서 희귀한 250만년 된 고대 코끼리를 발굴한 후 전 세계의 고고학자들은 현재 그 지역에서 더 많은 화석을 찾고 있다.

30 가산 명사와 불가산 명사

영어의 대부분의 명사는 상황에 따라 셀 수 있는 명사로도 쓰이고, 셀 수 없는 명사로도 쓰이지만, 절대로 셀 수 없는 명사들이 문법시험에 자주 등장한다. 주로, 'cash'와 같은 집합적 물질명사들이 바로 그런 명사들인데 정확한 개념이해와 더불어 암기가 필요하다. 집합적 물질명사란, 여러 가지 비슷하지만, 서로 다른 물건들이 모여 하나의 그룹을 이룰 때 그 그룹전체를 통칭하는 명사를 뜻한다. 예를 들자면 [dollars, cents, quarters] 등이 모인 집합을 총칭해서 'cash'나 'money'라고 할 수 있고, [desks, chairs, closets] 등이 모인 집합을 총칭해서 'furniture'라고 한다. 집합을 이루는 개별 구성요소들은 셀 수 있지만, 그 집합 전체를 대표하는 이름인 물질적 집합명사는 절대 불가산 명사이다.

▶ 대표적인 물질적 집합명사들

information [정보] money/cash/change [잔돈]	baggage [짐, 수화물] clothing [의복]	equipment/ furniture/ garbage/ jewelry junk/ machinery/ mail/ traffic/ etc.

TEPS 기출유형

(a) A: Jack, could you lend me some **cash** until I get paid on Friday?

(b) B: It depends. How much do you want and when will I get it back?

(a) A: Jack, 금요일에 월급 받을 때까지 현금 좀 빌려줄래?

(b) B: 얼마가 필요한지와 언제 갚을지에 따라 다르지.

The TOP in TEPS

Grammar

Half TEST 07

1. A: Can I speak to Mr. Campbell?
B: Just a moment. I'm not sure __________ he has arrived at the office or not.

(a) but
(b) when
(c) whether
(d) since

2. A: Is there anything I should bring with me to the testing center?
B: Yes. We require that every test taker __________ a photo ID.

(a) to show
(b) shows
(c) show
(d) will show

3. A: Where is your hat? Did you leave it on the bus?
B: I'm afraid so. __________ had I gotten off of the bus than I realized I forgot it.

(a) No sooner
(b) Lest
(c) So that
(d) Given

4. A: Do you ever go to concerts in your town?
B: No, I seldom, __________, go.

(a) if any
(b) if ever
(c) it seems
(d) anything but

5. A: We need to find a hotel for our vacation.
B: Well, there are several places right __________ the beach.

(a) away
(b) on
(c) under
(d) across

6. A: You and Lisa get along really well.
B: Yes, __________ each other for a very long time.

(a) we are knowing
(b) we know
(c) we knew
(d) we have known

7. A: Is there any rice left?
B: Are you kidding? There's enough __________ a whole army!

(a) to be feeding
(b) for feeding
(c) that can feed
(d) to feed

8. A: It looks like you're almost done with your project.
B: Yes, I am finally. I've been working on it __________ 7:00 this morning.

(a) until
(b) from
(c) since
(d) during

9. A: I heard your family is visiting next week.
You __________.
B: Yes, I am. I haven't seen them in a couple years.

(a) won't be excited
(b) must be excited
(c) should be exciting
(d) might be exciting

10. A: Do you need help?
B: Please. This box is __________ carry alone.

(a) heavy to
(b) too heavy to
(c) to heavy too
(d) heavy too

Choose the best answer for the blank.

11. The company _______________ because of its successful new products.

(a) expects that making more money
(b) makes more money to expect
(c) expects to make more money
(d) makes to expect more money

12. I tried _____________ the painting by myself, but it was too large.

(a) moving
(b) moved
(c) to move
(d) was moving

13. Most members of the group __________ able to meet on Thursday afternoons.

(a) is
(b) are
(c) being
(d) was

14. The play was ________________; the theater was crowded with people every night.

(a) a success
(b) success
(c) the success
(d) any success

15. We built a car that is better than any model we have had _____________.

(a) still
(b) now
(c) before
(d) yet

16. There was a tall man in front of Gina, which prevented her __________ seeing the parade.

(a) for
(b) with
(c) from
(d) by

17. Ms. Adams _________________ an award for her excellent performance.

(a) is being given
(b) has been giving
(c) was giving to
(d) will being given

18. Under my bed, there is a box _____________ I keep old photos and letters.

(a) that
(b) wherever
(c) when
(d) in which

19. You _____________ pay your bill by the 5th of each month, or there will be a late fee.

(a) must
(b) might
(c) would
(d) could

20. Ben could not understand the _______________ language in his science textbook.

(a) confuse
(b) confused
(c) confusing
(d) being confused

Part III **Questions 21 ~ 23**

Identify option that contains an awkward expression or an error in grammar.

21. (a) A: Do you need any help, sir?
(b) B: Yes, can you tell me where is the history section?
(c) A: Sure. It's in the back of the store next to the children's books.
(d) B: OK. Thanks for your help.

22. (a) A: I'm so hungry. I'm ready to order.
(b) B: I can't decide what I want. What are you having?
(c) A: I want an order of pancakes and a milk.
(d) B: That sounds good. I think I'll get that, too.

23. (a) A: I got one of those portable music players we were talking about.
(b) B: Really? I will buy one, too. How many songs do you have on yours?
(c) A: I have about 1,000. How many do you have?
(d) B: Not as many as you! I only have about 600.

Part IV **Questions 24 ~ 25**

Identify option that contains an awkward expression or an error in grammar.

24. (a) Aloe vera is a succulent plant, or a plant that retains water in its leaves, that grows in many regions of the world. (b) Many believe that its thick, pointed leaves have a variety of use. (c) Aloe vera is commonly found in cosmetics because it moisturizes the skin. (d) In addition, it is proven to be an effective treatment for mild to severe burns.

25. (a) The 1920s marked a turning point for the film industry. (b) For most of the decade, silent films featuring the industry's first movie stars, including the hilarious Charlie Chaplin and the beautiful Clara Bow, were popular with the public. (c) However, the end of the decade saw great technological advances, and by 1929, most films had sound. (d) Though early sound quality was not very good, these films usually showed to larger audiences than silent films ever had.

31 부정부사

부정부사의 기본적인 쓰임을 물어보는 문제는 역대적으로 보면 난이도가 낮은 문제지만, 최근 TEPS정기시험에서 출제가 종종 되고 있다. TEPS에서는 부정부사 [never, hardly, seldom, rarely, scarcely, etc.]와 관련된 문제가 자주 출제되는데 주로, 부정부사가 문장의 앞에 올 경우, 주어와 동사가 되치되는 문제 'Hardly can I understand what he said.'가 가장 많이 출제되며, 부정부사의 위치문제 'I can hardly understand what he said.', 또한 부정부사는 자체에 부정의 뜻이 들어있기 때문에 부정어 not과 함께 쓸 수 없다는 것을 자주 물어보니 기억해 두도록 하자.

TEPS 기출유형

A: I am **hardly** prepared to give my speech.

B: You'll do great. You always do.

A: 연설을 할 준비를 거의 하지 못했어.

B: 넌 잘 할거야. 넌 항상 잘하잖아.

32 such 와 so

such는 기본적으로 명사를 수식하므로, 뒤에 명사를 수반해야 하며 so는 형용사나 부사를 수식한다. such와 so는 어순문제나, 결과를 나타내는 부사절 [so~that / such~ that] 구문에서 such와 so의 구분문제로 자주 출제된다. 부사 so는 감정이나 품질, 정도를 강조하여 '매우'의 의미로 보통 형용사 앞에서 강조의 의미로 쓰이며 such는 부정관사 앞에서 쓰이거나 명사 앞에서 형용사로 쓰인다.

She's such a beautiful girl. (그녀는 매우 아름다운 소녀다.) 혹은 Such behavior is not allowed here. (그러한 행동은 여기서는 허용되지 않는다.)처럼 쓰인다. 참고로 so는 부사이므로 형용사나 또 다른 부사를 수식할 수 있으며 (They were so angry. 혹은 It happened so quickly.)
such와 so는 어순문제나, 결과를 나타내는 부사절 [so~ that / such~ that] 구문에서 such와 so의 구분문제로 자주 출제된다는 것을 알아두자.

▶ 다음은 **결과부사절**에서 **such와 so의 구분요령**이다.

[so+형용사/부사+that 주어+동사=such+(a/an)+(형용사)+명사+that 주어+동사]

The weather was **so beautiful that** we all went out. 날씨가 너무 좋아서 우리는 모두 외출했다.

= It was **such beautiful weather** that we all went out. [weather는 불가산 명사]

▶ **수량형용사 [many/ little/ few]**일 경우는 명사가 있더라도 **such가 아니라 so를 써야 한다.**

　→ **such** many students (×)

　　so many students (○)

A: This was fun. I'm **so glad we took** the time.

B: Me, too. I just wish we could get out of town more often.

A: 이거 재미있었어. 우리가 시간을 낸 게 다행이야.

B: 나도. 자주 교외로 나갈 수 있었으면 좋겠어.

Joseph's TIP

33 문맥의 문장구조, 어순 [Part 4]

영어에서는 접속사 없이 2개의 동사를 쓸 수 없다는 단순한 지식을 몰라서 지문은 지문대로 읽고 문제를 틀리는 경우가 많다. 예를 들어 접속사 없이 2개의 동사를 콤마만으로 연결한 문장은 잘못 합쳐진 문장(run-on sentence)이다. 따라서 두 동사 중 하나 앞에 접속사를 넣어주거나, 동사 중 하나를 동사가 아닌 분사로 고쳐야 한다.

또한 문맥에 맞는 적절한 어순을 고르는 문제 역시 TEPS문법에서 거의 빠지지 않고 등장하는 문제 중 하나이다. 대부분 수식어어구와 문장 성분간의 적절한 어순배열을 묻기 때문에 기본적인 어순감각만 있으면 쉽게 풀 수 있는 문제들이다. 어순문제에 강해지기 위해서는 평소 많은 영문에 노출되는 것이 관건이다.

TEPS 기출유형 (1)

(a) Supernovas, or exploding stars, are fascinating sights. (b) They are so bright that they can outshine an entire galaxy in the sky for weeks, **generate** more energy than our sun will produce in its lifetime. (c) In the process, the dying star's materials are blasted into the space, which creates a shock wave that sometimes helps form new stars. (d) Happening only once in fifty years in our galaxy, such explosions, though quite lovely to behold, are nonetheless relatively rare.

초신성, 즉 폭발하는 별들은 황홀한 광경이다. 그것들은 매우 밝아서 전체 은하수보다 밝게 빛나며 태양이 만들어 내는 것보다 더 많은 양의 에너지를 만들어낸다. 그 과정에서, 사라지는 별의 물질들이 우주로 폭파되어 때로는 새로운 별들이 생성되도록 도와주는 충격파를 만들어낸다. 우리 은하수 내에서는 50년의 한번 정도만 발생하기 때문에 이러한 폭발은 보기에는 매우 멋지지만 상대적으로 드문 현상이다.

[Joseph's Solution]

분사구문을 묻는 문제이다. (b) 문장은 원래 두 개의 문장, 'They are so bright that they can outshine an entire galaxy in the sky for weeks. While they are generating more energy than our sun will produce in its lifetime.'이다. 여기서 분사구문을 만들 때는 접속사와 공통된 주어를 빼고 동사를 현재분사 형태로 바꾸어야 하므로 정답은 (b)의 'generate'를 "generating"으로 바꾸어야 한다.

Across many times and places, colors have been used to represent the same things. (a) Take, for example, the color black. (b) It is the villain's color in the literature of many cultures. **(c) White, on the other hand, associated with the idea of purity.** (d) The most emotionally intense color is red, often standing for passion, anger or love. Blue has the opposite meaning, being a tranquilizing color.

많은 시대와 장소에 걸쳐 색깔은 같은 것들을 대표하는 데 쓰여왔다. 검은색을 예로 들어보자. 검은색은 많은 문화의 문학에 있어 악당의 색깔이다. 반면에 흰색은 순수함과 연계된다. 감정적으로 가장 강렬한 색상은 빨간색인데 종종 열정, 분노와 사랑을 상징한다. 푸른색은 반대의 의미로 진정시키는 색상이다.

[Joseph's Solution]

'be associated with'는 '~와 관련된'의 의미이다. 그러므로 문장 (c)는 "White, on the other hand, is associated with the idea of purity." 가 되어야 옳다.

34 태의 일치를 물어보는 문제 해법

다음 문제를 통해 TEPS 시험에서 태 일치 문제를 푸는 순서를 정리해보자.

On Sundays alone, 51.3 million newspapers are sold. (a) If everyone in the United States recycled only 1/10 of these papers, over 25 million trees could be saved annually! **(b) But recycling efforts projected to increase for reasons more closely tied to energy consumption.** (c) For each soda can recycled, the equivalent of six ounces of fuel oil is saved. (d) This can power a fuel-efficient vehicle roughly six miles, on average.

일요일에만 5,130만 부의 신문이 팔린다. 만일 미국에 사는 모든 사람이 이 신문들 중 10분의 1만 재활용을 한다면 우리는 매년 2,500만 그루의 나무를 살릴 수 있다! 하지만 재활용의 노력은 에너지 소비와 밀접한 관계가 있는 이유로 증가할 것으로 예상된다. 재활용되는 음료수 캔 하나당 6온스에 해당되는 연료가 절약된다. 이것은 에너지 효율이 높은 자동차로 평균 약 6마일을 갈 수 있는 휘발유이다.

[Joseph's Solution]

첫째 (b)의 문장구조를 살펴본다. projected 이하에 동사가 보이지 않기 때문에 projected 부분은 과거분사가 아니라 동사자리라는 것을 파악해야 한다. 둘째, project의 동사관련지식 [타동사인지, 자동사인지, 자동사 타동사 모두 가능한지]을 적용시켜 본다. 셋째, 타동사라면, 주어와 주술관계를 따져서 수동이어야 하는지, 능동이어야 하는지 판단하면 된다. 제시된 문제에서 project는 타동사로 expect (예상하다)의 의미를 가지고 있고, 주어 efforts는 동사 project의 주체가 아니라 행위를 받는 대상이므로 수동형인 "are projected"로 고쳐야 함을 알 수 있다.

35 Must 와 Have to

조동사 must와 have to는 둘 다 '필요'나 '의무'를 나타내는 조동사로써 '~해야 한다'의 의미이다. 대부분의 경우 must와 have to는 바꾸어 쓰는 것이 가능하지만 둘 중의 하나를 써야 하는 경우들도 있다. 예를 들어, must는 과거형이 없으므로 '~했어야만 했었다'라고 과거의 필요나 의무를 나타낼 때는 had to를 써야만 한다. 또한 미래의 필요나 의무는 will must가 아니라 will have to를 써야 한다. 또한 must와 have to는 의미가 같지만 부정형은 각각 다른 의미를 갖는다는 것도 함께 기억하자. must not (mustn't)는 '~하면 안 된다'라는 금지의 의미이지만 don't have to는 '~할 필요가 없다'라는 뜻이 된다. 게다가 must는 have to와는 달리 '~임에 틀림없다'라는 의미의 단정적 추측으로 쓰일 수도 있다는 점을 기억하자.

TEPS 기출유형

A: Do you think you're prepared for the exam on Friday? You've been studying so hard.

B: I think so, but I still **have to** go to the library this afternoon.

A: 금요일에 시험 볼 준비가 된 것 같니? 넌 정말 열심히 공부해 왔잖아.

B: 그런 거 같은데 아직도 오늘 오후에 도서관에 가봐야 해.

The TOP in
TEPS

Grammar

Half TEST 08

1. A: Did you hear that we're going to have daily progress meetings?
   B: Yes, I did, and as far as __________, they will be a big waste of time.

   (a) I concerned
   (b) I am concern
   (c) I am concerned
   (d) I have concerned

2. A: I saw an eagle flying in the sky!
   B: I did too. I saw it __________ it flew over our campsite.

   (a) as
   (b) whether
   (c) if
   (d) even though

3. A: Did you bring the updated report?
   B: No, I will not be able to do it __________ Thursday.

   (a) since
   (b) because
   (c) either
   (d) until

4. A: You didn't get a good grade on the test?
   B: No, I failed, and __________ it worse is that I actually studied this time!

   (a) who makes
   (b) which makes
   (c) what makes
   (d) whom makes

5. A: Was that John who just walked past us?
   B: I __________ that we're here.

   (a) think maybe he doesn't know
   (b) doesn't think maybe he know
   (c) know maybe doesn't he think
   (d) know he doesn't think maybe

6. A: Your house is so old that it's a little scary at night.
   B: I know. It is __________ haunted by ghosts.

   (a) believing to be
   (b) believe to be
   (c) has believed to be
   (d) believed to be

7. A: I'd be happy to give you some advice on the situation.
   B: Thanks. I __________ such an important decision alone.

   (a) find difficult to make
   (b) find it difficult to make
   (c) am difficult to make
   (d) am difficult making

8. A: I made the cookies myself. How do you like them?
   B: They're delicious! They're __________ my mother's.

   (a) as nearly good as
   (b) almost as good
   (c) nearly good as
   (d) almost as good as

9. A: Amy is such a good dancer. She must practice every day.
   B: She does. And __________, she used to dance for a professional dance company.

   (a) enough interesting
   (b) enough interestingly
   (c) interestingly enough
   (d) interesting enough

10. A: I have to buy a birthday present for Julie.
    B: I __________ bought mine last week.

    (a) already
    (b) yet
    (c) still
    (d) since

Part II　**Questions 11 ~ 20**

Choose the best answer for the blank.

11. The delicious food is __________ I love the most about Italy.

    (a) where
    (b) what
    (c) how
    (d) who

12. I couldn't find the right piece of art for my wall, so __________________.

    (a) to myself I painted something
    (b) something I painted myself
    (c) I painted something myself
    (d) something I myself painted

13. __________________ her favorite blue dress, Kim went to the mall to find a replacement.

    (a) Ruined
    (b) Being ruined
    (c) To be ruined
    (d) Having ruined

14. Each of the employees __________________ responsible for a different project.

    (a) is
    (b) are
    (c) is being
    (d) having been

15. You __________ have tasted the delicious lobster— you missed out!

    (a) ought
    (b) may
    (c) would
    (d) should

16. Frank wrote to the manager __________________ the store's poor customer service.

    (a) regard
    (b) regarding
    (c) in regard
    (d) regarded

17. If we had left the house earlier, we ______________ at the airport on time.

    (a) will arrive
    (b) might have arrived
    (c) arrived
    (d) could arrive

18. Tim decided it was __________________ to buy an expensive car.

    (a) the money's worth
    (b) the worth of money
    (c) worth the money
    (d) worth much money

19. The store on Ocean Avenue has __________________ __________ the store on Main Street.

    (a) prices and products better to
    (b) lower prices and products that
    (c) lower prices and more products than
    (d) smaller prices and many products to

20. After firefighters put out the fire, ______________ of the house.

    (a) was not much left
    (b) left was not much
    (c) much was not left
    (d) not much was left

21. (a) A: The movie starts in 20 minutes. Will you be here soon?
(b) B: No, I don't think so. The traffic is pretty bad.
(c) A: Well, that's the last show tonight. We'll have to wait until tomorrow.
(d) B: I'm sorry. If I had known about the traffic, I will have left earlier.

22. (a) A: I don't like Beth very much.
(b) B: You just don't know her enough well.
(c) A: Well, she never talks to me. It's quite rude.
(d) B: No, Beth is actually very nice. She's just shy.

23. (a) A: Hello, may I please speak to Dr. Johnson?
(b) B: Actually, he's not here in the moment.
(c) A: May I leave a message for him?
(d) B: Yes. Give me your name and phone number.

24. (a) Mike got on the bus at his usual time, 7:00 a.m., but he noticed that something was different this morning. (b) Usually, the bus was full of people, and there was few seats available. (c) But today, it was virtually empty, except for the driver, an elderly man, and a woman with a baby. (d) Mike walked to the back of the bus, sat down, and wondered where everyone had gone.

25. (a) Alan walked into the house and declared, "It's going to be long, cold night." (b) Indeed, the weather reports indicated that a blizzard was headed directly toward our town. (c) I had already gone to the supermarket to buy some extra food, just in case we got trapped inside the house. (d) The only tasks that remained were to find as many blankets as possible and wait for the snow to come.

36 한정사 Most

Most 용법은 문제 수는 그리 많지 않아도 최근 TEPS 에서 출제빈도가 꾸준한 한정사이다.
many와 much의 최상급으로 쓰이기도 하고 명사 앞에서 **한정사**로 쓰이거나 **부정 대명사**로 쓰일 수 있다. 일반적인 유형으로 '**most+명사**'나 '**most of+명사**' 뒤에 나오는 동사는 **명사의 수에 일치**시킨다. 예를 들어, 'Most people like him.' 에서 동사 'like'는 'people'에 일치시킨 것이다. 참고로 많은 경우에 있어서 'most+명사'와 'most of+명사'는 유사한 의미로 쓰이는데 'most of' 뒤에 나오는 명사가 관사나 소유격과 함께 쓰이지 않은 경우에는 'most of' 대신에 명사를 사용한다. "Most of banks are closed on the holiday."라고 쓰기 보다는 "Most banks are closed on the holiday."라고 쓰는 경우가 많다. Most를 사용할 때 가장 흔한 실수들 중의 하나는 명사 앞에 쓰인 'most' 앞에 'the'를 붙이는 경우이므로 각별히 조심하자.

e.g.) In Germany, **the most people speak** English. (×)

In Germany, **most people speak** English. (○)

TEPS 기출유형

A: I wonder if anyone still listens to the radio on a regular basis.

B: I doubt it. **Most** people I know get music and news from the Internet.

A: 난 지금도 정기적으로 라디오를 듣는 사람이 있는지 모르겠어.

B: 나도 그래. 내가 아는 대부분의 사람들은 인터넷에서 음악과 뉴스를 받더라고.

37 요구, 주장, 제안 동사 뒤의 that 절

가정법 chapter에 단골로 등장하며 최근 TEPS에서 두각을 드러내는 [**insist, suggest, propose, demand, order, desire, wish, request**] 등의 동사용법을 완벽하게 이해할 필요가 있다. 위 동사들 다음에 나오는 that 절 내에는 'should'가 관용적으로 쓰이는데 미국식 영어에서는 **should를 생략하고 동사 원형**을 쓰는 경우가 일반적이다. 참고로 'insist'뒤에 that절 대신 명사가 올 때는 on이나 upon을 쓰며 insist를 이용한 구어체적 표현으로는 'if you insist' (네가 정 원한다면)가 있다.

e.g.) You don't have to pay for my lunch, but **if you insist.**

내 점심 값을 내 줄 필요는 없는데 네가 정 원한다면 그렇게 해.

A: What took you so long? I thought you were going to just drop her off and come straight home.

B: Yes, I was going to, but she **insisted that** everyone stay for dinner.

A: 왜 이렇게 늦었어? 네가 그녀를 그냥 데려다 주고 바로 집으로 올 줄 알았는데.

B: 응, 그러려고 했는데 그녀가 모두 남아서 저녁을 먹고 가야 한다고 고집을 부려서.

Joseph's TIP

38 동명사 vs. 부정사

빈 칸에 동명사를 쓸 것인가 to부정사를 쓸 것인가를 고르는 문제는 항상 시험에 등장하는데, [forget, remember, regret]은 동명사와 to부정사 모두를 목적어로 취할 수 있는 동사이다.
하지만 무엇을 쓰느냐에 따라 의미가 달라진다. remember 뒤에 동명사가 올 경우는 과거에 '~했던 것을 기억하다'의 의미가 되고, to부정사가 올 경우에는 미래에 '~할 것을 기억하다'의 의미가 된다. 이와 같이 동명사나 to부정사 사용 여부에 따라 의미가 달라지는 동사들은 다음과 같다. 'regret'은 동명사와 to 부정사 모두를 목적어로 취하는 동사들 중의 하나이다. 하지만 동명사를 쓰는가 to부정사를 쓰는가에 따라 그 의미가 달라진다. 동명사가 올 경우에는 '~했던 것을 후회하다'의 의미가 되고 to 부정사가 올 경우에는 '~하게 되어 유감이다'의 의미가 된다.

▶ We have plenty of milk. I **forgot getting** some yesterday. 우유는 충분해. 어제 산 걸 깜박했어.
Don't **forget to buy** milk when you go to the store. 가게에 가거든 우유 사는 걸 잊지마.

▶ If he doesn't answer the phone, **try calling** this number.
그가 전화를 받지 않거든 이 번호로 한 번 전화해봐.
I **tried to call** you last night, but no one answered.
어젯밤에 네게 전화를 하려고 노력했는데 아무도 전화를 안 받았어.

▶ He suddenly **stopped talking** and cried. 그는 갑자기 이야기하는 것을 멈추고 울었다.
I **stopped to see** if I was going to the right direction.
나는 내가 올바른 방향으로 가고 있는지를 보기 위해 멈췄다.

▶ I **regretted being** mean to him. 나는 그에게 인색하게 대한 것을 후회했다.
I **regret to inform** you that you have not been chosen. 귀하가 선발되지 않은 것을 알려드리게 되어 유감입니다.

A: You left the window open all night. Make sure it doesn't happen again.

B: That's weird. I definitely **remember locking** all the doors and windows.

A: 너 밤새 창문을 열어두고 갔더라. 다시 그런 일이 생기지 않도록 확인하렴.

B: 이상하네. 나는 분명히 모든 문과 창문을 잠근 것으로 기억하는데.

Joseph's TIP

39 비교급의 어순

비교급의 어순을 묻는 문제에서 올바른 어순은 '배수사 + as + 원급 + as~' 혹은 '배수사 + 비교급 + than'이 되어야 하며 형용사나 부사의 원급을 이용한 비교 구문은 시험에 자주 등장하므로 꼭 익혀 두도록 하자.

▶ **as + 원급 + as A** A만큼 ~한
e.g.) Jack is **as tall as** his father. Jack은 그의 아버지만큼 키가 크다.

▶ **as + 원급 + as possible** 가능한 ~하게
e.g.) Please finish the work **as quickly as possible.** 일을 가능한 한 빨리 끝내세요.

▶ **not as(so) + 원급 + as** ~만큼 ~하지 않은
e.g.) A used car **isn't as expensive as** a brand new car. 중고차는 신형 차 만큼 비싸지 않다.

▶ **배수 + as + 원급 + as** ~보다 몇 배 ~한
e.g.) Her husband is **twice as old as** Lisa. Lisa의 남편은 그녀보다 나이가 두 배는 많다.

▶ **not so much A as B** A라기 보다는 B
e.g.) She's **not so much** a singer **as** a composer. 그녀는 가수라기 보다는 작곡가이다.

A: Did you get a new computer? How is it? Is it better than your old one?

B: There's no comparison. **It's ten times faster than** my old one.

A: 새 컴퓨터를 받았니? 어때? 그 전의 것보다 좋아?

B: 비교할 수가 없어. 오래된 것보다 열 배나 빨라.

40 시간, 조건의 부사절에서는 현재시제가 미래를 대용!

알맞은 시제를 고르는 문제는 수동태, 가정법이나 분사구문과 함께 출제되어 정확하게 용법을 숙지하고 있어야 한다. 시간, 조건을 나타내는 부사절에서는 미래 시제라도 현재시제를 쓰는 용법은 시제 일치의 예외로서 자주 출제되는 영역이다. **현재시제가 미래의 뜻을 나타내는 경우**는 다음의 2가지이므로 잘 기억해 두자.

▶ 주로 출발과 도착을 나타내는 **왕래발착 동사들 [go, come, leave, arrive]**
(다른 동사 중에서도 가능하므로 너무 왕래발착동사에 집착하지는 말자.)
The plane **leaves** tomorrow at 3 this afternoon.

▶ 아직 비행기는 떠나지 않은 상태로 오후 3시는 미래의 시점이지만 **출발을 나타내는 동사인 leave는 현재형으로 미래를 나타낼 수 있다.** 또한 가까운 미래의 일을 나타낼 때는 **현재 진행형**을 쓰기도 한다.
I'm **having** dinner with Sue tomorrow.
가까운 미래에 예정되어 있는 일을 표현한다.

▶ **시간, 조건의 부사절**에서 현재시제가 미래를 대용
If James **visits** my place tonight, he **will see** me.
If로 시작하는 조건부사절속의 visits 동사가 미래형 will visit를 대신한다.

TEPS 기출유형

A: So is Bob coming tomorrow? We can go meet him at the airport if you like.

B: That's a good idea, but I don't know exactly what time. **I'll give** you a call when I **hear** from him.

A: 그래서 Bob이 내일 오는 거야? 네가 원한다면 공항에 같이 마중을 나갈 수 있어.

B: 좋은 생각인데 그가 정확하게 몇 시인지 몰라. 그에게서 연락을 받으면 알려 줄게.

The TOP in
TEPS

Grammar

Actual TEST 01

Choose the best answer for the blank.

1. A: This class is going to be hard. There is so much reading!
B: I barely have time to do the homework, _________ read four chapters a night.

   (a) much least than
   (b) much least
   (c) much less than
   (d) much less

2. A: The car is dirty. It needs _________________.
B: I know, but it always rains after I wash the car.

   (a) be washing
   (b) washing
   (c) to wash
   (d) being washed

3. A: Karen is such a sweet girl. I like her a lot.
B: Yes, she's always in a good mood, _________ the situation is.

   (a) even though
   (b) no matter what
   (c) as soon as
   (d) whether or not

4. A: I thought you were going to the supermarket.
B: I got _________________ the parking lot before I realized that I forgot my wallet.

   (a) as far as can be
   (b) as far as
   (c) not so far as
   (d) more far than

5. A: We're late again. Mrs. Brown will be very upset.
B: Well, if you had been ready earlier, we _________ on time.

   (a) arrived
   (b) could arrive
   (c) should have arrived
   (d) would have arrived

6. A: I'm taking care of Mary's house while she is away.
B: Oh. She hadn't even told _________ that she was leaving.

   (a) I
   (b) anyone
   (c) they
   (d) it

7. A: What is the children's favorite activity?
B: There's no question about it. _________________ their bikes is definitely their favorite.

   (a) Riding
   (b) Ride
   (c) Having ridden
   (d) To have ridden

8. A: John is always late for everything!
B: I know. I'm really _________________ with him.

   (a) turning impatiently
   (b) turning impatient
   (c) growing impatient
   (d) growing impatiently

9. A: I broke the lamp _________________. I'm sorry.
B: It's OK. It was an old lamp. We needed a new one anyway.

   (a) by accident
   (b) at an accident
   (c) by an accident
   (d) at accident

10. A: Did you watch the soccer match on Sunday?
B: Yes. It was _________________.

   (a) such exciting a game
   (b) a such exciting game
   (c) quite an exciting game
   (d) a quite exciting game

11. A: Did you get a good deal on your new TV?

    B: Yes, I paid _____________________.

      (a) half the regular price

      (b) half the price regular

      (c) the half regular price

      (d) the regular price half

12. A: This book is terrible. I can't read anymore.

    B: You're right. It is _________________ to finish.

      (a) too a boring book

      (b) too boring a book

      (c) boring a book too

      (d) a too boring book

13. A: What are you doing after school?

    B: I'm going to the gym. I go there four

      times _________________.

      (a) a week

      (b) the week

      (c) in a week

      (d) during a week

14. A: What's wrong with your bike?

    B: Well, one wheel has a hole in it, but __________ is fine.

      (a) another

      (b) the other

      (c) that

      (d) the same

15. A: I forgot to bring that CD you asked to borrow.

    B: That's OK, but __________ you possibly bring it tomorrow?

      (a) might

      (b) should

      (c) could

      (d) may

16. A: I have to make an important phone call.

    B: OK. I'll _________________ while you talk.

      (a) keep quietly

      (b) stay quieter

      (c) stay quietly

      (d) keep quiet

17. A: What are you doing tomorrow afternoon?

    B: _________________ some cookies.

      (a) I bake

      (b) I baked

      (c) I'm going to bake

      (d) I was baking

18. A: That woman in the hat looks so familiar.

    B: That's because she's an actress. She's __________ by almost everyone in the world.

      (a) famous to be known enough

      (b) famous be known to enough

      (c) famous enough to be known

      (d) enough famous be known

19. A: I can't go to the park today.

    B: _________________? Are you sick?

      (a) What if

      (b) How come

      (c) Like what

      (d) What about

20. A: What did you think of the movie? Was it any good?

    B: No, _________________ it.

      (a) far from

      (b) by no means

      (c) in no way

      (d) whatsoever

Choose the best answer for the blank.

21. _______________ than he realized he was
on the wrong bus.

    (a) No sooner had Mark sat down
    (b) Had sat down Mark no sooner
    (c) Mark had sat down no sooner
    (d) No sooner Mark had sat down

22. Alice _______________ a birthday party for
her grandmother last weekend.

    (a) attends
    (b) attended with
    (c) attended
    (d) to attend with

23. Explained in the book _______________ the
process of sewing a blanket.

    (a) is
    (b) are
    (c) has
    (d) have

24. The deer _______________ near a tree, and it ate
some leaves from the ground.

    (a) is
    (b) are
    (c) was
    (d) were

25. The new employee is Mike Martin, not _______________
with Mark Martin from accounting.

    (a) to be confused
    (b) to confuse
    (c) for confusing
    (d) for to be confused

26. _______________ in the 1400s, the printing press
changed the book industry forever.

    (a) Created
    (b) Creating
    (c) Having created
    (d) To be creating

27. On Saturday night, John left the house without
_______________ his parents.

    (a) knowledge of
    (b) the knowledge
    (c) a knowledge of
    (d) the knowledge of

28. It was not until late 1980s that _______________
frequently in individual households.

    (a) were the computers used
    (b) computers were used
    (c) computers used
    (d) the computers used were

29. If I had started my project just a day earlier, I'm sure
I _______________ it on time.

    (a) finished
    (b) had finished
    (c) would finish
    (d) would have finished

30. Professor Franklin is _______________ recognized
as an expert in the area of English literature.

    (a) wide
    (b) widely
    (c) widest
    (d) wider

31. Call me if you need help, no matter __________ time it is.

    (a) that
    (b) where
    (c) when
    (d) what

32. Rick couldn't see his sister, __________ hear her, so he went looking for her.

    (a) nor he could
    (b) neither could he
    (c) nor could he
    (d) could he neither

33. __________ the good news, I immediately called my mother to tell her.

    (a) Heard
    (b) Having been heard
    (c) Having heard
    (d) Being heard

34. After the young film producer's second film bombed at the box office, he was not as __________.

    (a) he was popular as
    (b) popular as he had been
    (c) popular as he was
    (d) he was as popular

35. __________ can be solved if the two parties sit down and talk it over.

    (a) Disagreements
    (b) Some disagreement
    (c) A disagreement
    (d) The disagreements

36. Physics __________ my least favorite class when I was in school.

    (a) is
    (b) are
    (c) was
    (d) were

37. Please fill out this form and return it to me __________.

    (a) soon as possible
    (b) as soon as possible
    (c) possible as soon
    (d) as possible as soon

38. According to studies, __________ some of the happiest people in the world.

    (a) Dutch are
    (b) the Dutch is
    (c) Dutch is
    (d) the Dutch are

39. The tourists __________ a picture in front of the ancient building.

    (a) stopped to take
    (b) stopped take
    (c) to stop to take
    (d) having stopped to take

40. Adam took the week off from work, __________ him to relax with his family.

    (a) allow
    (b) allowed
    (c) allowing
    (d) having allowed

Part III   **Questions 41 ~ 45**

Identify option that contains an awkward expression or an error in grammar.

41. (a) A: There are much people here than I expected.
    (b) B: Well, Ms. Callahan's art is very popular.
    (c) A: Yes, apparently. I wonder how much the piece by the door is.
    (d) B: Are you thinking of buying it? It would look nice in your house.

42. (a) A: What are you doing with all these box?
    (b) B: I need to pack up all of my things.
    (c) A: Why is that? Where are you going?
    (d) B: I'm moving to a new house next weekend.

43. (a) A: You're late again. What's your excuse this time?
    (b) B: There was a lot of traffic on the road.
    (c) A: I think you need to find other route to work.
    (d) B: You're right. There has to be a less crowded one.

44. (a) A: What would you say to go to that new restaurant on 4th Street this weekend?
    (b) B: Do you mean Frank's Diner? Having already eaten there, I think I'll pass.
    (c) A: Well, it wouldn't hurt to try again. Was the food really that bad?
    (d) B: It wasn't the food so much as the service. The waiter was very rude!

45. (a) A: I got a postcard from Mom and Dad today.
    (b) B: Oh, let me to see it. What did they say?
    (c) A: They said they're having a great time on their trip.
    (d) B: That's good. I hope they bring us lots of souvenirs.

Part IV   **Questions 46 ~ 50**

Identify option that contains an awkward expression or an error in grammar.

46. (a) Alice was sitting on a bench at the park when she noticed a piece of paper lies on the ground. (b) She leaned over and read the paper, which said, "Do not sit! Wet paint!" (c) She took off her coat and held it in front of her. (d) The back was covered with blue paint!

47. (a) The bald eagle was recently removed from the endangered species list. (b) It first gained protection in 1940, when the widespread use of harmful chemical pesticides began killing the birds. (c) By the 1960s, the population of bald eagles has diminished to only 400 in the entire United States. (d) However, conservation efforts helped the bald eagle population to increase to 10,000, which is enough to ensure that it won't disappear any time soon.

48. (a) The game was almost over, and Clinton's team was one point behind. (b) Comparing to most other basketball players, Clinton wasn't very tall or very fast, but he could make a basket from anywhere on the court. (c) So as the final seconds of the game approached, one of his teammates frantically passed the ball to Clinton. (d) He made the shot from the middle of the court, earning his team three points and securing its victory.

49. (a) By about 650 BCE, most ancient Greek city-states were oligarchies, meaning that a small group of wealthy men ruled. (b) However, many grew tired of the wealthiest people having control. (c) Individual men, called tyrants, began taking over the city-states. (d) However, that way of government soon fell, and by 500 BCE, Athens was using a democratic system in which officials were elected to be formed a representative government.

50. (a) Liz went outside and was surprised by what she saw. (b) The wind was howling and the ground was covered with a layer of snow. (c) Only a few hours after, the sun had been shining, the sky was completely clear, and it certainly was not snowing! (d) Liz sighed and put on her coat, thinking, "This weather is so bizarre!"

The TOP in
TEPS

Grammar

Actual TEST 02

Part I   **Questions 1 ~ 20**

Choose the best answer for the blank.

1. A: What time will the party start tomorrow?
   B: It _______________ after 8p.m.

   (a) started
   (b) has started
   (c) start
   (d) will start

2. A: How much gas is there in the tank?
   B: There should be _____________. I just filled it
   up this morning.

   (a) many
   (b) another
   (c) a lot
   (d) any

3. A: Do you want to go to the beach today?
   B: No, I'm afraid it will be _______________ crowded.

   (a) too
   (b) yet
   (c) still
   (d) already

4. A: _____________________ when she came by
   yesterday?
   B: She just dropped off a tray of cookies, and then
   she left.

   (a) Did you say what did she
   (b) What did you say she did
   (c) You say what she did
   (d) What did she do you say

5. A: What do you think should happen to an illegal
   immigrant who commits a crime on U.S. soil?
   B: He should be returned to the
   country _________________.

   (a) he came from where
   (b) from he came
   (c) from which he came
   (d) which he came

6. A: That film was very bad, wasn't it?
   B: I think it was the worst movie ____________.

   (a) never
   (b) ever
   (c) far
   (d) still

7. A: Why didn't Mike come to the barbecue last
   Saturday?
   B: I'm not sure. But he was busy ____________ his
   car all day.

   (a) fixed
   (b) to fix
   (c) fix
   (d) fixing

8. A: Where did the rabbit go?
   B: He probably ran _______________ his cage to
   hide inside of it.

   (a) across
   (b) without
   (c) toward
   (d) above

9. A: James is late to practice! Do you think he's
   actually going to come?
   B: He said he would come. Oh, _______________!

   (a) here comes he
   (b) here his comes
   (c) here comes him
   (d) here he comes

10. A: We need to finish the project. It's due on
    Thursday. Will you tell Joe and Amy?
    B: I have, but _______________ of them seem to
    care. We'll have to do it ourselves.

    (a) neither
    (b) either
    (c) both
    (d) each

11. A: Adam hasn't been playing basketball lately.

    B: Well, ______________, he can't move very well.

    (a) his leg hurting
    (b) his hurting leg
    (c) to hurt his leg
    (d) with his leg hurt

12. A: When will you be free to go to the movies?

    B: Depending on your schedule, we __________ go Friday or Saturday night.

    (a) would
    (b) need
    (c) shall
    (d) can

13. A: There are so many fun activities to do in Hawaii!

    B: Well, in my opinion, there can never be too ____________ of those!

    (a) enough
    (b) little
    (c) much
    (d) many

14. A: Which one of those bicyclists is your friend?

    B: He's the one ______________ into the tree a moment ago.

    (a) which ran
    (b) what ran
    (c) who ran
    (d) ran

15. A: Why are you going to talk to Professor Diaz today?

    B: I ____________ the wrong test during the final and I need to take the right one.

    (a) was given
    (b) was give
    (c) gave
    (d) is giving

16. A: Is there ______________ you are looking for?

    B: I think I'd rather have a second-floor apartment.

    (a) something particular
    (b) particular something
    (c) particularly something
    (d) something particularly

17. A: What do you think is the best way to train for the marathon?

    B: Personally, I ____________________ in a different way every day for the past three months.

    (a) am exercised
    (b) will exercise
    (c) have been exercising
    (d) will have exercised

18. A: Don't look now, but your ex-boyfriend is at the table across the room.

    B: Oh, I know. I can see ____________________ very closely.

    (a) that he watching us is
    (b) watching us that he is
    (c) that he is watching us
    (d) us that he is watching

19. A: Proper etiquette says we __________ not bring extra guests to the wedding.

    B: I know, but Jim and Laura told me they'd love to see my parents, and it's okay.

    (a) can
    (b) may
    (c) should
    (d) would

20. A: Where has your parakeet gone? I thought he never left the cage.

    B: So did I, but ____________ since last Tuesday.

    (a) he has been missing
    (b) he missing has been
    (c) has been missing he has
    (d) missing has been he

Part II   **Questions 21 ~ 40**

Choose the best answer for the blank.

21. My family ___________ usually together at my parents' house on Christmas Eve.

(a) is
(b) are
(c) were
(d) have been

22. There were a lot of children ___________ the dog show last weekend in New York City.

(a) watching
(b) watched
(c) to watch
(d) watch

23. My grandparents' farm is the kind of place ________ ___________ I like to get away from everything.

(a) what
(b) how
(c) when
(d) where

24. I should ___________ on the plane when there were still seats available.

(a) get
(b) got
(c) have to get
(d) have gotten

25. If we ___________ to the park instead of the aquarium, we would have missed the dolphin show.

(a) went
(b) had gone
(c) go
(d) have gone

26. Stacy ___________ to the prom.

(a) was wondering if you would ask her
(b) was wondering if ask her you would
(c) you would ask was wondering if her
(d) would you ask wondering was her

27. ___________ a PhD in rocket science, Joe felt prepared to work for the Department of Defense.

(a) To have earned
(b) Earned
(c) To earn
(d) Having earned

28. Jen wants to visit ___________.

(a) the Palace of the Governor's is America's oldest government building
(b) the Palace of the Governor's, America's oldest government building
(c) America's oldest government building is the Palace of the Governors
(d) the Palace of the Governor's, America's the oldest government building

29. The ___________ child could not run away from the dog.

(a) terrified
(b) terrifying
(c) terrify
(d) to terrify

30. I sent a thank you letter ___________ my aunt last week.

(a) of
(b) by
(c) from
(d) to

31. As the story goes, the relationship between my grandmother and all her brothers ____________ not very good.

    (a) had been
    (b) are
    (c) were
    (d) was

32. The baskets _________________ by the women of a small village in Africa.

    (a) created
    (b) were creating
    (c) were created
    (d) had been creating

33. Hannah hasn't met anyone new for a long time, __________________ is why she's decided to try online dating.

    (a) whose
    (b) that
    (c) what
    (d) which

34. We will eat when Chris ____________, even if he is two hours late.

    (a) will arrive
    (b) arrived
    (c) arrives
    (d) will be arrived

35. ______________ the forest fire was started by some hikers.

    (a) It reports that
    (b) It had reported that
    (c) It is reported that
    (d) They were reported that

36. Who would have thought that a fish could actually be such ________________?

    (a) the fun pet
    (b) fun a pet
    (c) the pet fun
    (d) a fun pet

37. You could ________________ for much longer if you had set your alarm properly.

    (a) have slept
    (b) sleep
    (c) had slept
    (d) slept

38. Janie always has a plethora of _____________ set on the table when I come to visit.

    (a) a large red rose
    (b) the large red rose
    (c) large red roses
    (d) large red rose

39. When the provost hands you the diploma, ________________ is the custom, you accept it with your left hand and shake his hand with your right.

    (a) that
    (b) so
    (c) or
    (d) as

40. ________________, I decided I was going to become a musician.

    (a) The first time I sang a hymn
    (b) The first time a hymn I sang
    (c) The time first I sang a hymn
    (d) I sang a hymn the first time

Part III **Questions 41 ~ 45**

Identify option that contains an awkward expression or an error in grammar.

41. (a) A: What were your grade on the history test?
    (b) B: I got all of the questions right. How did you do?
    (c) A: I only missed one question. Studying together really helped me.
    (d) B: Me, too. Let's get together to study for the next test.

42. (a) A: So what did the dentist say?
    (b) B: She says that I need braces. I don't want to get them.
    (c) A: Well, I had braces. Now, my teeth are nice and straight.
    (d) B: I know. But I've heard that it hurts to put them on.

43. (a) A: What do you think you will hear from Joe?
    (b) B: He said he would call on Tuesday morning.
    (c) A: Well, he's usually a day late.
    (d) B: I know. If I haven't heard from him by Wednesday, I'll call him.

44. (a) A: I'm taking rock climbing lessons this month.
    (b) B: I've always wanted to do that. It looks like so much fun.
    (c) A: It's lots of fun. And climb is a very good form of exercise.
    (d) B: Maybe I'll take lessons, too. Then we can climb together.

45. (a) A: I really like this shirt, but it looks a little small.
    (b) B: Get it in a different size.
    (c) A: This is the only one they have left.
    (d) B: Well, it won't hurt to try it in. Maybe it will fit.

Part IV **Questions 46 ~ 50**

Identify option that contains an awkward expression or an error in grammar.

46. (a) Fishing companies have caught 90 percent of the ocean's largest fish. (b) In addition, they are catching smaller fish at such a high rate that if it continues, which are edible will have nearly disappeared by 2048. (c) Fish are a major food source of food, contributing billions of dollars to the economy. (d) Fishing itself is a major source of employment, so if all the fish are caught, there will be a severe economic impact.

47. (a) In the 14th century, Venice, specifically the island of Murano, was the only place to find high-quality handmade glass. (b) Murano glassmakers were among the most affluent members of Venetian society. (c) Worried that the glassmakers might set up factories in other countries, they were prevented from leaving Venice by the government. (d) Regardless of the law, some did take their businesses elsewhere, but Murano is still famous for its superior glassmaking techniques.

48. (a) Volunteering is good for the community, but it is also good for one's health. (b) The studies have found that volunteers are generally happier than non-volunteers. (c) Furthermore, volunteering can improve one's blood pressure and reduce stress. (d) These factors, combined with the increase in social interaction, are so beneficial that they can actually help a person live a longer life, in addition to a more fulfilling one.

49. (a) Rather than travel to a major city, that is just as exhausting as it is exciting, Whitney visited a sleepy mountain town. (b) Though there was still snow on the ground, patches of green grass and little blue flowers were beginning to emerge from the Earth. (c) Whitney wandered around leisurely, making sure to stop at the town's only restaurant every night. (d) Every time she opened the door, the sound of friendly laughter and the smell of delicious food greeted her.

50. (a) Song lyrics often match the mood of the time period in which they are written. (b) According to one study, when the economy is good, song lyrics tend to be more upbeat and fun. (c) However, when the economy is bad, people want hear meaningful songs, especially those about friendship and romance. (d) Psychologists say this is because people naturally seek out close relationships when things are going badly.

41 완료 분사구문

완료형 분사구문은 주절의 동사보다 이전에 일어난 일을 나타낼 때 having+p.p.의 형태로 쓴다. 올바른 분사구문의 형태를 고르는 문제는 매회 TEPS마다 꼭 등장하는 문제인데 특히 완료형 분사구문(having p.p.)과 수동형 분사구문(Being/Having been p.p.)이 자주 출제된다.

숙어처럼 쓰이는 분사구문, 즉 비인칭 독립분사구문들도 꼭 암기를 해 두자.

- **strictly speaking** 엄밀하게 말하자면
- **judging from** ~로 판단하건대
- **speaking of** ~에 관해 말하자면
- **admitting that** ~은 인정하지만
- **frankly speaking** 솔직히 말하자면

TEPS 기출유형

A: Why didn't you say hello to Mark? I thought you guys were pretty close in school.

B: Was that Mark? **Not having seen him** for a long time, I just didn't recognize him.

A: 너 왜 Mark에게 인사 안 했니? 너네 둘 다 학교에서 꽤 친한 줄 알았는데.

B: 그게 Mark였어? 오랜 시간 동안 보질 않아서 그를 못 알아봤네.

42 도치구문

도치가 일어나는 경우는 크게 네 가지를 들 수 있다. 첫째 부사어를 강조하기 위해 문두에 놓는 경우가 있는데, 예를 들어 Right over his head passed a bird. (그의 머리 위로 새가 지나갔다.)에서 부사구 'right over his head'를 강조하기 위해 문두에 놓았기 때문에 주어 'a bird'와 동사 'passed'의 순서가 도치되었고, 두 번째 경우는 문제의 경우처럼 부정어를 강조하기 위한 도치이다. Not till years later did he realize how foolish he was. (여러 해가 지나고서야 그는 자신이 어리석었다는 것을 깨달았다.) 세 번째는 so, neither가 앞에서 한 말에 대해 '~도 그렇다/아니다'는 의미로 'so+동사+주어, neither+동사+주어'로 쓰인다. 네 번째의 경우는 "no sooner A than B" (A 하자마자 B 하다)와 같은 도치구문이 쓰이는 경우이다.

e.g.) A: I really liked that movie. 그 영화 정말 맘에 들었어.
　　　B: **So did I.** 나도 그래.
　　　(=I really liked it, too.)

A: Is it true that they asked Mr. Johnson to leave the company?

B: That's just a rumor. He hasn't been asked to resign, **nor does he** intend to do so.

A: 그들이 Johnson에게 회사를 떠나라고 한 것 사실이야?

B: 그거 그냥 소문이야. 그 사람 그만두라고 한 것도 아니고 그 사람이 그렇게 하려고 한 것도 아니래.

43 분사구문

분사구문이란 접속사+주어+동사로 되어 있는 부사절을 현재분사가 이끄는 부사구로 간결하게 나타내는 구문이다. 분사구문을 만드는 기본 원칙은 부사절과 주절에 반복된 주어를 생략하는 것이다. 부사절의 동사가 주절의 동사보다 먼저 일어난 일을 나타낼 경우 완료형 분사구문을 쓴다. 부사절의 주어과 주절의 주어가 다른 분사구문을 독립분사구문이라고 하는데 용법에 따라 '때, 이유, 조건, 부대상황'을 나타낸다.

e.g.) The picnic will take place as scheduled, **weather permitting.**
=The picnic will take place as scheduled **if weather permits.**
날씨가 허락한다면, 소풍은 계획대로 진행할 것이다.

It being extremely hot outside, citizens are told to stay inside during the day.
=**As it is extremely hot outside,** citizens are told to stay inside during the day.
밖의 날씨가 매우 덥기 때문에, 시민들은 낮 동안 실내에 머물러 있으라는 말을 들었다.

The car having broken down, we had to walk to the next gas station.
=**As the car had broken down**, we had to walk to the next gas station.
차가 고장 났기 때문에, 우리는 다음 주유소까지 걸어가야만 했다.

Funds **permitting**, the city will build a new civic center equipped with the most up-to-date facilities.

자금이 허용된다면, 시는 첨단의 시설들을 갖춘 새 시민 회관을 지을 것이다.

44 If 이외의 조건을 나타내는 형식

가정법 문장에는 주로 if가 쓰이지만 꼭 if가 있어야 하는 것은 아니다. if의 대용어들로는 **unless (= if… not), in case, supposed/supposing that, granted that (= even if), provided/providing that (= if, only if), so/as long as, on condition that** 등이 있다.

If 이외의 조건을 나타내는 형식

▶ **But for (Without)**

  Without your help, I wouldn't have been successful.

  = **If it had not been for** your help, I wouldn't have been successful.

▶ **부정사와 분사**

  To see her dancing, you would think she is a professional dancer.

  = **If you saw her dancing**, you would think she is a professional dancer.

▶ **Left** alone, he would get lost.

  = **If he were left alone**, he would get lost.

▶ **주어, 형용사**

  A real gentleman wouldn't do such a thing.

  = **If he were a real gentleman**, he wouldn't do such a thing.

▶ **부사어**

  They left early; **otherwise** they would have missed the train.

  = They left early; **if they hadn't left early**, they would have missed the train.

TEPS 기출유형

I asked my son to leave early; **otherwise** he would have missed the bus.
(=I asked my son to leave early; **if he hadn't left early**, he would have missed the train.)

나는 우리 아들에게 일찍 떠나라고 했어. 그렇지 않으면 그는 버스를 놓쳤을 테니깐.

45 neither의 용법

neither가 부사로 쓰이면 '~도 또한 아니다'의 뜻으로 쓰이고, 문장의 앞으로 나올 때는 'neither+주어+동사'의 어순으로 쓰인다. 'neither'은 이미 부정의 의미를 포함하고 있으므로 동사를 부정형으로 쓰지 않도록 하자. 아래 기출 문제를 보면 if절에서 시제가 과거형이므로 주절에는 가정법 과거 형태의 동사가 와야 한다.

e.g.) My mother doesn't like Jack. – **Neither do I.**
Sam can't run fast. – **Neither can Peggy.**
I'm not hungry. – **Neither am I. (=Me neither.)**

▶ 접속사, 한정사, 대명사로 쓰이는 neither

• 접속사	**Neither** David **nor** Cindy can come.
• 한정사	(단수명사 앞에서) **Neither** man knows where she is.
• 대명사	He has two sons, but **neither** of them **looks** after him. (회화체에서는 look도 가능)

TEPS 기출유형

To show their support, the neighbors decided that if Mr. Olson didn't agree to sell his property, **neither would they.**

그들의 지지를 보여주기 위해서 이웃들은 Olson씨가 그의 소유지 매매에 동의하지 않는다면 그들도 동의하지 않기로 결정했다.

The TOP in TEPS

Grammar

Actual TEST 03

1. A: I've read somewhere that if you want to be treated like a duchess, act like a duchess.
   B: There's a difference between wanting to be treated well and putting on ____________.

   (a) the air
   (b) an air
   (c) air
   (d) airs

2. A: You ____________ that job if Heather hadn't put in a good word for you.
   B: Yes, I know. I should probably write her a thank you note.

   (a) didn't get
   (b) don't get
   (c) wouldn't have gotten
   (d) haven't gotten

3. A: ____________ to lose the weight she gained while she was pregnant?
   B: She's always been a big fan of yoga, so I think she'll probably keep that up.

   (a) You think what Jamie will you do
   (b) What do you think Jamie will do
   (c) You will think what Jamie does
   (d) What Jamie you think will you do

4. A: Jen and Rob ____________ a great team when they're playing bridge.
   B: It's true. They seem to read each other's minds when they're bidding.

   (a) making
   (b) make
   (c) makes
   (d) will have made

5. A: Will John get to ever ask that girl for her phone number?
   B: I could tell him to go talk to her, but I still think he ________ listen to me.

   (a) can't
   (b) shouldn't
   (c) wouldn't
   (d) must not

6. A: Other than pay, I think there's a fine line between "servant" and "slave".
   B: Well, with servants, you're not allowed to ____________ anything they don't want to do.

   (a) forcing them to do
   (b) force them to do
   (c) forcing them doing
   (d) force them doing

7. A: Katie and Steve are getting married in a year.
   B: Based on how rocky their relationship has been, ____________ believe.

   (a) That hard I find to
   (b) I find to hard that
   (c) I find that hard to
   (d) To find that hard I

8. A: Did you see who was crowned Ms. America last night?
   B: Yes, I thought she deserved it. She was ____________.

   (a) much more beautiful than the others
   (b) much more as beautiful than the others
   (c) beautiful as much more than the others
   (d) as much more beautiful than the others

9. A: Are you going to buy the ring?
   B: If I ____________ afford it, yes I am.

   (a) could
   (b) may
   (c) can
   (d) should

10. A: Excuse me. When is the next train downtown and where can I buy tickets?
    B: If you ask the station agent in the kiosk, he can tell you everything ____________.

    (a) that you need to know
    (b) you need that to know
    (c) you need to know that
    (d) to know you need that

11. A: Hi, Professor Smith. Is there an opening in your
   101 class yet?
   B: Not yet. But _______________ a student drop
   out, you'll be the first to know.

   (a) must
   (b) should
   (c) might
   (d) could

12. A: Brr! It sure is cold out here without a fire.
   B: I know, sorry. I kept it _______________ as
   long as I could.

   (a) go
   (b) to go
   (c) going
   (d) to be going

13. A: I heard you passed the test. Congratulations.
   B: Thanks. Actually, it was _______________
   difficult that I had to take it twice.

   (a) well
   (b) very
   (c) such
   (d) so

14. A: I have my notes from last week's meeting. But I
   don't see anything about items for the meeting
   today.
   B: Did you remember _______________________
   to address today?

   (a) the items to write down we were hoping
   (b) to write down we were hoping the items
   (c) to write down the items we were hoping
   (d) the items hoping we were to write down

15. A: I've been buying bread at this bakery my whole
   life. How long has it been around?
   B: A long time. Next month _______________
   for thirty-five years.

   (a) it was open
   (b) it had been open
   (c) it will be open
   (d) it will have been open

16. A: I'm starting to regret signing up for this race. It's
   going to be really difficult.
   B: Yes, but if you succeed _______________, you
   can always be proud of yourself.

   (a) to running it
   (b) in running it
   (c) by running it
   (d) of running it

17. A: How are you feeling? I know it's your first time
   flying in an airplane.
   B: Actually, I'm OK. It's _______________.

   (a) not as frightening as I thought
   (b) as I thought not as frightening
   (c) not so frightening what I thought
   (d) so frightening as I thought not

18. A: Do you know why the desks _______________?
   B: Yes, The cleaners vacuumed the carpets last night
   and needed the floor to be clear.

   (a) is moved
   (b) moved
   (c) were moved
   (d) moving

19. A: I've never seen Tom get angry like that before.
   B: Usually he's pretty calm. But _________ it
   comes to money, he takes things quite seriously.

   (a) who
   (b) where
   (c) what
   (d) when

20. A: Did your group finish your project on time
   yesterday?
   B: No. We _______________ on it for hours when
   Matthew tripped and fell on it. It was ruined.

   (a) have worked
   (b) had been working
   (c) were working
   (d) would be working

21. ____________, Jenna restarted the computer for the second time.

(a) Flustering
(b) To be flustered
(c) Having flustered
(d) Flustered

22. The instructions were ________ convoluted for the beginners to follow.

(a) much
(b) as
(c) very
(d) too

23. They give you ____________ trial period to see if the face wash clears up your acne.

(a) eight weeks
(b) an eight-week
(c) eight week
(d) an eight-weeks

24. Jackie is allergic to apples, ____________ she didn't eat the pie I baked.

(a) because
(b) that
(c) or
(d) so

25. The postal service always calls the person ________ the package is addressed.

(a) about who
(b) of whom
(c) to whom
(d) to what

26. ____________ was her folly that she trusted the strange witch in the woods.

(a) Such
(b) As
(c) That
(d) So

27. After the blackout, James kept a flashlight ________ the bed for emergencies.

(a) from
(b) against
(c) inside
(d) beside

28. With ____________, Jesse selected answer "A" for all the remaining multiple choice questions.

(a) time running out
(b) out time running
(c) running time out
(d) running out time

29. We hope the gala will be less rowdy this year because there will be ____________________ last year.

(a) less teenagers and fewer alcohol than
(b) little teenagers and alcohol than
(c) fewer teenagers and less alcohol than
(d) less teenagers and less alcohol than

30. ________ the car was missing a wheel, the team made it safely to the finish line.

(a) If
(b) So that
(c) Despite
(d) Although

31. The books I ordered online ____________ in three days.

    (a) are about to arrive
    (b) are scheduled to arrive
    (c) will come to arrive
    (d) have arrived

32. No sooner ____________ the room than the boy started to scream.

    (a) had his mother left
    (b) his mother left
    (c) did his mother leave
    (d) his mother had left

33. The experts advised that the plan ________ reviewed and tested first.

    (a) be
    (b) was
    (c) would be
    (d) will be

34. Even before Jack finished the college, he ____________ positions with several big companies.

    (a) already offered
    (b) had already offered
    (c) is already being offered
    (d) had already been offered

35. If that garden is ____________ for very long, the weeds will take over.

    (a) leave untended
    (b) having been left untended
    (c) left untended
    (d) leaving untended

36. The dog's owner assured ________ his dog wasn't dangerous, but I wasn't really convinced.

    (a) that
    (b) to me that
    (c) me that
    (d) for me that

37. Residents were told to inform the police ________ any suspicious person or activities in the neighborhood.

    (a) with
    (b) to
    (c) of
    (d) that

38. The girl was so shy that she didn't even ________ the simple questions.

    (a) answer
    (b) answer to
    (c) answer with
    (d) answer about

39. Temperatures rose to 40 degrees today, a ____________ high.

    (a) recording
    (b) records
    (c) record
    (d) recordable

40. ____________ that I can't remember what he looked like.

    (a) So it happened all quickly
    (b) It all happened so quickly
    (c) It happened so all quickly
    (d) All happened it so quickly

   Questions 41 ~ 45

Identify option that contains an awkward expression or an error in grammar.

41. (a) A: We got some coupons in the mail.
(b) B: Why are they good for?
(c) A: One is for milk. If you buy one carton, you get
a second one free.
(d) B: Let's use it. We always drink a lot of milk
around here.

42. (a) A: We should go see the play that Christine is in.
(b) B: I can't imagine when we'd have a time to do
that. You know we're busy this weekend.
(c) A: The show runs for the next three weekends,
and there's a matinee this Thursday.
(d) B: Well in that case, I suppose we can put it on
our calendars to go.

43. (a) A: We're going to the art museum on Saturday.
(b) B: I heard the museum has a new photography
exhibit.
(c) A: Yes, it does. That's what I want to see.
(d) B: Can I go with you? I've never been to the
museum ago.

44. (a) A: I hate math homework. I'm ready to give it up
on.
(b) B: No, you can't! We're almost finished.
(c) A: No, we're not. There are ten problems left.
(d) B: But they're easy problems. They won't take
long.

45. (a) A: How was your flight back from Hong Kong?
(b) B: Fine, except for the fact that the baby sat
behind me was screaming the whole time.
(c) A: Babies always scream on airplanes. The
pressure change hurts their ears.
(d) B: Well, it meant I didn't sleep for the entire 14-
hour flight.

Part IV   **Questions 46 ~ 50**

Identify option that contains an awkward expression or an error in grammar.

46. (a) As a child, I loved listening to Mrs. Deen, my neighbor, tell stories about her life. (b) I visited her almost every day, not only because she was endlessly fascinating, but also because she was always happy and made me feel special. (c) Eventually, my family moved, and I didn't see Mrs. Deen for many years. (d) Recently, I returned to the old neighborhood to visit her, and although she grow old, she still had smiles and stories just for me.

47. (a) Molds, which are microscopic fungi, can be very toxic to humans. (b) They believed to cause cancer and neurological problems upon prolonged exposure. (c) However, the production of many foods, such as cheese, and even medicine, like penicillin, is dependent on the presence of mold. (d) In those cases, the molds are tested and regulated to ensure that they are not harmful.

48. (a) The old wooden box had been in Tim's living room for years. (b) But this was no ordinary box, rather it was the box which all of his family's treasures were stored. (c) From his grandmother's wedding dress to his father's military records, each item represented countless memories. (d) Now, Tim added yet another precious item to the collection — a single photograph, taken on a sunny day spent at the beach.

49. (a) My brother Joe was feeling sick, I decided to walk our big dog by myself. (b) I tried to walk fast, but Harold kept pulling on the leash wanting me to go faster. (c) Eventually, he gave one strong tug and I accidentally let go of the leash. (d) I chased Harold down the block and fortunately, I caught him before he reached a major street.

50. (a) Many undergraduate students don't know what degree they want to earn in college when they start. (b) There are always few students who keep the same major from freshman year to graduation. (c) Of course, there are always students who go through a number of option before they settle on one course of study. (d) For the most part, counselors recommend that students take a few classes before declaring a major so they don't have to change their major later on.

The TOP in
TEPS

Grammar

Actual TEST 04

1. A: This is the car I'm interested in buying.
   B: __________ nice, I think you should definitely get it.

   (a) Looks
   (b) Look
   (c) Looking
   (d) Looked

2. A: Do you have any big goals __________ the month?
   B: I'm planning to sell at least $50,000 worth of furniture.

   (a) on
   (b) by
   (c) for
   (d) in

3. A: I can't seem to shake off this bad cough.
   B: You should probably go to the doctor to have it __________.

   (a) check
   (b) checking
   (c) to check
   (d) checked

4. A: Can I take a drink from your canteen?
   B: Sure. Just make sure there's __________ for the hike back to camp.

   (a) water enough left there
   (b) enough water left there
   (c) left there enough water
   (d) there water left enough

5. A: Have you heard back from the school yet about the job?
   B: Not yet, but they __________ when they're ready.

   (a) contacted me
   (b) will contact me
   (c) have contacted me
   (d) contact m

6. A: Have you ever been to Mount Vernon outside of Washington, DC?
   B: Yes, I remember __________ it when we were there last May.

   (a) see
   (b) of seeing
   (c) to see
   (d) seeing

7. A: Do you need anything from the store?
   B: Yes. Can you get me two __________?

   (a) milk
   (b) milks
   (c) cartons of milk
   (d) carton of milks

8. A: How can I get Jennifer to forgive me?
   B: __________________________, you should buy her flowers.

   (a) Apologize not only should you
   (b) Not only you should apologize
   (c) Should you apologize not only
   (d) Not only should you apologize

9. A: __________ your resume, you don't have very much experience in the field.
   B: This is true, but I believe my other experience makes up for it.

   (a) Judged from
   (b) From judging
   (c) To have judged from
   (d) Judging from

10. A: Is Mark going to need a ride to the concert?
    B: __________, but we should call him to make sure.

    (a) I think so
    (b) So I think
    (c) Think I so
    (d) So think I

11. A: Do you like traveling by air or by train?
B: I don't have a preference. I will travel __________ way.

(a) no
(b) both
(c) either
(d) neither

12. A: I went on __________________ vacation to Argentina.
B: Wow. What did you do there?

(a) a two week's
(b) a two weeks
(c) two-week
(d) a two-week

13. A: I saw Rita at the library yesterday.
B: That's pretty__________________ since she was sick in bed yesterday.

(a) like
(b) unlike
(c) likely
(d) unlikely

14. The girl tried everything to get rid of her headache, but nothing __________________ at all.

(a) helped
(b) helping
(c) to help
(d) will help

15. A: Has Earl made a decision about the assistant manager position?
B: No, __________________ that issue.

(a) he silently remains on
(b) he remains silently on
(c) he remains silent on
(d) he remains on silent

16. A: Is your cast still making your leg itch?
B: It ______________ me all weekend, but I think it's getting better.

(a) annoyed
(b) is annoying
(c) annoys
(d) will annoy

17. A: When is your sister's wedding?
B: It's going to be ______________, but she hasn't decided which day.

(a) sometime in June this year
. (b) in this year sometime June
(c) this year June sometime
(d) this year sometime June

18. A: Have you heard from John lately?
B: Yes. He called __________ waiting for his plane to take off.

(a) while
(b) though
(c) unless
(d) if

19. A: How common is divorce in the U.S.?
B: Unfortunately, every __________________ marriage ends in divorce.

(a) two
(b) second
(c) another
(d) twice

20. A: I'm going to the store. Do you need anything?
B: Please bring me a carton of milk. It'll save ______ ______________ the store.

(a) to me a trip to
(b) me a trip to
(c) a trip to me
(d) for me a trip to

Choose the best answer for the blank.

21. All of the puppies ______________ all old enough to live without their mothers.

(a) is
(b) will have been
(c) to be
(d) are

22. If no one interrupts him, John can make three pies _______________.

(a) hour
(b) the hour
(c) a hour
(d) an hour

23. The child couldn't help __________ responsible for his parents' divorce.

(a) feeling
(b) to feel
(c) feel
(d) to be felt

24. One of the cases ______________ because of insufficient evidence.

(a) was dismissed
(b) were dismissed
(c) dismissed
(d) dismiss

25. _______________ by friends and family, Nate felt safe and happy.

(a) Surrounded
(b) To surround
(c) Surrounding
(d) Surround

26. I expect my father __________________ from the hospital any day now.

(a) come home
(b) to have come home
(c) for coming home
(d) to come home

27. Mary thought Jim's advice was the worst __________ she had heard in her life.

(a) that
(b) who
(c) which
(d) what

28. The starlet was so glad to have the award, she didn't know _______________.

(a) to say or do what
(b) what say or to do
(c) what to say or do
(d) do or say to what

29. Jen can't go to dinner tonight, although she would ______________.

(a) like
(b) have liked
(c) like to
(d) like it

30. Congress eventually moved to end Prohibition, __________ many thought was a wise decision.

(a) of which
(b) who
(c) which
(d) that

31. Raises and bonuses will be awarded to employees
____________ on their sales totals and quarterly
reviews.

(a) base
(b) to base
(c) based
(d) basing

32. Since we only have two customers, I'll help the first
and you can help ____________.

(a) one
(b) the other
(c) another
(d) others

33. The students, ____________ to give up hope,
continued their protest of university policies late
into the evening.

(a) refused
(b) had refused
(c) refusing
(d) is refused

34. Because he did not know to ____________ it
belonged, the boy brought the stray dog home.

(a) what
(b) whom
(c) who
(d) that

35. First-born children ____________ in
academics than their younger siblings.

(a) successful to be more tend
(b) to be more tend successful
(c) more successful tend to be
(d) tend to be more successful

36. Harold always turned to his parents for ____________
when he was unsure of what to do.

(a) advices
(b) an advice
(c) advice
(d) the advices

37. In addition to seeing tourist sites and eating new
foods, most people who travel frequently also enjoy
____________ about other cultures.

(a) to learn
(b) learning
(c) being learned
(d) to be learned

38. Long ago, workers in this factory ____________
automobile engines, but now they assemble airplane
parts.

(a) were used to make
(b) used to making
(c) were used to making
(d) used to make

39. The exposure of today's youth to technology is far
greater than ____________ of all previous
generations.

(a) this
(b) these
(c) that
(d) those

40. Consumer spending is as ____________ in
over fifty years.

(a) it was low ever as
(b) low as it has ever been
(c) it was as low ever
(d) low as it ever was

Part III **Questions 41 ~ 45**

Identify option that contains an awkward expression or an error in grammar.

41. (a) A: What did you think of the movie?
    (b) B: I thought it was terrible. The actors were so bad!
    (c) A: I know. I almost fall asleep about half way through it.
    (d) B: Next time, let's see something more exciting.

42. (a) A: Why are we going into this store?
    (b) B: There is a dress as I want to show you.
    (c) A: OK. Is it the one you told me about?
    (d) B: Yes. Here it is. What do you think of it?

43. (a) A: Picking out a new couch is so difficult.
    (b) B: I agree. Did you like the blue one with the soft cushions?
    (c) A: Yes, but I think the leather one would fit in the living room better.
    (d) B: I rather did liked the leather couch. Let's just get that one.

44. (a) A: I need you to help me with something.
    (b) B: Sure. What is a problem?
    (c) A: We're going on vacation. We need someone to feed the dogs.
    (d) B: I can do it. Just leave me a key to your house.

45. (a) A: I promised I would make a cake for a party.
    (b) B: So why do you look so confused?
    (c) A: Well, I don't know how making a cake.
    (d) B: Don't worry, I'll help you. It isn't that hard.

46. (a) Investors are becoming increasingly optimistic about the state of the economy. (b) About 79 percent investors said the stock market are still a good place for long-term investments, and that it would regain its losses. (c) People are also being more proactive about their financial activities. (d) They are checking their accounts more often, investing in a wider variety of stocks, and learning more about economic issues.

47. (a) For Alex Goddard, each day working as a reporter is a busy one. (b) When his day will begin, he meets with his editors and receives a story assignment. (c) After that, he gathers information and interviews the people who are involved with his story. (d) In the afternoon, Alex writes his story and turns it in before the deadline so that it can be printed in the next day's newspaper.

48. (a) As we say at the New York Times, continue getting "all the news that's fit to print" by renewing your subscription today. (b) For our returning customers, we are offering a special renewal rate. (c) Pay only $3.00 a week for six months—that's about $12.00 a month! (d) If you would like to renew your subscription at this rate, checked "YES!" on the enclosed order form and mail it to us today.

49. (a) Many livestock farmers are powered their farms using an environmentally safe substance that is readily available to them—cow manure. (b) The farmers use a device called a digester, which prevents oxygen from reaching the manure as it heats it. (c) This process converts the manure into a gas that can power a generator. (d) Depending on how much manure is available, the resulting gas can provide electricity for not only the farm, but also nearby houses.

50. (a) The needs for blood donors is never ending. (b) In the U.S., blood transfusions are given to four million people a year, and two million of those cases are emergencies. (c) In addition, one in five hospital patients need a blood transfusion as part of their medical treatments. (d) So the simple act of donating just a small amount of blood can have a great impact on someone in poor health.

46 완료진행형

시제가 틀린 부분을 고르는 문제 중에서 과거에 시작되어 현재에도 계속되는 일을 표현할 때는 **현재완료**나 **현재완료진행형**을 쓸 수 있다. 하지만 **현재에 진행중임을 강조하고자 할 때는 현재완료진행형**을 쓰고, **상태가 아닌 행위의 계속을 나타낼 때는 현재완료보다는 현재완료진행형을 더 많이 사용**한다. 아래의 문제에서 연기를 시작한 것은 3년 전, 즉 과거의 일이지만 현재에도 계속해서 연기를 하고 있는 중이므로 현재완료진행형인 'have you been acting'을 쓴다. 완료진행형에는 현재완료 진행형뿐만 아니라 과거완료진행형과 미래완료진행형이 있다. 현재완료진행형의 형태는 **"have been ~ing"**이고 과거완료진행형은 **"had been ~ing"**, 미래완료진행형은 **"will have been ~ing"**이다.

e.g.) I**'ve been waiting** for my brother for two hours. [현재완료진행형]

He **had been walking** for 3 hours, so his legs started to get tired. [과거완료진행형]

She **will have been living** in this house for 30 years next month. [미래완료진행형]

TEPS 기출유형

A: You've been in several productions. **How long have you been acting?**

B: About 3 years, but I've never had so many lines to memorize.

A: 넌 여러 연극 공연에 참여했잖아. 연기한지 얼마나 된 거지?

B: 한 3년쯤, 하지만 외워야 할 대사가 많은 적은 없었어.

47 관계부사

관계부사에는 **when, where, why, how**가 있는데 선행사가 시간을 나타내는 말일 경우는 **when**, 장소를 나타내는 경우일 때는 **where**, 이유나 원인을 나타내는 말일 때는 **why**를 쓰고 방법을 나타낼 때는 일반적으로 **how** 보다는 **the way**를 쓰는 경우가 많다. 관계부사는 형용사절을 이끌어 앞에 있는 명사를 꾸며준다는 점에서는 관계대명사와 같지만 절안에서 **대명사의 역할을 하지 않고 부사 역할을 한다**는 점이 다르다.

(a) Many scientists use the phenomenon of vestigial structures as evidence of evolution. (b) Vestigial structures are parts of an animal's body **where** are now functionless, but were once used by its ancestors. (c) For example, the wings of ostriches cannot be used in flight. (d) That's because although the large birds did fly at one time, their wings became too small to do so through the process of natural selection.

많은 과학자들은 흔적 기관의 현상을 진화의 증거로 이용한다. 퇴화 구조들은 동물의 몸에서 현재는 아무 기능도 없지만 조상들에 의해서는 한 때 사용된 신체의 일부를 말한다. 예를 들어, 타조의 날개는 나는 것에는 사용될 수 없다. 그것은 이 거대한 새들이 한 때 날았지만 자연 도태의 과정을 통해 그들의 날개들은 나는데 사용하기에는 너무 작아졌기 때문이다.

[Joseph's Solution]

지문의 "Vestigial structures are parts of an animal's body where are now functionless but were once used by its ancestors"에서 선행사는 'an animal's body'이고 'are now functionless but were once used by its ancestors'은 그것을 꾸며주는 형용사절이다. 따라서 선행사와 형용사절의 사이에 주어자리가 비어있으므로 "where" 대신에 주격 관계대명사 'which'나 'that'을 써야 한다.

Joseph's TIP 48 부정대명사

부정대명사란 문자 그대로, **정해지지 않은 대명사**를 뜻하며, 앞에서 언급된 복수 명사 중에서 특별하게 지정해서 가리킬 필요가 없을 경우 그 명사를 불특정하게 받는 대명사를 말한다.

▶ 부정 대명사 [one, another, the other, the others, some, others]

1. 전체가 둘일 때	one, the other
2. 전체가 셋일 때	one, another, the other
3. 전체가 넷 이상이고 종류가 셋일 때	one, another, the others
4. 전체가 셋 이상이고 종류가 둘일 때	one, the others
5. 전체는 다수이고 종류가 둘일 때	some, others [나머지 중 일부] some, the others [나머지 전부]

(a) In the early 70s, a scientist named Dorothy Retallack conducted a series of interesting experiments. (b) She hypothesized that different kinds of music would affect plant growth in different ways. (c) Some music, such as loud rock, seemed to make plants grow at a slower rate. (d) **Others** music, such as classical, actually seemed to make plants grow towards the radio.

70년대 초 Dorothy Retallack이라는 과학자가 일련의 흥미로운 실험을 실행했다. 그녀는 다른 종류의 음악들이 다른 방식으로 식물의 성장에 영향을 끼친다고 가설을 세웠다. 요란한 락 음악과 같은 어떤 음악들은 식물들을 더 천천히 자라게 만드는 것처럼 보였다. 클래식 음악과 같은 다른 음악들은 실제로 식물들이 라디오를 향해 자라도록 만드는 것처럼 보였다.

[Joseph's Solution]

"other"이 한정사로 쓰일 때는 명사 앞에서 '다른~'의 의미로 쓰이고, 대명사로 쓰일 때는 주로 'some+ 명사'와 함께 '일부는 ~하고 또 다른 일부는 ~하다'의 의미로 쓰인다. 그러므로 (d) Others music, such as classical, actually seemed to make plants grow towards the radio. 바로 앞 문장에서는 Some music~이라고 했으므로 'others music'을 'other music'으로 바꾸어야 적절하다.

Joseph's TIP

49 부사의 위치

부사의 위치는 비교적 자유로운 편이지만 빈도나 정도를 나타내는 동사는 일반 동사 앞에, be동사나 조동사의 뒤에 놓이는 것이 보통이다. 또한, 현재완료형 have p.p. 형태에서는 조동사 have와 p.p.사이에 위치하는 것이 일반적이다. 하지만 타동사와 부사가 결합된 경우 명사가 목적어 일 때 목적어는 부사 뒤에 올 수도 있고 부사 앞에 올 수도 있지만 대명사가 목적어 일 때는 [타동사+대명사+부사]의 어순이 된다. 참고로 다음사항도 알아두자.

▶ It's cold outside. **Put on** your jacket. (○) [목적어는 명사 **your jacket**]
　　　　　　　　　　Put your jacket **on.** (○)

▶ You can **drop** me **off** at the bus station. (○) [목적어는 대명사 **me**]

▶ You can **drop off** me at the bus station. (×)

The connection between facial expressions and human survival **has recently been discovered** by a team of anthropologists.

얼굴 표정과 인간 생존간의 관계는 집단의 인류학자들에 의해 최근 발견되었다.

Joseph's TIP
50 관계대명사 What

관계대명사 what은 **관계대명사와 선행사가 합쳐진 것**으로 '…하는 것'이라고 해석된다. 관계대명사는 문장에서 주어, 목적어, 보어의 역할을 할 수 있는데 아래 기출 문제의 주어진 문장에서는 **What**이 **hear**의 목적어 역할을 하고 있다.

e.g.) **What** he said didn't make any sense to me. [주어]
I don't know **what** they want. [목적어]
She's not **what** she used to be. [보어]

▶ 관계대명사 what을 사용한 관용적 표현
What we/you/they call 소위
A is to B **what** C is D. A가 B에 대한 관계는 C가 D에 대한 관계와 같다.
What is better/worse 더 좋은 것은/나쁜 것은

People were sitting in front of the radio to hear **what** the President was about to say in his unplanned speech to the nation.

사람들은 대통령이 예정에 없던 대국민 연설에서 말하려고 하는 것을 듣기 위해 라디오 앞에 앉아 있었다.

앞면(Side1)

The TOP in TEPS

수험번호 Registration No.

성명 Name 한글 한자

문제지번호 Test Booklet No.

감독관확인란

청 해 Listening Comprehension

문 법 Grammar

어 휘 Vocabulary

독 해 Reading Comprehension

주 민 등 록 번 호 National ID No.

고사실란 Room No.

수 험 번 호 Registration No.

비밀번호 Password

좌석번호 Seat No.

서 약 본인은 필기구 및 기재오류와 답안지 훼손으로 인한 책임을 지고, 부정행위 처리규정을 준수할 것을 서약합니다.

답안작성시 유의사항

1. 답안 작성은 반드시 **컴퓨터용 싸인펜**을 사용해야 합니다.

2. 답안을 정정할 경우 수정테이프(수정액 불가)를 사용해야 합니다.

3. 본 답안지는 컴퓨터로 처리되므로 훼손해서는 안되며, 답안지 하단의 타이밍마크(▐▐▐)를 찢거나, 낙서 등으로 인한 훼손시 불이익이 발생할 수 있습니다.

4. 답안은 문항당 정답을 1개만 골라 ● 와 같이 정확히 기재해야 하며, 필기구 오류나 본인의 부주의로 잘못 표기한 경우에는 당 관리위원회의 OMR판독기의 판독결과에 따르며, 그 결과는 본인이 책임집니다.

Good ●   Bad ◑ ⊙ ⊘ ⊗ ✓

5. 감독관의 확인이 없는 답안지는 무효처리됩니다.

The TOP in TEPS

성 영문

명 서명

응시일자 : 20 년 월 일

<부정행위 및 규정위반 처리규정>

1. 모든 부정행위 및 규정위반 적발 및 이에 대한 조치는 TEPS관리위원회의 처리규정에 따라 이루어집니다.

2. 부정행위 및 규정위반 행위는 현장 적발 뿐만 아니라 사후에도 적발될 수 있으며 모두 동일한 조치가 취해집니다.

3. 부정행위 적발 시 당해 성적은 무효화되며 사안에 따라 최대 5년까지 TEPS관리위원회에서 주관하는 모든 시험의 응시자격이 제한됩니다.

4. 문제지 이외에 메모를 하는 행위와 시험 문제의 일부 또는 전부를 유출하거나 공개하는 경우 부정행위로 처리됩니다.

5. 각 파트별 시간을 준수하지 않거나, 시험 종료 후 답안 작성을 계속할 경우 규정위반으로 처리됩니다.

성 명 (성·이름순으로 기재)

EX HONG GIL DONG

A B C D E F G H I J K L M N O P Q R S T U V W X Y Z

단체 구분

학생 일반

질 문 란

1. 귀하의 TEPS 응시목적은?
   - (a) 입사지원
   - (b) 인사정책
   - (c) 개인실력측정
   - (d) 입시
   - (e) 국가고시 지원
   - (f) 기타

2. 귀하의 영어권 체류 경험은?
   - (a) 없다
   - (b) 6개월 미만
   - (c) 6개월 이상 1년 미만
   - (d) 1년 이상 3년 미만
   - (e) 3년 이상 5년 미만
   - (f) 5년 이상

3. 귀하께서 응시하고 계신 고사장에 대한 만족도는?
   - (a) 0점
   - (b) 1점
   - (c) 2점
   - (d) 3점
   - (e) 4점
   - (f) 5점

4. 최근 2년내 TEPS 응시횟수는?
   - (a) 없다
   - (b) 1회
   - (c) 2회
   - (d) 3회
   - (e) 4회
   - (f) 5회 이상

학 력

재학 졸업

초등학교
중학교
고등학교
전문대학
대학교
대학원

전 공

인 문 학
사회과학·법학
경제학·경영학
자 연 과 학
의학·약학·간호학
공 학
교 육 학
음악·미술·체육
기 타

직 업

공 무 원
고시준비
교 사
군 인
의 료 인
자 영 업
학 생
회 사 원
무 직
기 타

직 종

고 위 임 직 원
전문직(과학.공학)
전 문 직 (교육)
전문직(법률.회계금융)
기 술 직
영 업
홍 보
총 무
인 사
경 리
기 획
구 매

무 역
외 환
자 금
공 무
업 무
품 질 관 리
전 산
행 정 직
생 산 관 리
서 비 스
기 타

직 책

임 원
부 장
차 장
과 장
대 리
계 장
사 원
인 턴
기 타

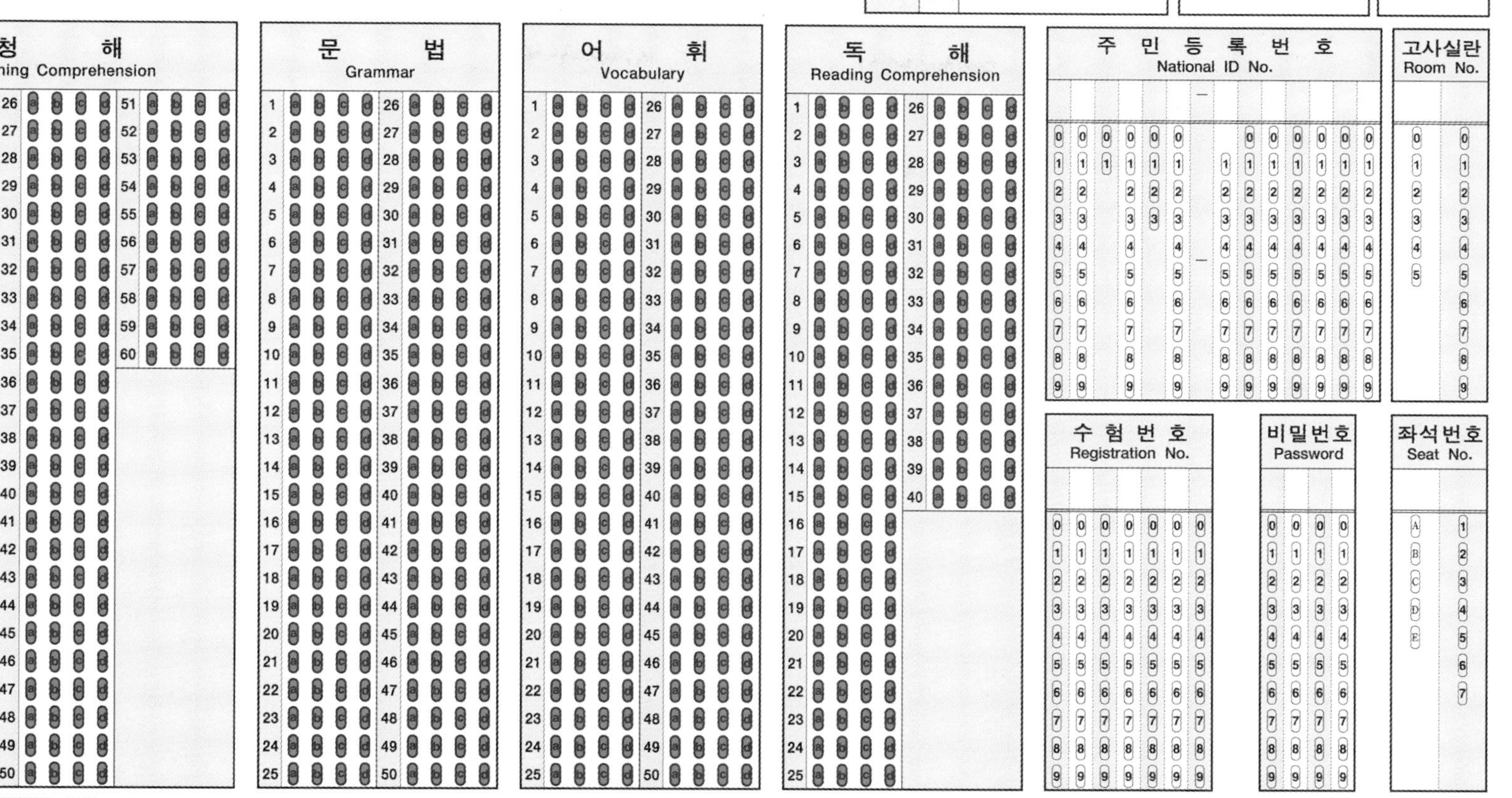

앞면(Side1)
The TOP in TEPS
수험번호 Registration No.
성명 Name 한글 한자
문제지번호 Test Booklet No.
감독관확인란
청 해 Listening Comprehension
문 법 Grammar
어 휘 Vocabulary
독 해 Reading Comprehension
주 민 등 록 번 호 National ID No.
고사실란 Room No.
수 험 번 호 Registration No.
비밀번호 Password
좌석번호 Seat No.
서 약
본인은 필기구 및 기재오류와 답안지 훼손으로 인한 책임을 지고, 부정행위 처리규정을 준수할 것을 서약합니다.
답안작성시 유의사항
1. 답안 작성은 반드시 컴퓨터용 싸인펜을 사용해야 합니다.
2. 답안을 정정할 경우 수정테이프(수정액 불가)를 사용해야 합니다.
3. 본 답안지는 컴퓨터로 처리되므로 훼손해서는 안되며, 답안지 하단의 타이밍마크(|||)를 찢거나, 낙서 등으로 인한 훼손시 불이익이 발생할 수 있습니다.
4. 답안은 문항당 정답을 1개만 골라 ▇와 같이 정확히 기재해야 하며, 필기구 오류나 본인의 부주의로 잘못 표기한 경우에는 당 관리위원회의 OMR판독기의 판독결과에 따르며, 그 결과는 본인이 책임집니다.
Good   Bad
5. 감독관의 확인이 없는 답안지는 무효처리됩니다.

The TOP in TEPS

성	영문	
명	서명	

응시일자 : 20　　년　　월　　일

<부정행위 및 규정위반 처리규정>

1. 모든 부정행위 및 규정위반 적발 및 이에 대한 조치는 TEPS관리위원회의 처리규정에 따라 이루어집니다.

2. 부정행위 및 규정위반 행위는 현장 적발 뿐만 아니라 사후에도 적발될 수 있으며 모두 동일한 조치가 취해집니다.

3. 부정행위 적발 시 당해 성적은 무효화되며 사안에 따라 최대 5년까지 TEPS관리위원회에서 주관하는 모든 시험의 응시자격이 제한됩니다.

4. 문제지 이외에 메모를 하는 행위와 시험 문제의 일부 또는 전부를 유출하거나 공개하는 경우 부정행위로 처리됩니다.

5. 각 파트별 시간을 준수하지 않거나, 시험 종료 후 답안 작성을 계속할 경우 규정위반으로 처리됩니다.

성　　명 (성·이름순으로 기재)

EX HONG GIL DONG

A B C D E F G H I J K L M N O P Q R S T U V W X Y Z

단 체 구 분

학생	일반
○	○

질 문 란

1. 귀하의 TEPS 응시목적은?
   ⓐ 입사지원　　ⓑ 인사정책
   ⓒ 개인실력측정　　ⓓ 입시
   ⓔ 국가고시 지원　　ⓕ 기타

2. 귀하의 영어권 체류 경험은?
   ⓐ 없다　　ⓑ 6개월 미만
   ⓒ 6개월 이상 1년 미만　　ⓓ 1년 이상 3년 미만
   ⓔ 3년 이상 5년 미만　　ⓕ 5년 이상

3. 귀하께서 응시하고 계신 고사장에 대한 만족도는?
   ⓐ 0점　　ⓑ 1점
   ⓒ 2점　　ⓓ 3점
   ⓔ 4점　　ⓕ 5점

4. 최근 2년내 TEPS 응시횟수는?
   ⓐ 없다　　ⓑ 1회
   ⓒ 2회　　ⓓ 3회
   ⓔ 4회　　ⓕ 5회 이상

학 력 / 전 공 / 직 업

학력	재학	졸업	전공		직업	
초등학교	○	○	인 문 학	○	공 무 원	○
중 학 교	○	○	사회과학·법학	○	고시준비	○
고 등 학 교	○	○	경제학·경영학	○	교 사	○
전 문 대 학	○	○	자 연 과 학	○	군 인	○
대 학 교	○	○	의학·약학·간호학	○	의 료 인	○
대 학 원	○	○	공 학	○	자 영 업	○
			교 육 학	○	학 생	○
			음악·미술·체육	○	회 사 원	○
			기 타	○	무 직	○
					기 타	○

직 종 / 직 책

직종		직책	
고 위 임 직 원	○	임 원	○
전문직(과학.공학)	○	부 장	○
전 문 직 (교 육)	○	차 장	○
전문직(법률.회계.금융)	○	과 장	○
기 술 직	○	대 리	○
영 업	○	계 장	○
홍 보	○	사 원	○
총 무	○	인 턴	○
인 사	○	기 타	○
경 리	○		
기 획	○		
구 매	○		

직종 열 우측 항목: 무 역 ○, 외 환 ○, 자 금 ○, 공 무 ○, 업 무 ○, 품 질 관 리 ○, 전 산 ○, 행 정 직 ○, 생 산 관 리 ○, 서 비 스 ○, 기 타 ○

대한민국 TEPS 대표강사 Joseph Kim의

THE TOP in TEPS

By Joseph Kim

950 실전편

문 GRAMMAR 법

정답 및 해설

랭기지플러스

THE
대한민국 TEPS 대표강사 Joseph Kim의
TOP in
TEPS
950
실전편
문 GRAMMAR 법
By Joseph Kim

랭기지플러스

정답 및 해설

THE TOP in TEPS 950 문법 실전편

초판 인쇄 First Printing	2010년 6월 5일
초판 3쇄 발행 Third Published	2014년 3월 20일
지은이 Author	죠셉 킴
발행인 Publisher	엄태상
발행처 Publishing Company	랭기지플러스
등록일자 Registration Day	2000년 8월 17일
등록번호 Registration Number	제 1-2718호
주소 Address	서울시 종로구 자하문로 300 시사빌딩
TEL	1588-1582
FAX	02-3671-0500
E-mail	sisabooks@naver.com
Homepage	www.langpl.com

＊잘못된 책은 구입하신 서점이나 본사에서 바꿔드립니다.
＊이 책의 내용을 사전 허가 없이 전재하거나 복제할 경우 법적인 제재를 받게 됨을 알려 드립니다.

ISBN 978-89-5518-193-7 13740

THE
대한민국 TEPS 대표강사 Joseph Kim의
TOP in
TEPS
950
실전편
문 GRAMMAR 법
정답 및 해설

Part Ⅰ ~ Ⅳ	1 (b)	2 (c)	3 (a)	4 (a)	5 (a)	6 (b)	7 (c)	8 (a)	9 (b)	10 (c)
	11 (c)	12 (c)	13 (c)	14 (a)	15 (c)	16 (a)	17 (a)	18 (b)	19 (c)	20 (b)
	21 (c)	22 (a)	23 (b)	24 (a)	25 (d)					

---

1. 동사의 유형 ★★☆   정답 (b)

해석 A: 파란색이랑 빨간색 셔츠 중에 어떤 것을 원하세요?
B: 파란색 셔츠는 너무 커요. 빨간색 셔츠가 괜찮을 것 같아요.

해설 자동사로 쓰인 "do"의 의미를 묻는 문제이다. "do"가 타동사일 때는 목적어와 함께 '~을 하다'라는 뜻이지만, 목적어 없이 자동사로 쓰이고 will/won't의 뒤에 나올 때는 '괜찮다, 충분하다'라는 의미이다. 문맥상 '빨간 셔츠가 괜찮을 것 같다'고 말하는 것이 자연스럽기 때문에 (b)가 정답이다.

2. 부정대명사 ★★★   정답 (c)

해석 A: 너 너희 엄마가 제일 좋아하는 귀걸이 잃어버렸다며?
B: 응. 하지만 어떻게 해서라도 새로운 걸로 사 놓을 거야.

해설 부정대명사가 사용된 관용표현을 묻는 문제이다. B가 '잃어버린 엄마의 귀걸이를 어떻게 해서든지 새 걸로 사놓겠다'라고 말해야 자연스럽다. 우리말로 '어떻게 해서라도, 이래저래'의 뜻을 가진 관용표현은 "one way or another" 로 표현한다.

어휘 lose v. 잃다   favorite a. 가장 좋아하는
earring n. 귀걸이   replace v. 대신하다, 되돌리다
one way or another 어떻게 해서든지

3. 시제 ★☆☆   정답 (a)

해석 A: 저 트로피는 왜 있는 거야?
B: 오늘 이따가 있을 경기에 필요한 거야. 가장 빨리 달린 선수에게 줄 거거든.

해설 시제를 묻는 문제이다. '오늘 이따가(later today)' 있을 경기에서 줄 것이라는 의미가 되어야 자연스럽다. 따라서 미래시제인 'will + be+ 과거분사'가 들어가는 것이 가장 적절하다.

어휘 what~ for? 무엇 때문에, 왜   race n. 경주

---

4. 부가 의문문 ★☆☆   정답 (a)

해석 A: 네 파티가 토요일 밤이지?
B: 맞아. 너무 기대돼.

해설 부가 의문문의 올바른 형태를 묻고 있다. 빈칸 앞 문장에서 be동사 'is'가 긍정이므로 부가 의문문의 동사형은 부정인 "isn't"가 적절하다. 주어가 'your party'이므로 대명사 "it"을 써야 한다. 주어가 'Your'로 시작되어서, 부가의문문의 주어를 'you'로 착각할 수 있으므로 유의해야 한다.

5. 5형식 문장 ★★☆   정답 (a)

해석 A: 저기 Tom이다. 문 근처에 서 있어.
B: 어, 잘 됐다. 내가 그에게 책을 가져다 달라고 부탁했었거든. 아마 갖고 있을 거야.

해설 목적격 보어의 형태를 묻는 문제이다. 동사 'ask'는 목적보어로 to부정사를 취한다. 대화의 문맥상 '가져오다'의 뜻이 되어야 자연스럽다. 따라서 'bring'을 사용한 "him to bring"이 정답이다.

어휘 ask v. 부탁하다   bring v. 가져오다

6. 시간부사절의 시제 ★★☆   정답 (b)

해석 A: 내가 그 DVD 빌릴 수 있을까?
B: 물론이지. 내가 다 보자마자 줄게.

해설 시간 부사절의 시제를 묻는 문제이다. 대화의 내용에서 'DVD를 다 보는 것'은 미래에 있을 일이지만 시간이나 조건의 부사절에서는 현재시제가 미래를 대신하므로 "finish"를 쓰는 것이 적절하다. 따라서 정답은 (b)이다.

어휘 borrow v. 빌리다   as soon as ~하자마자
finish v. 끝내다

7. 의문문의 형태 ★☆☆   정답 (c)

해석 A: 나 너무 배고파. 하루 종일 못 먹었어.
B: 그럼 외식할래?

해설 의문문의 올바른 형태를 묻는 문제이다. 문맥상 A가 해

'하루 종일 아무것도 먹지 못했다'고 했으므로 '외식할래?'라고 "제안"하는 표현이 들어가는 것이 자연스럽다. 따라서, 제안하는 표현인 "shall we~"가 정답이다. 이외에 'Why don't we~?'와 'How about~ ing?' 등의 표현도 함께 기억해 두자.

어휘　go out to eat 외식하다

8.　빈도부사의 위치 ★★☆　　　정답 (a)

해석　A: 난 다음 여름에 뉴욕에 갈 거야.
　　　　B: 재미 있겠다. 난 한 번도 가본 적이 없어.

해설　부사 'never'의 위치를 묻는 문제이다. 빈도부사는 조동사, be동사 뒤이며 일반동사 앞이므로 현재완료 경험을 표현하는 'never, ever' 등의 빈도부사는 'have'와 과거분사 사이에 위치해야 한다. 따라서 적절한 어순의 (a)가 정답이다.

어휘　exciting a. 재미있는

9.　부사절 시제 ★★☆　　　정답 (b)

해석　A: 그 스카프 예쁘다. 어디서 샀어?
　　　　B: 작년에 모로코 갔을 때 샀어.

해설　부사절의 시제를 묻는 문제이다. 문맥상 '작년에 모로코에 갔을 때 스카프를 샀다.'는 의미가 되어야 하므로 '~할 때'의 뜻을 가진 접속사 'when' 또는 'as'와 함께 써야 한다. 스카프를 '작년에(last year)' 샀으므로 부사절에는 과거시제를 쓰는 것이 적절하다. 따라서 "when I went"가 정답이다.

어휘　get v. 사다, 얻다　　buy v. 사다

10.　be about to ★★★　　　정답 (c)

해석　A: 지루해. 우리 동네 산책하러 가자.
　　　　B: 나도 막 그러자고 하려 했어. 너무 어두워지기 전에 나가자.

해설　문맥에 알맞은 표현을 묻는 문제이다. 산책을 하자고 말한 A의 응답으로 B가 '나도 막 그걸 제안하려고 했었다'고 답하는 것이 자연스럽다. 따라서 "be about to"에 "just"를 함께 써서 '이제 막 ~하려고 하다'의 뜻이 되는 (c)가 정답이다.

어휘　bored a. 지루한　　　　go for a walk 산책하다
neighborhood n. 동네, 이웃　suggest v. 제안하다
be about to ~하려고 하다
get dark 어두워지다

11.　수의 일치 ★★☆　　　정답 (c)

해석　관중들은 어젯밤에 콘서트에서 큰소리로 환호하고 있

었다.

해설　집합명사의 수 일치를 묻는 문제이다. 'audience'는 집합명사로 '관중'을 여러 사람이 모인 하나의 집합체로 간주하여 단수취급 한다. 의미상 관중들이 콘서트에서 환호한 것은 '어젯 밤(last night)'에 일어난 일이므로 과거시제를 써야 한다. 따라서 정답은 (c)이다.

어휘　audience n. 관중, 청중
cheer v. 환호하다, 응원하다
loudly adv. 크게

12.　목적격 보어 ★★☆　　　정답 (c)

해석　Jane은 이웃의 개가 길거리를 뛰어 내려가는 것을 보았다.

해설　지각동사 'see'의 목적격 보어 형태를 묻는 문제이다. 지각동사 'see, hear'는 5형식 문형으로 목적격 보어를 수반하는데, 목적어와 목적보어의 주술관계가 능동일 경우 목적격 보어는 '동사원형'이나 '~ing' 형태가 되어야 한다. 따라서 적절한 것은 "running"이다. 참고로 수동 관계일 때는 과거분사를 쓴다는 것도 알아두자.

어휘　see v. 보다　　neighbor n. 이웃사람

13.　관계사 ★☆☆　　　정답 (c)

해석　내가 새 것을 사기 전까지 쓸 수 있는 알람 시계 있니?

해설　빈칸에 적절한 관계사를 고르는 문제이다. 빈칸 뒤의 문장이 동사 'use'의 목적어가 없는 불완전한 문장이므로 빈칸은 관계대명사 자리이며, 선행사(an alarm clock)가 사물이므로 'which' 또는 'that'이 올 수 있다. 따라서 주어진 보기 중에서 "that"이 정답이다.

어휘　alarm clock 알람 시계

14.　목적격 보어 ★★☆　　　정답 (a)

해석　수업이 끝나고 필기한 내용을 보는 것은 배운 것을 기억하도록 도와줄 수 있다.

해설　사역동사 'help'의 목적격 보어 자리에 올 수 있는 동사의 형태를 묻는 문제이다. 'help'의 목적격 보어 자리에는 동사원형과 to부정사 둘 다 올 수 있기 때문에 주어진 보기 중에서는 동사원형이 쓰인 (a)가 정답이다.

어휘　note n. 기록, 메모　　remember v. 기억하다

15.　시제 ★★☆　　　정답 (c)

해석　그 베스트셀러 작가는 그녀가 어렸을 때부터 계속 이야기를 써오고 있다.

해설　적절한 동사의 시제를 묻는 문제이다. 과거의 특정시점

부터 발화시점인 현재까지 지속된 동작의 계속을 나타
낼 때는 현재완료진행형으로 표현하며, 현재완료진행
형의 형태는 "have been ~ing"이다. 참고로 시간을 나
타내는 접속사 'since'가 이끄는 부사절이 사용된 문장
의 주절시제는 보통 현재완료나 현재완료진행형을 쓴
다.

어휘 author n. 작가

---

16. | 어순 ★★★ | 정답 (a)

해석 교수는 학생들이 질문을 시작하기를 기다리면서 일어
섰다.

해설 문장 구조와 어순을 묻는 문제이다. 문장 구조상 빈칸
은 동사가 들어가야 하므로, 선택지 (b)와 (c)는 답에서
제외한다. 따라서 동사 'stood up' 뒤에 분사 'waiting
for'가 이어져서 "stood up waiting for"가 정답이다.

어휘 professor n. 교수   stand up 일어서다
wait for ~를 기다리다

---

17. | 분사 구문 ★★★ | 정답 (a)

해석 Hannah는 남동생을 동생 학교에 걸어서 데려다 주고,
자기 학교로 가는 버스에 탔다.

해설 '완료 분사구문'을 묻는 문제이다. 'Hannah는 자기 학
교로 가는 버스를 타기 이전에 남동생을 학교에 데려
다 주었다'는 내용이 되어야 자연스럽다. 따라서 분
사구문에는 주절보다 한 시제 앞선 시제를 나타내는
'having+p.p.'를 써야 한다. 선택지 (d)는 문법적으로
가능하지만, '동생을 데려다 주기 위해, 자기 학교로 가
는 버스를 탔다'라는 뜻이 되어 의미상 어색하므로 정
답이 될 수 없다.

---

18. | 어순과 문장구조 ★★★ | 정답 (b)

해석 그 도시에서 가장 오래된 건물인 Smith Hall을 올 여름
에 허물고, 새로운 지역공원이 그 자리를 대신할 것이
다.

해설 문장 구조와 어순을 묻는 문제이다. 빈칸 뒤에 바로 동
사가 있기 때문에, 빈칸은 주어에 해당되는 명사 상당
어구가 들어가야 하므로, 절의 형태인 (a)와 (c)는 답이
될 수 없다. 그리고 소유격 다음에는 정관사 the를 쓰
지 않기 때문에, 정답은 (b)이다.

어휘 tear down 허물다, 무너뜨리다
replace v. 대신하다, 대체하다
community park 지역공원

---

19. | 분사 ★★★ | 정답 (c)

해석 시의회를 통과한 법이 내년부터 시행될 것이다.

해설 명사를 수식하는 형용사형 분사의 형태를 묻는 문제이
다. 이때 앞의 명사와 분사와의 관계를 통하여 '능동,
수동'을 결정해야 한다. 법은 시의회에 의해 '통과되는'
것이므로 수동태의 과거분사를 써야 한다. 따라서 정답
은 (c)이다. 참고로 문장구조상 빈칸은 동사가 아니라
분사자리이므로, (d)는 답에서 제외한다.

어휘 law n. 법   city council 시의회
go into effect 시행되다   pass v. 통과하다

---

20. | 전치사 ★☆☆ | 정답 (b)

해석 새로 생긴 그 슈퍼마켓은 우리 집에서 약 3마일 떨어져
있다.

해설 문맥에 알맞은 전치사를 묻는 문제이다. 문맥상 '우리
집에서 약 3마일 떨어져 있다'가 되어야 하기 때문에 '~
에서'라는 의미를 가진 전치사 "from"이 정답이다.

---

21. | 형용사 ★★★ | 정답 (c)
| go badly → go bad

해석 (a) A: 나 한 동안 바나나 더 이상 안 살 것 같아.
(b) B: 맞아. 우린 바나나를 그렇게 자주 먹지 않잖아.
(c) A: 나도 그걸 알았어. 먹기도 전에 바나나가 다 상
해버려.
(d) B: 오렌지를 좀 사는 게 좋겠어. 우린 그건 먹을 거
야.

해설 형용사의 형태를 묻는 문제이다. 2형식 동사의 대표적
인 동사 'go'는 보어로 '형용사'를 수반해야 한다. 따라
서 (c)의 'go badly'를 "go bad"로 바꾸어야 옳다.

어휘 for a while 한동안, 잠시 동안   notice v. 알아채다
go bad (식품 등이) 상하다

---

22. | 명사 ★★☆ | 정답 (a)
| have word → have a word

해석 (a) A: Tom, 너에게 할 말이 있어.
(b) B: 뭐 잘못된 거라도 있어?
(c) A: 음, 네가 저 리포트들을 언제 끝낼 건지 알고 싶
어.
(d) B : 내일 아침 우선 첫째로 그걸 끝낼 거야.

해설 주어진 문제의 (a)에서 'word'는 셀 수 있는 명사이므
로 앞에 관사를 수반해야 한다. 따라서 'have word'를
"have a word"로 바꾸어야 옳다.

어휘 have a word with ~와 이야기를 나누다
wrong a. 잘못된
first thing 우선 첫째로
wonder v. 호기심을 가지다

23.

해석 (a) A: 손님, 음식 주문하시겠습니까?
(b) B: 먼저 오늘의 특선요리가 무엇인지 듣고 싶어요.
(c) A: 오늘은 신선한 야채를 곁들인 랍스터 요리입니다.
(d) B: 맛있겠네요. 그걸로 주세요.

해설 간접의문의 어순을 묻는 문제이다. 의문문이 다른 문장 속에 포함되면 의문문의 어순과 달리 '의문사+주어+동사'의 어순이 된다. 따라서 (b)의 'what is the daily special'을 "what the daily special is"로 바꾸어야 옳다.

어휘 order v. 주문하다   serve v. (음식을) 내다
fresh a. 신선한   vegetable n. 야채

24.

해석 (a) 삼원지능이론은 지능에는 세 가지 종류가 있다고 제시한다. (b) 창의적 지능은 우리가 문제를 풀거나 새로운 상황을 다룰 때 필요한 기술과 경험을 활용할 수 있는 능력과 관계가 있다. (c) 분석적 지능은 문제를 풀 수 있는 능력이고, 실용적 지능은 새로운 환경에 적응할 수 있는 능력이다. (d) 어떤 지능이 다른 지능보다 좀 더 높을 수는 있으나 모든 인간은 각 영역에서 어느 정도 수준의 지능을 갖고 있다.

해설 'suggest' 뒤에 완전한 절이 목적어로 오면 접속사 "that"을 써야 한다. (a)에서 "there are three types of intelligence"는 완전한 문장이므로 관계대명사 'what'을 명사절 접속사 "that"으로 바꾸어야 옳다. 'what' 뒤에는 불완전한 절이 수반되어야 한다는 것도 함께 기억하자.

어휘 suggest v. 제시하다   creative a. 창의적인
relate to ~와 관계가 있다   ability n. 능력
skill n. 기술   experience n. 경험
deal with ~를 처리하다, 다루다   analytic a. 분석적인
practical a. 실용적인   adapt to ~에 적응하다
environment n. 환경   possess v. 소유하다
triarchic theory of intelligence 삼원지능이론

25.

해석 (a) Peter는 늦게 일어나서 점심 도시락을 쌀 시간이 없었다. (b) 대신 그는 친구 Mark와 함께 식당에서 줄을 섰다. (c) 그가 계산대 앞에 왔을 때 그는 지갑을 집에 놓고 왔다는 사실을 깨달았다. (d) 그는 Mark에게 내일 갚겠다고 약속하고 몇 달러를 빌렸다.

해설 동사 'promise'의 용법을 묻는 문제이다. (d)의 동사 'promise'는 목적어로 to부정사만을 취하므로 'paying'을 "to pay"로 바꾸어야 옳다. to부정사를 목적어로 취하는 동사에는 'promise' 외에도 'decide, intend, plan, refuse' 등이 있다.

어휘 pack v. (짐을) 꾸리다, 싸다   instead adv. 그 대신에
stand in line 줄을 서다   pay back (돈을) 갚다
cafeteria n. (학교, 회사 등의) 구내 식당
cash register 금전 등록기   realize v. 깨닫다
wallet n. 지갑   promise v. 약속하다

Half TEST 02 Grammar 정답 & 해설

Part I ~ IV	1 (b)	2 (b)	3 (c)	4 (c)	5 (a)	6 (a)	7 (d)	8 (a)	9 (b)	10 (b)
	11 (b)	12 (b)	13 (d)	14 (b)	15 (a)	16 (d)	17 (d)	18 (c)	19 (c)	20 (a)
	21 (c)	22 (d)	23 (c)	24 (b)	25 (b)					

1. | 시제 ★★☆ | 정답 (b)

해석 A: 네 자전거는 어떻게 되었어? 너 보통 어디든지 잘
타고 다니잖아.
B: 학교 자전거 보관소에서 도난 당했어.

해설 문맥상 적절한 시제와 태를 묻는 문제이다. 주어인 'It'
은 자전거로서 '도난 당한' 것이므로 수동태를 써야 하
고, 과거에 일어난 일이기 때문에 과거시제가 들어가는
것이 적절하다. 따라서 정답은 "was stolen"이다.

어휘 bike rack 자전거 보관소　steal v. 훔치다

2. | 도치구문 ★★☆ | 정답 (b)

해석 A: 그 영화 진짜 웃기더라.
B: 맞아. 마지막이 굉장했어.

해설 동의하는 표현으로 반복을 피하기 위한 도치구문을 물
어보는 문제이다. 앞의 문장이 긍정일 때 '나도 그래'라
고 말하려면 'So do I'라고 한다. 이때 시제와 수에 따
라 동사 "do"의 형태에 변화를 주는데, A가 과거시제
(thought)로 말했으므로 'do' 대신 "did"가 들어가는 것
이 적절하다.

어휘 neither adv. ~도 또한 아니다

3. | 태 구분 ★★★ | 정답 (c)

해석 A: 너희 아버지 어디 계셔? 아직 일하고 계시니?
B: 어, 오늘 밤 늦게까지 일하라고 요구받으셨대.

해설 태의 구분을 물어보는 문제이다. 주어인 'he'는 'ask'의
주체가 아니라 대상이므로 수동태를 쓰는 것이 적절하
다. 또한 수동태는 be동사 대신 'get'을 써서 'get+과거
분사'로 쓰일 수 있다. 아버지가 오늘 밤 늦게까지 일하
라고 요구 받은 것은 과거의 일이므로 과거시제가 들어
가야 한다. 따라서 (c)가 정답이다.

4. | used to ★☆☆ | 정답 (c)

해석 A: 네가 그렇게 춤 잘 추는지 몰랐어.
B: 아, 어렸을 때 무용 수업을 들었거든.

해설 과거의 '규칙적인 습관'을 묘사할 때 쓰는 조동사의 형
태를 묻고 있다. 지금은 존재하지 않지만, 과거에 존재
했던 습관이나 상태를 표현하는 조동사는 "used to+
동사원형"이다. B가 '어렸을 때 무용 수업을 들었지만
지금은 듣지 않는다'라는 의미로 대답하고 있으므로
"used to"가 들어가는 것이 적절하다.

어휘 take a class 수업을 받다

5. | to 부정사 ★★☆ | 정답 (a)

해석 A: 네가 원하면 숙제를 도와줄 수 있어.
B: 고마워. 정말 친절하구나.

해설 to부정사와 의미상의 주어를 묻는 문제이다. 'nice'처럼
사람의 성질을 나타내는 형용사가 올 때는 의미상의 주
어(you) 앞에 전치사 "of"를 써야 한다. 따라서 정답은
(a)이다.

어휘 offer v. 제안하다, 제공하다

6. | 조동사 should ★★★ | 정답 (a)

해석 A: 얼어 죽겠다. 여기 밖이 춥구나.
B: 넌 외투를 입었어야 했어. 다시 들어가서 갖고 오는
게 어때?

해설 과거 사실에 대한 후회나 유감을 나타내는 조동사 표
현을 묻고 있다. 우리말로 '~했어야 했는데 (하지 않았
다)'라는 의미는 "should+have+p.p."로 표현한다. 따
라서 정답은 "should have worn"이다.

어휘 freezing a. 얼어붙는, 몹시 추운
go back 되돌아가다
wear v. (옷을) 입다, (신발을) 신다, (모자, 안경을) 쓰다

7. | 최상급 ★★☆ | 정답 (d)

해석 A: 어떤 컴퓨터를 사야 할지 못 정하겠어. 여기 세 개가
모두 굉장히 좋아 보여.
B: 음. 셋 중에 어떤 것이 제일 저렴해?

해설 문맥에 맞는 적절한 비교표현을 묻는 문제이다. B에서
'셋 중에서(of the three)'라는 범위를 제한하는 말이 빈
칸 뒤에 이어지고 있으므로, '셋 중에서 가장 싼'의 의
미가 되도록 최상급이 들어가야 한다. 따라서 'little'의
최상급 "the least"가 정답이다. 참고로 'of the three'
가 아니라 'of the two'일 경우에는 최상급이 아니라 비
교급의 형태인 'the less'가 들어가야 한다.

어휘 decide v. 결심하다　　　seem v. ~처럼 보이다
least a. 가장 작은, 가장 적은

8. | 대명사 that ★★☆ | 정답 (a)

해석 A: Stephen은 정말 위대한 화가가 되었어.
B: 그래. 이 그림들의 질이 이전 작품들보다 훨씬 뛰어
나.

해설 비교구문에서 앞에 나온 명사를 대신하는 대명사를 묻
는 문제이다. 비교의 대상이 작품의 질이기 때문에 'the
quality'를 대신 받을 수 있는 대명사 "that"을 쓰는 것
이 가장 적절하다. 참고로 복수명사를 대신 받을 경우
에는 지시대명사 'those'를 써야 한다.

어휘 quality n. 질　work n. 작품

9. 시제 ★★☆　　　　　　　정답 (b)

해석　A: Jane이 내일 우리랑 연극 보러 온대?
　　　B: 아, 처음에 물어봤을 땐 그런다고 했는데 마음을 바꾼 것 같아.

해설　시제 일치를 묻는 문제이다. B의 첫 문장에서 주절의 시제가 과거(said)이므로 부사절인 when절에도 과거 시제가 들어가는 것이 자연스럽기 때문에 정답은 "first asked"이다.

어휘　play n. 연극　　change one's mind 마음을 바꾸다

10. 가정법 ★★★　　　　　　　정답 (b)

해석　A: 그 신곡에 대해서 어떻게 생각했어?
　　　B: 밴드의 예전 곡들과 더 비슷했으면 좋았을 텐데.

해설　'I wish' 가정법의 적절한 동사형태를 묻는 문제이다. B는 '밴드의 신곡이 예전 노래와 더 비슷했으면 좋을 텐데'라고 과거의 사실에 반대되는 내용을 가정하고 있다. 따라서 동사의 형태가 'had+과거분사'가 되어야 적절하므로 (b)가 정답이다.

어휘　sound v. ~하게 들리다

11. 수의 일치 ★★★　　　　　　　정답 (b)

해석　음악가와 배우 집단이 다음 주에 매일 밤 공연할 것이다.

해설　집합명사의 수 일치 문제이다. 'group'과 같은 집합명사는 의미에 따라 단수 또는 복수로 취급할 수 있는데, 주어진 문제에서처럼 집단 전체를 하나의 단위로 볼 때에는 단수 취급한다. 또한, 이미 정해진 일정을 말할 때는 현재시제가 미래를 나타내므로 빈칸에 적절한 동사는 "is"이다.

어휘　musician n. 음악가　　actor n. 배우
　　　perform v. 공연하다

12. 접속사 ★☆☆　　　　　　　정답 (b)

해석　Alan은 다음 시합 연습을 하고 싶었지만, 날씨가 나빠서 할 수 없었다.

해설　의미상 알맞은 접속사를 묻는 문제이다. 빈칸 앞 문장은 'Alan이 다음 시합 연습을 하고 싶어했다'이고, 뒤의 문장은 '날씨가 안 좋아 연습을 못했다'이므로 두 문장은 역접관계에 있다. 따라서 접속사 "but(그러나)"으로 연결해야 가장 자연스럽다.

어휘　practice v. 연습하다

13. 관계대명사 ★★☆　　　　　　　정답 (d)

해석　Peter는 그의 가족의 대부분이 사는 마드리드로 비행기를 타고 갈 것이다.

해설　주격 관계대명사의 계속적 용법을 묻는 문제이다. 빈칸 이후 문장에서 주어 자리가 비어 있고, 선행사인 Madrid가 사람이 아니므로 주격 관계대명사로 쓰일 수 있는 것을 골라야 한다. 관계대명사 "that"은 주어진 문제와 같은 계속적 용법에는 쓰일 수 없으므로 적절하지 않다. 따라서 정답은 "which"이다.

14. do의 쓰임 ★★★　　　　　　　정답 (b)

해석　Paul의 팀은 이번 시즌에 다른 어떤 팀보다 더 많은 경기에서 이겼다.

해설　대동사 'do'의 쓰임을 묻는 문제이다. 앞에 나온 동사 'won'의 반복 사용을 피하기 위해 대동사를 사용하는데, 이 때 문장의 시제에 동사의 형태를 일치시켜야 한다. 주어진 문제에서는 과거시제이므로 "did"가 정답이다.

어휘　season n. 시즌

15. 수동태 ★★★　　　　　　　정답 (a)

해석　여자는 남편이 준 멋진 선물에 할말을 잃었다.

해설　5형식의 수동태를 묻는 문제이다. 주어진 문제에서 여자는 멋진 선물에 말문이 막힌 상태가 되었으므로 수동태가 들어가는 것이 적절하다. 따라서 "left speechless"가 정답이 된다. 참고로 주어진 문제의 수동태 문장의 능동태문장은 "The wonderful gift her husband gave her left the woman speechless." 이다.

어휘　speechless a. 말문이 막힌

16. 관사 ★★★　　　　　　　정답 (d)

해석　날씨가 흐린 날이었지만, 우리는 강 근처로 산책하러 가기로 결정했다.

해설　명사 'day'와 함께 적절한 관사의 형태를 묻는 문제이다. 'day'는 셀 수 있는 명사이고 단수형이므로 앞에 관사와 같은 한정사와 반드시 함께 쓰여야 한다. 문맥상 특정한 흐린 날이 아니므로, 정관사보다는 부정관사가 적절하다. 따라서 정답은 (d)이다.

어휘　go for a walk 산책하다

17. 어순 ★★☆　　　　　　　정답 (d)

해석　Ben과 Joe는 그 영화를 좋아했지만, 다른 친구들은 전혀 즐기지 않았다.

해설　부정문의 형태와 어순을 묻는 문제이다. 부정부사 'not'

의 위치는 조동사 뒤이며, 조동사 뒤에는 동사원형이 들어가야 한다. 또한 부정문에서 '전혀 ~아니다'라는 의미가 되기 위해서 'at all'은 문장 끝에 써야 하므로 정답은 (d)이다.

어휘 not ~at all 전혀 ~아니다

---

18. 관사 ★★☆　　　　　　　　정답 (c)

해석 그 회사는 가격이 적당한 다양한 가정용품을 만들어왔다.

해설 문제의 빈칸 앞의 'a variety of'는 '다양한'이라는 뜻으로 뒤에 가산 명사를 쓸 경우 복수명사를 수반한다. 문맥상 상품은 특정하고 정해진 상품이 아니라, 일반적 의미의 상품이므로, 무관사가 적절하다. 따라서, 정답은 (c)이다.

어휘 create v. 만들다, 창출하다　　a variety of 다양한
affordable a. (가격이) 알맞은
product n. 생산품, 제품

---

19. 접속사 ★☆☆　　　　　　　　정답 (c)

해석 겨울에 종종 그렇듯이 대설로 많은 집들이 피해를 입었다.

해설 문맥상 적절한 접속사를 고르는 문제이다. 빈칸 뒤의 문장이 불완전하므로, 빈칸은 관계대명사 자리이며, 문맥상 앞 문장 전체를 받아 주는 계속적 용법의 관계대명사 "which"나 유사관계대명사 "as"가 적절하다. 따라서 정답은 (c)이다.

어휘 heavy snowfall 대설　　damage v. 피해를 입히다

---

20. 복합 관계대명사 ★★☆　　　　정답 (a)

해석 비서의 일은 상사가 요구하는 무엇이든 처리하는 것이다.

해설 문맥에 맞는 관계사를 고르는 문제이다. 문장 구조상 빈칸은 관계사절의 동사 'have'의 목적어인 명사 'requests'를 한정해주는 복합관계형용사가 들어가야 한다. '상사가 요구하는 것은 무엇이든지'라는 뜻이 되어야 자연스럽기 때문에 '~하는 것 무엇이든지'라는 의미의 "whatever"나 "whichever"가 가능한데, 문맥상 선택의 범위가 주어지지 않은 경우에는 보통 "whatever"를 쓴다는 것을 알아두자.

어휘 secretary n. 비서　　handle v. 다루다, 처리하다
request n. 요구

---

21. 시제 ★★☆　　　　　　　　정답 (c)
had to → have to

해석 (a) A: 우린 몇 분 안에 출발해야 해.
(b) B: 알아. 커피포트를 껐나 확인할게.
(c) A: 그래. 나도 나가기 전에 창문을 확인해야했어.
(d) B: 아, 맞다. 저번에 창문을 열고 갔잖아.

해설 대화의 흐름에 적절한 시제 일치를 묻고 있다. (c)의 부사절에 현재시제가 쓰였는데, 주절에서는 과거시제가 쓰였다. 따라서 'had to'를 현재시제인 "have to"로 바꾸어야 흐름상 적절하다.

어휘 make sure 확인하다, 확실하게 하다
turn off (불, 라디오 등을) 끄다
leave v. ~한 상태로 놓아 두다

---

22. to 부정사 ★★☆　　　　　　　정답 (d)
happy see us → happy to see us

해석 (a) A: 비행기 출발하려면 얼마나 더 있어야 돼?
(b) B: 한 시간 반 정도 후에 출발할 거야.
(c) A: 빨리 Mary이모랑 Tom이모부 댁에 도착했으면 좋겠어.
(d) B: 나도. 이모랑 이모부가 우리를 보면 분명히 기뻐하실 거야.

해설 to부정사의 부사적 용법을 묻는 문제이다. 뒤에서 형용사를 한정하는 건 원형부정사가 아니라 to부정사이다. 'happy'처럼 감정을 나타내는 형용사 뒤에 to부정사가 오면 그 감정의 원인이나 이유를 나타낸다. (d)에서 '우리를 보게 되어서 기쁠 거야.'라고 했으므로 'see'를 "to see"로 바꾸어야 옳다.

어휘 leave v. 떠나다, 출발하다　　bet v. 단언하다

---

23. 부정대명사 ★★☆　　　　　　정답 (c)
anywhere else → anything else

해석 (a) A: 여기 수프랑 읽을 잡지 몇 권이요.
(b) B: 신경 써줘서 고마워요. 이렇게 아프지 않으면 좋을 텐데.
(c) A: 전 괜찮아요. 다른 거 필요한 거 있으세요?
(d) B: 아뇨. 이미 충분히 해주셨어요.

해설 부정 대명사를 묻는 문제이다. (c)에서 '다른 것' 필요한 게 있는지 묻고 있으므로 장소를 나타내는 'anywhere'이 아니라 "anything"으로 바꾸어야 옳다.

어휘 take care of ~을 돌보다
mind v. 신경 쓰다, 싫어하다
enough adv. 충분히, 필요한 만큼

---

24. 분사 구문 ★★★　　　　　　　정답 (b)
allowed → allowing

해석 (a) 19세기 미국에서 가장 중요한 발명인 전보는 1844

년 Samuel Morse에 의해 발명되었다. (b) 전보는 전파를 사용하여 전선을 통해 메시지를 보내, 사람들이 먼 거리를 가로질러 의사 소통할 수 있게 했다. (c) 빠르고 효율적인 소통체계의 가능성은 사업들의 상당한 확장을 가능하게 했다. (d) 이것은 철도체계와 함께 1800년대에 미국 서부의 성장에 직접적으로 기여했다.

해설 분사구문을 묻는 문제이다. 문장 (b)는 접속사 없이 동사 두 개가 나란히 쓰였으므로, 잘못 합쳐진 문장이다. 따라서 'allowed' 앞에 접속사 'and'를 추가하거나, 'allowed'를 분사 "allowing"으로 고쳐야 한다.

어휘 invention n. 발명, 발명품　telegraph n. 전보
electrical pulses 전파　wire n. 전선
allow v. 허락하다, 허가하다　directly adv. 직접적으로
communicate v. 의사 소통하다
availability n. 유효성, 이용할 수 있는 것
efficient a. 효율적인
expand v. 확장하다, 확대하다
significantly adv. 상당히
contribute to ~에 기여하다, 기부하다

25.

병렬 관계 ★★☆	정답 (b)
	walk → walked

해석 (a) 오늘 아침에 깼을 때 나는 지난 몇 주 보다 기분이 좋았다. (b) 나는 샤워를 하고, 옷을 입고 미소를 띤 채 밖으로 걸어 나왔다. (c) 온 세계가 완벽해 보였다. 꽃이 피어나고, 새들은 행복한 노래를 부르고, 평소엔 불쾌한 내 이웃이 미소 지으며 내게 손을 흔들고 있었다. (d) 분명 아무것도 이 멋진 날을 망칠 수 없었다.

해설 병렬구조에서 시제의 일치를 묻는 문제이다. A, B, and C의 병렬구조로 이루어진 문장 (b)에서 'and' 앞에 동사의 과거형 'took', 'put'이 나왔으므로 'and' 뒤의 동사도 과거형이 나와야 한다. 따라서 'walk'를 "walked"로 바꾸어야 옳다.

어휘 take a shower 샤워하다　put on (옷을) 입다
seem v. ~처럼 보이다　bloom v. 꽃이 피다
normally adv. 보통은, 정상적으로
unpleasant a. 불쾌한
wave v. (손을 흔들어) 인사하다
ruin v. 망치다

Half TEST 03 Grammar 정답 & 해설

Part I ~ IV	1 (a)	2 (d)	3 (b)	4 (c)	5 (d)	6 (c)	7 (a)	8 (a)	9 (d)	10 (a)
	11 (a)	12 (c)	13 (d)	14 (b)	15 (b)	16 (a)	17 (d)	18 (b)	19 (b)	20 (a)
	21 (b)	22 (b)	23 (d)	24 (d)	25 (c)					

1.

접속부사 ★★☆	정답 (a)

해석 A: 나랑 같이 가게에 가지 않을래?
B: 좋아. 그런데 9시까지는 돌아와야 해. 안 그러면 제일 좋아하는 TV 프로그램을 놓치거든.

해설 문맥에 적절한 접속부사를 묻는 문제이다. 빈칸 앞 부분은 '9시까지 돌아와야만 한다'의 내용이고, 뒷 부분은 '내가 가장 좋아하는 TV 프로그램을 놓칠 것이다'이므로 "otherwise"로 연결해야 가장 자연스럽다.

어휘 miss v. 놓치다　otherwise adv. 만약 그렇지 않으면
in case 만일 ~라면, ~의 경우를 생각하여

2.

가정법 ★★☆	정답 (d)

해석 A: 지금 너희 집에 가도 괜찮아?
B: 나중에 오는 게 좋을 것 같아. 먼저 청소를 해야 해.

해설 '집에 지금 가도 되냐'는 A의 질문에 B는 '청소를 먼저 해야 한다'고 했으므로 빈칸이 포함된 문장은 '나중에 오는 편이 좋겠다'는 의미로 문장을 완성해야 자연스럽다. 따라서 '~하는 편이 낫겠다'는 뜻의 "would rather"가 적절하다. 참고로 'would rather' 뒤에는 동사원형 또는 that 명사절이 오는데, 이때 that절의 동사는 가정법 과거동사를 써야한다는 것을 기억하자.

   would rather 오히려 ~하는 편이 낫다

3. 사역 동사 ★★☆   정답 (b)

해석 A: 컴퓨터를 수리해야 해. 수리하는 곳 알아?
B: 응, Main가와 2번가 모퉁이에 컴퓨터 가게가 있어.

해설 사역동사 뒤의 목적어와 목적보어 관계에 따른 적절한 목적 보어 형태를 묻고 있다. 컴퓨터는 '수리되는' 것으로, 목적어 'computer'와 목적보어 'repair'는 수동의 관계이다. 따라서 과거분사 "repaired"가 들어가는 것이 적절하다.

어휘 repair v. 수리하다

4. 조동사 ★★★   정답 (c)

해석 A: 내가 원하는 블라우스는 비싸. 다른 가게 한번 더 가 보자.
B: 그거 사는 게 좋을 것 같아. 아마 더 싼 데 없을 거야.

해설 조동사 'might'을 이용한 표현을 묻는 문제이다. 문맥상 '블라우스를 보러 다른 가게에 더 가보자'는 A의 제안에 '더 싼 곳은 없을 것 같다'고 말하는 것으로 보아, '지금 보고 있는 블라우스를 사는 게 좋겠다'는 표현이 들어가는 것이 자연스럽다. 따라서 '~하는 편이 좋겠다'라는 뜻의 "might as well"이 정답이다.

어휘 expensive a. 비싼   probably adv. 아마도
cheap a. 싼   might as well ~하는 편이 낫다

5. 동명사 ★★☆   정답 (d)

해석 A: 그래, 네 아파트 어때?
B: 이웃들이랑 그렇게 가까이 사는 것에 익숙하지가 않아.

해설 동명사의 관용적 표현을 묻는 문제이다. 문맥상 '~에 익숙하다'라는 의미의 'be used to + ~ing' 표현이 들어가는 것이 자연스럽다. 이때 'to'는 전치사이므로 수반하는 동사의 형태는 "~ing"가 되어야 한다. 참고로 'used to+동사원형'은 지금은 존재하지 않는 과거의 습관이나 상태를 나타내며, 'be used to + 동사원형'은 '~하기 위해 사용되다'는 뜻으로 쓰인다.

어휘 close a. 가까운   be used to ~ing ~에 익숙하다

6. 의문사 + to부정사 ★☆☆   정답 (c)

해석 A: 너 이탈리아 음식을 요리하니?
B: 아니, 요리법을 몰라.

해설 문맥에 적절한 의문사를 고르는 문제이다. 문맥상 '요

리하는 방법'을 모른다고 답해야 자연스럽기 때문에 '~하는 방법'을 표현할 때 쓰는 'how + to부정사'가 들어가는 것이 적절하다. 따라서 정답은 (c)이다.

7. 수동태 ★★☆   정답 (a)

해석 A: 개가 집을 엉망으로 해놨어.
B: 응, 가구가 진흙으로 뒤덮여 있네.

해설 'by' 이외의 전치사를 쓰는 상태수동 표현을 묻는 문제이다. '가구가 진흙으로 뒤 덮인 것'이므로, 수동이 되어야 하며, 이때 함께 쓰는 전치사는 "with" 이므로, 정답은 (a)이다.

어휘 mess n. 엉망진창   furniture n. 가구
mud n. 진흙   be covered with ~로 덮여 있다

8. 전치사 ★☆☆   정답 (a)

해석 A: 나 새 커피메이커를 찾는 중이야.
B: 백화점에서 할인하는 것들 있더라.

해설 장소의 전치사를 묻는 문제이다. 어떤 일이 일어나는 구체적인 지점을 언급할 때 주로 쓰이는 전치사는 "at"이다. 참고로 '건물 안' 임을 강조하는 경우에는 'at' 대신에 "in"을 쓸 수도 있다는 것도 함께 기억해 두자.

어휘 look for ~을 찾다   on sale 판매 중인, 세일 중인
department store 백화점

9. 분사 ★☆☆   정답 (d)

해석 A: 무슨 공부 중이니?
B: 지리. 재미있는 과목이야.

해설 분사와 어순을 묻는 문제이다. 분사가 명사를 단독으로 수식하는 경우는 전치수식이 원칙이며 이때 사용되는 분사는 수식 받는 명사와의 주술관계가 능동이면 현재분사를, 수동이면 과거분사를 쓴다. 과목이 감정을 유발하는 주체이므로, 주술관계가 능동관계이다. 따라서 현재분사를 쓰는 것이 적절하다.

어휘 geography n. 지리   subject n. 과목

10. 타동사 ★★☆   정답 (a)

해석 A: 금요일에 영화 보러 가자.
B: 좋아. 내가 Nancy한테 말할게. 아마 걔도 올 거야.

해설 자동사로 착각하기 쉬운 타동사를 묻는 문제이다. 'mention'은 타동사이기 때문에 전치사를 수반하지 않고 바로 목적어를 수반해야 한다. 따라서 (a)가 정답이다.

어휘 go to the movies 영화 보러 가다
mention v. 언급하다

11. 수의 일치 ★★☆　　　　　정답 (a)

해석 그림의 대부분은 일상 생활 속의 보통 사람들을 담는다.

해설 주어와 동사의 수일치와 시제를 묻는 문제이다. "feature"는 상태동사로서 진행형을 쓸 수 없으므로, (c)와 (d)는 답에서 제외한다. 주어가 'most of+복수명사'와 같이 '부분의 의미'를 나타내는 수식어는 'of'뒤의 명사에 동사의 수를 일치시켜야 한다. 따라서 "feature"가 정답이다.

어휘 painting n. 그림　　regular a. 보통의, 정기적인
situation n. 상황
feature v. 특징으로 삼다, 특색을 이루다

12. 관사 ★☆☆　　　　　　정답 (c)

해석 영화 시간에 꼭 맞춰서 와라. 한 시간 후에 시작하니까.

해설 관사를 묻는 문제이다. 영화가 '한 시간' 후에 시작하므로 셀 수 있는 명사 'hour' 앞에는 부정관사가 필요하고, 'hour'는 모음 발음으로 시작하기 때문에 'an'과 함께 쓰는 것이 적절하다. 따라서 "an hour"가 정답이다.

어휘 make sure 확인하다, 확실하게 하다
on time 시간에 맞추어, 정각에

13. 동명사 구문 ★★★　　　　　정답 (d)

해석 Kyle은 소방관에 대한 영화를 보자마자 소방관이 되기로 결심했다.

해설 동명사를 이용한 표현을 묻는 문제이다. 문맥상 'Kyle은 소방관에 대한 영화를 보자마자 소방관이 되기로 결심했다'는 의미가 되어야 가장 자연스럽다. 따라서 '~하자마자'의 뜻을 갖는 'on+~ing' 형태를 쓰는 것이 적절하다. 참고로 (b)는 문법적으로는 가능하지만, '~하기 위해서'라는 뜻이되어 문맥상 의미가 어색해지므로 답이 될 수 없다.

어휘 firefighter n. 소방관　　on ~ing ~하자마자

14. 자동사 ★★☆　　　　　　정답 (b)

해석 과학자들은 주요 지진 대부분이 태평양이나 그 근처에서 발생한다는 것을 발견했다.

해설 동사 'occur'의 용법을 묻는 문제이다. 동사 'occur'는 타동사로 착각하여 수동태로 잘못 쓰기 쉬운 자동사이다. 'most major earthquakes'는 복수 주어이므로 복수 동사를 써야 하며, 'occur'는 자동사로 수동태를 만들 수 없기 때문에 "occur"가 정답이 된다.

어휘 major a. 주요한　　　earthquake n. 지진
Pacific Ocean 태평양　　occur v. 발생하다, 일어나다

15. 분사 ★★★　　　　　　정답 (b)

해석 직업을 선택할 때는 이미 그 일을 하고 있는 사람과 이야기하는 것이 도움이 된다.

해설 명사를 수식하는 분사의 형태를 묻는 문제이다. 빈칸에 들어갈 'work'의 분사형은 앞에 있는 명사 'people'을 수식하는데, 수식 받는 'people'과 'work'의 관계가 능동이므로 현재분사인 "working"이 적절하다.

어휘 choose v. 선택하다　　career n. 직업, 경력
helpful a. 도움이 되는

16. 목적격 보어 ★★☆　　　　　정답 (a)

해석 내 친구는 노란색보다는 파란색 셔츠를 사라고 나를 설득했다.

해설 동사의 종류에 따른 목적격 보어의 형태를 묻는 문제이다. 동사 'persuade'는 목적어 뒤에 to부정사를 목적격 보어로 취하는 동사이므로 빈칸에 들어가기에 적절한 동사의 형태는 "to buy"이다.

어휘 persuade A to B A를 B하도록 설득하다
rather than ~라기보다는

17. 관계 대명사 ★★☆　　　　　정답 (d)

해석 Brandon은 밤새 불을 켜놓아서 전구가 타버렸다.

해설 빈칸에 적절한 관계대명사를 고르는 문제이다. 문맥상 빈칸에 쓰일 관계대명사는 앞 문장 전체를 받는 계속적 용법의 관계대명사 "which"를 써야 한다. (a)는 접속사 없이 쓸 수 없고, (b)와 (c)는 콤마가 쓰인 계속적 용법에서는 쓸 수 없으므로 빈칸에 들어갈 수 없다.

어휘 leave v. ~한 상태로 놓아두다　　light n. 불, 등
cause A to B A로 하여금 B하게 하다
light bulb 전구
burn out 타 버리다

18. 어순 ★★☆　　　　　　정답 (b)

해석 나는 우리가 어디로 가고 있는지도, 언제 거기에 도착할지도 몰랐다.

해설 간접의문문의 어순을 묻는 문제이다. 간접 의문문은 일반 의문문과 달리 '의문사+주어+동사'로 주어와 동사의 위치가 바뀌어야 한다. 또한, 'either'는 부사로 문장의 맨 끝에 위치하므로 적절한 어순은 (b)이다.

어휘 not~either ~도 또한 ~않다

19. 대부정사 ★★☆　　　　　정답 (b)

해석 Robert와 James는 공원에 가고 싶어했지만, 다른 친

구들은 그렇지 않았다.

해설 대부정사의 형태를 묻는 문제이다. 주어진 문제에서 빈 칸에는 'want to go to the park'가 들어가야 하지만 앞에 나온 내용의 반복을 피하기 위해 'to'만 남기고 'go' 이하는 생략할 수 있다. 따라서 (b)가 정답이다. 참고로 대부정사의 형태는 'to do'가 아니라 "to"임에 주의하도록 하자.

---

20. | 관계대명사 ★☆☆ | 정답 (a)

해석 경찰들은 그 범죄를 저질렀다고 믿는 남자에게 말했다.

해설 빈칸에 적절한 관계대명사를 묻고 있다. 빈칸이 'believe'의 목적어가 들어갈 자리로 혼동하여 목적격 관계대명사 'whom'을 고르기 쉽다. 그러나 'they believe'는 삽입절로 관계대명사의 쓰임에 영향을 미치지 않는다. 따라서 'committed'의 주어의 역할을 하는 주격 관계대명사 "who"가 정답이다.

어휘 commit a crime 범죄를 저지르다

---

21. | 어순, 관사 ★★★ | 정답 (b)
hard work result → the result of hard work

해석
(a) A: 논문 점수는 어떻게 그렇게 잘 받았어?
(b) B: 열심히 한 결과였어.
(c) A: 난 그렇게 잘 하지는 못했어.
(d) B: 다음엔 더 많은 시간을 들여서 해봐.

해설 주어진 문제의 (b)에서 '열심히 노력한 것의 결과'라는 뜻이 되려면 명사와 명사를 연결해주는 전치사 'of'가 필요하다. 따라서 'hard work result'를 "the result of hard work"로 바꾸어야 옳다.

어휘 grade n. 성적   result n. 결과

---

22. | to 부정사 ★★☆ | 정답 (b)
going start → going to start

해석
(a) A: 오늘 저녁식사가 몇 시니?
(b) B: 7시에 먹기 시작할 거야.
(c) A: 음, 나 좀 늦을 수도 있어.
(d) B: 상관없어, 기다릴게

해설 미래의 계획이나 결심을 나타내는 표현의 올바른 형태를 묻는 문제이다. '~할 것이다'라는 뜻의 미래의 계획을 표현할 때는, 'be going to+동사원형'의 형태를 사용한다. 따라서 (b)의 'going start'는 "going to start"로 바꾸어야 옳다.

어휘 mind v. 꺼리다

---

23. | 가정법 ★★☆ | 정답 (d)
I will talk → I would talk

해석
(a) A: 난 내 친구랑 토요일에 영화 보러 가기로 계획했어.
(b) B: 그래서 어떻게 됐어? 갔어?
(c) A: 아니. 그녀가 나한테 전화를 안 했어. 걔는 전화 한다 하고 절대 안 해.
(d) B: 음. 걔가 내 친구라면 난 그것에 대해 걔한테 얘기할 거야.

해설 현재의 사실을 반대로 가정할 때 쓰는 가정법 과거 구문의 올바른 형태를 묻는 문제이다. (d)에서 조건절이 '만약 내 친구라면'하고 현재사실의 반대를 가정하는 것이므로 주절로 쓰인 결과절 역시 가정법 과거 동사가 쓰여야 한다. 따라서 'I'll talk' 대신에 "I would talk"로 바꾸어야 옳다.

어휘 make a plan 계획을 세우다

---

24. | 시제 ★★☆ | 정답 (d)
increase steadily
→ have increased steadily

해석 (a) 가장 야심 찬 기업가 중 일부는 대학 캠퍼스에서 찾을 수 있다. (b) 2007년에, 한 학생 집단이 GXStudios라는 회사를 차려 성공적인 멀티플레이어 온라인 게임 몇 개를 만들었다. (c) 그 회사는 주요 회사들에게 광고를 팔고, 그 광고를 게임 안에 넣어 돈을 번다. (d) 지난 2년간 학생들이 세운 그 회사의 이익은 꾸준히 증가해왔다.

해설 시제의 오류를 찾는 문제이다. 과거의 특정시점으로부터 발화시점인 현재까지 포함할 수 있는 시제는 현재가 아니라 현재완료시제이다. (d)에서 '지난 2년에 걸쳐 지금까지 회사의 이익이 계속해서 증가해왔다'고 하였으므로 과거에서부터 현재까지 그 영향이 미칠 때 쓰는 현재완료가 필요하다. 따라서 동사의 형태가 'increase' 대신에 "have increased"가 되어야 옳다.

어휘
ambitious a. 야심찬   earn v. 벌다
entrepreneur n. 기업가   profit n. 이익
produce v. 생산하다, 제조하다
advertisement n. 광고
incorporate v. 통합시키다, 짜 넣다
increase v. 증가하다
steadily adv. 꾸준히, 점차적으로

---

25. | 어순 ★★☆ | 정답 (c)
around looking → looking around

해석 (a) Joan은 집주인의 책장 가까이에 서서 시집들에 매료된 척하고 있었다. (b) Joan은 그 파티에서 아는 사람이 없고 조금 수줍어서 최선을 다해 어울리려고 했

다. (c) Joan은 오른쪽을 보았을 때, 자기 나이쯤 된 여자가 불편하게 주위를 둘러보는 것을 눈치챘다. (d) Joan은 누군가에게 말하고 싶어서 자기를 소개하기로 결심했다.

해설 (c)에서 '주위를 둘러보다'는 표현은 'look around'이므로 분사구문 'around looking'의 어순을 "looking around"로 바꾸어야 옳다.

어휘 host n. 집주인   bookshelf n. 책꽂이
pretend v. ~인 체하다   glance v. 흘끗 보다
be fascinated with ~에 매료되다
collection of poetry 시집
do one's best 최선을 다하다
blend in 어울리다, 섞이다
look around 주위를 살펴보다
uncomfortably adv. 불편하게

Half TEST 04 Grammar 정답 & 해설

Part I ~ IV									
1 (c)	2 (c)	3 (a)	4 (d)	5 (c)	6 (b)	7 (a)	8 (d)	9 (b)	10 (d)
11 (d)	12 (c)	13 (a)	14 (c)	15 (d)	16 (b)	17 (d)	18 (a)	19 (a)	20 (c)
21 (d)	22 (b)	23 (c)	24 (c)	25 (d)					

1. 표현 ★★☆   정답 (c)

해석 A: 재미있는 무엇인가를 하고 싶다. 제안할 거 있어?
B: 암벽 등반을 해봐. 아주 재미있어.

해설 표현을 묻는 문제이다. 재미있는 일을 제안해 줄 만한 게 있느냐는 A의 질문에 B가 '암벽 등반을 해보는 게 좋을 것 같다'고 답하는 것이 가장 적절하므로 의미상 (c)가 정답이다.

어휘 suggestion n. 제안   rock climbing 암벽 등반

2. 태 구분 ★★☆   정답 (c)

해석 A: 나 이 식당 정말 좋아해. 음식이 정말 맛있어!
B: 응, 주방장의 맛있는 요리법으로 유명하지.

해설 문맥상 '주방장은 맛있는 요리법으로 잘 알려져 있다'라는 의미로 문장을 완성해야 적절하다. 수동태를 사용한 'be known for'는 '~로 유명하다, 알려지다'라는 뜻으로 자주 사용되는 표현이다. 따라서 (c)가 정답이다.

어휘 amazing a. 놀라운, 굉장한
chef n. 요리사, 주방장   be known for ~로 알려지다
delicious a. 맛있는   recipe n. 요리법

3. 분사 ★★☆   정답 (a)

해석 A: 조심해! 깨진 유리 밟지 마.
B: 아, 말해줘서 고마워.

해설 명사를 수식하는 형용사형 분사의 형태와 이에 적절한 어순을 묻고 있다. 의미상 '깨어진 유리 조각'이므로 수동의 의미가 되어야 한다. 따라서 과거분사 'broken'을 사용하여 "broken glass"가 적절하다. 참고로 명사를 단독으로 수식하는 분사의 위치는 명사 앞이며, 다른 수식어구를 수반하여 명사를 수식하는 분사는 명사 뒤에서 수식한다.

어휘 Watch out! 조심해!   step on ~을 밟다
broken a. 깨진, 부서진   glass n. 유리

4. 가정법 ★★★   정답 (d)

해석 A: 우리 오빠가 어제 학교에서 날 태워가는 걸 잊어버렸어.
B: 음, 나한테 전화했으면 널 데리러 왔을 텐데.

해설 주어진 문제는 If를 생략한 가정법 과거완료에서 적절한 동사의 형태를 묻고 있다. B의 주절에 'would have+과거분사'가 있는 것으로 보아 가정법 과거완료이므로 'if you had called me'가 들어가야 한다. 그러나 if가 생략되면 조동사 'had'와 주어의 어순이 바뀌어

야 하므로 "had you called"가 정답이다.

어휘 forget v. 잊다
pick someone up ~를 도중에 태우다

---

5. 부정대명사 ★☆☆   정답 (c)

해석 A: 오늘 저녁 경기 표 남은 거 있어요?
B: 네, 그런데 경기장 아주 뒤쪽 자리예요.

해설 의문문과 부정문에 쓰이는 'any'를 묻는 문제이다. 보통 긍정문과 권유문에서는 'some'이, 의문문과 부정문에서는 'any'가 쓰인다. 따라서 (c)가 정답이다.

어휘 back n. 뒤쪽   stadium n. 경기장

---

6. 목적격 보어 ★★★   정답 (b)

해석 A: 오늘 너 혼났다고 들었어.
B: 응, 책상에서 자다가 선생님한테 걸렸어.

해설 5형식 문장에서 'catch'의 목적격 보어 자리에 적절한 동사의 형태를 묻고 있다. 동사 'catch'는 목적어와 목적보어의 주술관계가 능동일 경우 현재분사를 목적격 보어로 취하는 동사이다. 따라서 정답은 (b)이다.

어휘 catch v. (~하고 있는 것을) 발견하다, 목격하다, 붙잡다
fall asleep 잠들다

---

7. to 부정사의 부정 ★★☆   정답 (a)

해석 A: 오늘 저녁에 농구 경기에 올 거야?
B: 아니, 안 가기로 했어. 숙제가 너무 많아.

해설 동사 'decide'의 용법과 to부정사의 '부정'을 동시에 묻는 문제이다. 동사 'decide'는 to부정사만을 목적어로 취하는 동사이며, to 부정사를 부정하는 부정부사 'not'의 위치는 to 부정사 앞이므로 정답은 (a)이다.

어휘 decide v. 결정하다, 결심하다

---

8. 비교 ★☆☆   정답 (d)

해석 A: Alison의 공연 좋았어?
B: 정말 누구보다도 재능 있는 가수더라.

해설 원급을 이용한 관용표현을 묻고 있다. 우리말로 '누구 못지 않게 ~한, 지금까지 ~한'이라는 의미의 원급 관용표현은 'as ~ as ever' 이다. 참고로 관용표현을 모르더라도 주어진 문제의 경우는 단어 'talented' 앞에 나온 'as'만 눈 여겨 보아도 답을 쉽게 고를 수 있는 문제이다. 따라서 정답은 "as ever"이다.

어휘 performance n. 공연   talented a. 재능 있는

---

9. 관계 대명사 ★☆☆   정답 (b)

해석 A: 나 새 자전거를 사려고 하는데, 추천해줄 수 있니?
B: 음, 내 자전거를 생일 선물로 받았는데, 아주 빨라. 내 것과 같은 걸로 사.

해설 빈칸에 적절한 관계대명사를 묻는 문제이다. 빈칸 뒤의 문장에서 목적어 자리가 비어있다. 따라서 빈칸에는 목적격 관계대명사가 필요하고, 선행사 'my bike'가 사물이므로 'which'와 'that'이 올 수 있다. 관계대명사 'that'은 콤마가 있는 계속적 용법에서는 사용할 수 없으므로 "which"가 정답이다.

어휘 look for ~을 찾다   suggest v. 제안하다

---

10. 접속사 ★★★   정답 (d)

해석 A: 우리가 공원에 도착할 때 쯤이면 경기가 시작했을 거야.
B: 아냐, 우린 제 시간에 거기 도착할 거야. 그냥 조금 더 빨리 걷자.

해설 문맥과 시제가 어울리는 접속사구를 고르는 문제이다. 문맥상 빈칸에는 '~할 무렵이면, ~할 때 쯤이면'의 의미를 갖는 접속사가 필요하므로 정답은 (d)이다.

어휘 get to ~에 도착하다   in time 제 시간에, 때 맞추어
by the time ~할 때까지

---

11. 분사구문 ★★★   정답 (d)

해석 학생들은 재미 있어서 몸을 앞으로 기울이고 강의를 열심히 들었다.

해설 분사구문의 태를 묻는 문제이다. 분사구문의 주어가 생략된 경우는 의미상의 주어가 주절의 주어와 일치할 때이다. 주절의 주어 'the students'와 'interest'의 주술관계가 수동관계이므로, 빈칸에는 수동 분사구문을 고르면 된다. 수동분사구문은 과거분사로 시작되는데, 과거분사 앞에 생략된 'Being'을 써주는 경우도 있다. 따라서 정답은 (d)이다.

어휘 lean forward 앞으로 몸을 기울이다   lecture n. 강의
intently adv. 열심히, 골똘하게

---

12. 부사 ★☆☆   정답 (c)

해석 유럽 여행은 보통 사람이 감당하기에 너무 비쌌다.

해설 빈칸에 알맞은 부사를 고르는 문제이다. 문맥상 '유럽 여행은 보통 사람이 감당하기에 너무 비쌌다'라는 의미가 되어야 자연스럽다. 그렇기 때문에 '~하기에 너무 …하다, 너무 …해서 ~할 수 없다'라는 뜻의 'too+형용사/부사+to부정사' 표현이 적절하다. 따라서 정답은 "too"이다.

어휘 tour n. 여행　average a. 보통의, 평균의
afford v. 여유가 있다

13.　명사의 수 ★★☆　　　　정답 (a)

해석 Whitman 가족은 200년 된 귀중한 그림을 박물관에 주었다.

해설 '수사+단위명사'로 이루어진 합성형용사의 형태를 묻는 문제이다. '수사+단위명사'가 뒤에 나오는 명사를 수식하는 합성형용사 역할을 하는 경우 수사가 복수일지라도 단위명사는 단수형을 써야 한다. 따라서 정답은 (a)이다.

어휘 valuable a. 값진, 귀중한　museum n. 박물관

14.　접속사 ★★☆　　　　정답 (c)

해석 Rebecca는 새 취미를 원해서 사진을 시작하기로 결심했다.

해설 문법과 문맥에 알맞은 접속사를 고르는 문제이다. 빈칸 앞 문장 'Rebecca는 새로운 취미를 원했다'와 빈칸 뒤의 문장 '그녀는 사진을 시작하기로 결심했다'는 내용은 원인과 결과의 관계이므로, 빈칸은 결과를 나타내는 등위접속사 "so"가 가장 적절하다.

어휘 photography n. 사진 촬영

15.　전치사와 관계대명사 ★★☆　　　　정답 (d)

해석 3시에 내 사무실로 오세요. 그 때 당신의 새 프로젝트를 설명해 줄게요.

해설 빈칸에 적절한 관계사를 고르는 문제이다. 빈칸 뒤의 문장 'I will explain your project'가 완전한 문장이므로 빈칸에는 관계부사가 적절하다. 관계부사는 '전치사+관계대명사'로 변환이 가능하므로, 선택지 (b),(c),(d) 중에서 답을 고르면 되는데, 'time'이라는 명사 앞에는 주로 전치사 'at'이 쓰이기 때문에 정답은 (d)이다.

어휘 explain v. 설명하다

16.　접속사 ★★☆　　　　정답 (b)

해석 그 공연의 질은 너무 대단하여서 그 가수의 비평가들도 감명받았을 정도였다.

해설 문맥과 문법에 맞는 접속사를 고르는 문제이다. 문맥상 빈칸은 결과 부사절을 이끄는 접속사가 필요한데, 선택지 중에서 결과부사절을 이끄는 접속사는 (b)such that이다. 참고로 주어진 문장은 'such'를 문두로 빼서 다음 문장으로 도치를 할 수 있음에 유의한다.
(Such was the quality of the performance that even the singer's critics impressed.)

17.　전치사 ★☆☆　　　　정답 (d)

해석 난 내 친구 Laura와 Denise랑 그 파티에 갈 것이다.

해설 빈칸에 적절한 전치사를 묻는 문제이다. 문맥상 '나는 친구들과 함께 파티에 갈 것이다'라는 의미가 되어야 자연스럽다. 따라서 '~와 함께'라는 뜻의 전치사 "with"가 빈칸에 들어가는 것이 가장 적절하다.

18.　부대상황 ★★☆　　　　정답 (a)

해석 그 소년은 매우 무례했고, 종종 입에 음식이 가득 든 채로 말을 했다.

해설 전치사 'with'를 사용한 부대상황 구문의 어순을 묻는 문제이다. 전치사 'with'가 이끄는 부대상황 구문표현의 어순은 [with+명사+형용사(분사)]이므로, 정답은 (a) his mouth full이다.

어휘 rude a. 무례한　full a. 가득 찬

19.　어순 ★★★　　　　정답 (a)

해석 그 제품의 TV 광고는 성공적이지 않았고, 신문 광고도 마찬가지였다.

해설 부사 'either'와 'neither'의 구분과 어순을 함께 묻는 문제이다. 문맥상 빈칸은 뒤에서 '~도 또한 ~도 아니다' 는 내용의 부정문이 들어가야 한다. 'either'는 부정부사 'not'과 함께 써야 그런 의미를 가질 수 있으므로, (c)와 (d)는 답에서 제외한다. 'not'과 'either'의 결합이라고 볼 수 있는 부정부사 'neither'가 문두에 위치하면, 동사와 주어가 의문문의 어순으로 도치가 되어야 하므로 정답은 (a)이다.

어휘 product n. 제품　　commercial n. 광고방송
successful a. 성공적인
neither A nor B A도 B도 아니다

20.　접속사 ★★☆　　　　정답 (c)

해석 Tom은 가장 키가 작은 선수지만, 팀원들 중에서 농구를 제일 잘한다.

해설 문맥상 가장 적절한 접속사를 묻고 있다. 'Tom은 키가 가장 작은데도 팀원 대부분보다 농구를 잘한다'라는 의미가 자연스럽기 때문에 '비록 ~일지라도'의 양보의 뜻으로 쓰이는 접속사 'even though'가 빈칸에 들어가기에 적절하다. 참고로 선택지 (b)의 Despite 역시 양보나 대조의 의미를 가지고 있지만, 접속사가 아니라 전치사이므로 뒤에 절이 아니라 명사구가 수반되어야 한

어휘 quality n. 질　critics n. 비평가
impress v. 감명을 주다

다.

어휘 despite prep. ~에도 불구하고
even though 비록 ~이지만
in spite of ~에도 불구하고

21. 어순 ★★☆　　정답 (d)
how it costs much → how much it costs

해석 (a) A: 새 디지털 카메라를 사려고 하는데요.
(b) B: 음, 이 모델이 신상품이에요. 며칠 전에 들어온 거예요.
(c) A: 네, 그거 정말 좋다고 들었어요. 비싼가요?
(d) B: 음… 얼마인지 모르겠네요. 확인해 볼게요.

해설 'how+형용사/부사'는 수량, 시간, 빈도, 정도 등을 나타내는 표현으로 가격을 물을 때 주로 쓰인다. 이때 'how much'를 붙여서 쓰며, 간접의문문으로 나머지 어순은 '주어+동사' 형태가 되어야 한다. 따라서 'how it costs much' 대신에 "how much it costs"로 바꾸어야 옳다.

어휘 brand new 아주 새로운, 신품의　　receive v. 받다
cost v. (비용이 얼마) 들다　　work v. 작동하다

22. 시제 ★★☆　　정답 (b)
didn't speak → haven't spoken

해석 (a) A: 최근에 James 본 적 있어?
(b) B: 아니. 지난 주 이후로 걔랑 얘기 못했어.
(c) A: 그가 잘 지내고 있길 바래.
(d) B: 나도. 오늘밤 James한테 전화해야겠다.

해설 시제오류를 묻는 문제이다. 과거의 특정 시점 이후부터 현재까지의 총체적 경험을 표현하는 시제는 현재완료시제이다. 대화의 흐름으로 볼 때 문장 (b)는 지난 주 이후부터 현재까지 James와 말을 한 적이 없으므로 과거부터 현재까지의 일을 나타내고 있다. 따라서, 'didn't speak'를 "haven't spoken"으로 고쳐야 옳다.

어휘 lately adv. 최근에

23. 태 일치 ★★☆　　정답 (c)
I surprised → I am surprised

해석 (a) A: 어떤 컴퓨터로 살지 정했어?
(b) B: 더 비싼 것을 사려고 해.
(c) A: 정말? 네가 그걸 고르다니 놀라운데. 네 예산을 초과하잖아.
(d) B: 알아. 하지만 정말 그게 더 좋은 컴퓨터 같아.

해설 태 일치의 오류를 묻는 문제이다. 동사 'surprise'는 타

동사로서 '놀라게 하다'라는 의미를 갖는다. (c)에서 주어가 누군가를 놀라게 한 것 아니라, 놀란 것이므로 수동형인 'be 동사+과거분사' 형태가 되어야 한다. 따라서 (c)'I surprised'를 "I am surprised"로 고쳐야 옳다.

어휘 pick v. 고르다　　over a budget 예산을 초과하여

24. 수동태 ★★☆　　정답 (c)
It built → It was built

해석 (a) Ken Hoffman 시장은 오늘 아침 새 Bayside Community Center의 개원식에 참석했다. (b) BCC는 지역 회의, 방과후 프로그램, 스포츠 활동의 장소가 될 것이다. (c) BCC는 Hoffman 시장의 도시 개선 발의의 일부로 지어졌다. (d) 시장은 BCC가 모든 연령대의 주민들이 모이는 안전한 장소를 제공하길 바란다고 말했다.

해설 태 일치의 오류를 찾는 문제이다. (c)에서 주어 'It', 즉 'Bayside Community Center'는 'build'의 주체가 아니라 대상이다. 즉, '수동관계'이므로 동사 'built'를 "was built"로 고쳐야 옳다.

어휘 attend v. 참석하다　　opening n. 개장, 개관
site n. 장소　　improvement n. 개선
initiative n. 시작, 발의권　　resident n. 거주자
provide v. 제공하다
gather v. 모이다

25. 관사 ★★☆　　정답 (d)
Right combination → The right combination

해석 (a) 화학 살충제는 농작물에 해를 입히는 곤충을 죽이지만, 환경에도 해를 끼친다. (b) 과학자들은 이 문제를 해결하기 위해 민트와 로즈마리 같은 허브로 만든 새로운 유형의 자연 살충제를 만들어 왔다. (c) 지금까지 과학자들은 허브 살충제를 딸기, 토마토, 시금치에 실험해 큰 성공을 거두었다. (d) 허브를 제대로 조합한 것은 환경에 유해하지 않고 해충을 죽이는 데 효과적일 수 있다.

해설 정관사 'the'의 쓰임에 관한 문제이다. (d)에서 명사 'right combination'의 의미를 'of herbs'라는 전치사구가 뒤에서 한정해주므로 앞에 정관사 "the"를 붙여야 옳다.

어휘 chemical a. 화학의, 화학적인　　pesticide n. 살충제
damage v. 손해나 피해를 입히다　　insect n. 곤충
harm v. 해치다, 훼손하다　　crop n. 농작물
environment n. 환경

Part I ~ IV	1 (d)	2 (c)	3 (b)	4 (b)	5 (a)	6 (c)	7 (b)	8 (d)	9 (c)	10 (d)
	11 (a)	12 (c)	13 (a)	14 (c)	15 (c)	16 (a)	17 (c)	18 (d)	19 (b)	20 (d)
	21 (b)	22 (a)	23 (a)	24 (b)	25 (c)					

1. 　**대부정사 to ★★☆**　　　　정답 (d)

해석　A: 내가 없는 동안 꽃에 물 줄 수 있니?
　　　　B: 응, 기꺼이 할게.

해설　대부정사 'to'에 관한 문제이다. B의 빈칸에는 원래 'to water your flowers while you're gone'이 들어가야 하지만, 앞 문장에서 반복되는 동사 이하 부분을 생략하고 대부정사 'to'만 남길 수 있다. 참고로 대부정사의 형태는 'to do'가 아니라, "to" 라는 것을 기억하자.

어휘　water v. ~에 물을 주다

2. 　**부사 ★★☆**　　　　　　　정답 (c)

해석　A: 새 시를 쓰고 있는데, 아직 준비가 안 됐어.
　　　　B: 아, 네가 완성한 시를 빨리 읽고 싶다.

해설　빈칸에 적절한 부사를 묻는 문제이다. 문맥상 '아직 시가 다 준비되지는 않았다'라는 의미가 되어야 자연스럽다. 따라서 '완전히~는 아니다'라는 뜻을 가진 "not quite"이 정답이다.

어휘　yet adv. (부정문에서) 아직 (~않다)
　　　　seldom adv. 좀처럼 ~않는, 드물게
　　　　beyond prep. ~을 넘어서　　always adv. 항상

3. 　**이중 소유격 ★★☆**　　　　정답 (b)

해석　A: 문 옆에 서 있는 저 여자분은 누구야?
　　　　B: 우리 이모의 친구야. Roberts 부인이시지.

해설　이중 소유격의 어순 문제이다. '나의 이모의 친구'가 되어야 하므로, "a friend of my aunt's"가 정답이다. 참고로 이중소유격을 쓰는 이유는 중위 한정사인 관사(a/the), 소유격 (my, his, her, their), 지시형용사 (this, that)는 2개 이상 나란히 쓸 수 없기 때문이다.
　　　　ex) my a friend (x) / a my friend (x)

어휘　stand v. 서다, 서있다

4. 　**수량형용사 ★★★**　　　　정답 (b)

해석　A: 집안일 하는 대신에 밖에 나가고 싶어.
　　　　B: 음, 엄마가 그것에 대해 마음을 바꿀 가능성은 거의 없어.

해설　빈칸에 알맞은 수량 형용사를 고르는 문제이다. 주어진 문장에서 'chance'는 셀 수 없는 명사로 쓰였으므로 'little'과 함께 쓰여 부정의 의미가 되는 것이 문맥상 자연스럽다. 따라서 정답은 (b)이다. 참고로 'a few'와 'few' 는 항상 가산명사의 복수형을 수반한다.

어휘　instead of ~대신에
　　　　chore n. (pl) (집안의) 잡일, 가사일

5. 　**의문사와 전치사 ★★★**　　　정답 (a)

해석　A: 제가 오늘 아침 일찍 Jones 박사님한테 메시지를 남겼는데요. 박사님이 메시지를 받으셨나요?
　　　　B: 아니요, 안 받으신 것 같아요. 누구한테 말씀하셨어요?

해설　빈칸에 전치사와 의문사를 넣어 문맥에 맞게 의문문을 완성하는 문제이다. 동사 'speak'는 '~에게 말하다'는 의미로 쓰일 때 'speak to'로 쓰인다. 따라서 '누구에게 말씀하신 건가요?'라는 의미가 되어야 문맥상 적절하다. 따라서 "To whom"이 들어가는 것이 적절하다.

6. 　**의문사 ★★☆**　　　　　　정답 (c)

해석　A: 우린 사탕 공장을 견학할 거야.
　　　　B: 막대사탕을 어떻게 만드는지 보는 건 재미있을 거야.

해설　문맥에 적절한 의문사를 묻는 문제이다. 문맥상 '막대사탕이 어떻게 만들어지는지 보는 건 재미있겠다'고 응답해야 자연스럽고, '어떻게'라는 뜻의 의문사 "how"가 빈칸에 적절하다. 참고로 'what'과 'who'는 대명사이기 때문에 뒤에 주어나 목적어가 빠진 불완전한 절이 와야 하므로, 의미를 떠나 문법적으로 들어갈 수 없다.

어휘　go on a tour 여행을 가다　　candy bar 막대 사탕

7. 복수 보통명사 ★★☆   정답 (b)

해석 A: 영국에 가는 건 처음이야. 거기 사람들은 어때?
B: 음, 영국 사람들은 아주 친절하고 예의 바른 걸로 유명해.

해설 주어진 문제는 [the+형용사]의 복수 보통명사화를 묻는 문제이다. 국적을 나타내는 형용사형이 'the'와 함께 쓰이면 '~나라 사람들'이라는 뜻이 되므로 'the English'는 '영국 사람들'이라는 뜻의 복수 보통명사가 된다. 따라서 (b)가 정답이다.

어휘 **for the first time** 처음으로
proper a. 적당한, 예의 바른
polite a. 예의 바른

8. 부정대명사 ★★☆   정답 (d)

해석 A: 우리 집 근처에 있는 카페에 가자.
B: 좋은 생각이야. 커피 같은 게 먹고 싶어.

해설 부정대명사의 관용표현을 묻는 문제이다. '명사 또는 그와 같은 것'이라는 의미는 [명사+or something]으로 표현한다. 문맥상 '커피 또는 그와 같은 것'의 의미가 되어야 자연스럽기 때문에 "coffee or something"이 정답이다.

9. 분사 구문 ★★☆   정답 (c)

해석 A: 최근에 James랑 얘기한 적 있어?
B: 응, 오늘 만났어. 걘 자기 여행 얘기를 하면서 사진을 보여줬어.

해설 부대상황을 나타내는 분사구문을 묻는 문제이다. 문맥상 '여행 이야기를 하는 동안 내게 사진을 보여줬다'라는 의미가 자연스럽기 때문에 '~동안'이란 뜻의 접속사 'while'과 '동사~ing'을 함께 써서 "while talking"이 적절하다. 참고로 분사구문의 뜻을 명확하게 하기 위해, 접속사를 생략하지 않고 그대로 쓰는 경우가 많다는 것을 알아두자.

10. 어순 ★★☆   정답 (d)

해석 A: 너 저 계란 접시를 부엌에 도로 갖다 놔야 할 것 같아.
B: 왜? 잘못된 것이 없는데.

해설 어순을 묻는 문제이다. 문장의 주어는 'nothing'이고 동사는 'is'인데, 유도부사 'there'가 문두에 오는 경우에는 동사와 주어가 도치 되어야 한다. 그리고, '~thing, body'등으로 끝나는 부정대명사를 수식하는 형용사는 명사 뒤에서 수식하므로 적절한 어순은 "Nothing there's wrong with them"이다.

어휘 **send** v. 보내다   **plate** n. 접시

11. 부사 ★☆☆   정답 (a)

해석 난 이 책을 이미 읽었으니 네가 빌려가도 돼.

해설 문맥에 적절한 부사를 묻는 문제이다. so이하의 문장에서 '그 책을 빌려가도 된다'고 하였으므로 콤마 앞 문장에서는 '난 이 책을 이미 다 읽었다'는 말이 나와야 자연스럽다. 따라서 '이미'라는 뜻의 부사 "already"가 정답이다.

어휘 **borrow** v. 빌리다

12. 시제 ★★★   정답 (c)

해석 Lucy와 Fred가 도착해 좌석을 찾았을 때 콘서트는 시작되고 있었다.

해설 문맥상 적절한 시제를 묻는 문제이다. 특정 과거시점보다 먼저 일어난 사건을 나타낼 때는 과거완료 시제를 사용한다. Lucy와 Fred가 공연장에 도착했을 때 이미 콘서트가 시작했다는 의미가 되어야 하므로 과거완료를 사용한 (c)가 정답이다.

어휘 **arrive** v. 도착하다   **seat** n. 좌석, 자리

13. 조동사 ★☆☆   정답 (a)

해석 오늘 밤 작업하지 않으면 내일 내 연설에 준비가 되어 있지 않을 것이다.

해설 빈칸에 알맞은 조동사를 묻는 문제이다. 문맥상 '오늘 밤 준비를 하지 않으면 내일 연설 준비가 되어 있지 않을 것이다'라는 의미가 되어야 자연스럽기 때문에 "will not"이 정답이다. 참고로 시간조건 부사절에서는 현재가 미래를 대신한다.

어휘 **be ready for** ~할 준비가 되어 있다   **speech** n. 연설

14. to 부정사 ★☆☆   정답 (c)

해석 시 의회는 다음 회의까지 새 법에 대해 투표하는 것을 기다리기로 했다.

해설 빈칸 앞의 동사 'deicide'가 정답을 고르는 단서가 된다. 동사 'decide'는 to부정사만을 목적어로 취하는 동사이다. '기다리는 것은 결정하는 것보다 이전이 아니라 나중에 일어난 일'이므로, 완료부정사가 아니라 단순 부정사가 들어가는 것이 적절하다. 따라서 정답은 (c)이다.

어휘 **vote** v. 투표하다

15. 시제와 태 ★★☆   정답 (c)

해석 작년에 Walter Mead는 국내의 한 잡지로부터 전국에서 가장 부유한 사람으로 지목되었다.

해설 시제와 태를 묻는 문제이다. 의미상 Walter Mead는 한 잡지에서 가장 부유한 사람으로 '지목된' 것이므로 수동형을 써야 한다. 부유한 사람으로 지목된 일은 '작년(last year)'의 일이므로 be 동사의 시제는 과거가 들어가는 것이 적절하다. 참고로 5형식의 수동태 문장이기 때문에 빈칸 뒤의 명사 'the richest'는 타동사 'name'의 목적어가 아니라, 목적보어라는 것도 함께 알아두자.

어휘 name v. 명명하다, 지명하다
national a. 국가의, 국내적인

16. 동명사 ★☆☆　　　　　정답 (a)

해석 난 전화가 울리는 걸 들었을 때 저녁을 하느라 바빴다.

해설 동명사를 이용한 관용표현을 묻는 문제이다. '~하느라 바쁘다'는 표현으로 자주 사용되는 'be busy ~ing'가 들어가는 것이 적절하므로 "making"이 정답이다. 빈칸 뒤에 목적어 'dinner'가 있으므로 수동형인 'being made'는 정답이 될 수 없다.

어휘 be busy ~ing ~하느라 바쁘다
ring v. (벨이) 울리다

17. 접속사 ★★☆　　　　　정답 (c)

해석 당신이 기업 계좌든 개인 계좌든 필요하시다면, 국립은행은 당신을 도와드릴 수 있습니다.

해설 의미에 따라 빈칸에 적절한 접속사를 묻는 문제이다. '당신이 기업 계좌가 필요하든 개인 계좌가 필요하든 도와주겠다'는 의미가 되어야 자연스럽다. 따라서 이러한 의미를 갖는 접속사 "whether"가 정답이다. 참고로 'either A or B'는 양보 부사절을 이끌지 못하며, 'as if'는 '마치 ~인 듯한'의 뜻으로 양태부사절을 이끈다.

어휘 account n. 계좌　　personal a. 개인의

18. 형용사 ★★☆　　　　　정답 (d)

해석 우리는 대량 구매가 가능한 열 달간의 지불 계획이 있다.

해설 합성 형용사의 용법을 묻는 문제이다. '열 달 간의 지불 계획'에서 'ten month'는 뒤따라오는 명사 'payment plan'을 꾸며주는 형용사 역할을 한다. 이러한 합성 형용사는 각 단어에 복수형을 쓰지 않는다. 또한 'plan'은 셀 수 있는 명사로서, 관사를 붙여야 하므로 "a ten-month"가 정답이다.

어휘 payment n. 지불　　available a. 이용할 수 있는
purchase n. 구매

19. 어순 ★★★　　　　　정답 (b)

해석 학교가 새 컴퓨터 100대 값을 어떻게 지불할 것인지는 결정되지 않았다.

해설 간접의문문의 어순을 묻는 문제이다. 문맥상 '100대의 새 컴퓨터 값을 어떻게 지불할 것인지'라는 의미가 되어야 하므로 의문사 "how"가 들어가는 것이 적절하다. 의문사가 수반되는 명사절의 어순은 '의문사+주어+동사'의 어순이므로 가장 적절한 것은 (b)이다.

어휘 determine v. 결심하다, 결정하다
pay for ~의 대금을 지불하다

20. 접속사 ★★★　　　　　정답 (d)

해석 내 옆에선 안심해도 돼. 난 유령도 외계인도 무섭지 않아.

해설 상관접속사를 묻는 문제이다. 빈칸 앞에 'neither'가 있는 것으로 보아 '난 유령도 외계인도 무서워하지 않는다'는 의미가 되어야 자연스럽다. 따라서 'A도 B도 아니다'라는 전체부정으로 자주 쓰이는 'neither A nor B'가 들어가야 한다. 참고로 'both A and B', 'either A or B'도 기억해 두자.

어휘 frightened a. 무서워하는, 겁이 난　　alien n. 외계인
neither A nor B A도 B도 아니다
ghost n. 유령

21. 어순 ★☆☆　　　　　정답 (b)
have fixed it → have it fixed

해석 (a) A: 너 오늘은 자전거 안 타네.
(b) B: 수리하려고 자전거를 정비소에 가져갔어.
(c) A: 그럼, 태워줄까?
(d) B: 고맙지만 괜찮아. 걷기에 멀지 않아.

해설 어순상 오류를 묻는 문제이다. 'to have fixed'는 완료부정사로써, 주절동사보다 하나 앞선 시제를 나타내기 때문에, 수선한 것이 수리점에 가져간 것보다 먼저 발생한 것이 되어 의미상 올바르지 않다. 따라서 (b)에서 'have'는 완료의 'have'가 아니라 사역동사 'have'임을 알 수 있다. 따라서 'fixed'는 목적격 보어로 쓰였으므로 'to have fixed it' 을 "to have it fixed"로 고쳐야 옳다.

22. 가정법 ★★☆　　　　　정답 (a)
I were able to → I had been able to

해석 (a) A: 어젯밤 네 공연에 갈 수 있었으면 좋았을 텐데.
(b) B: 괜찮아. 시험 공부 하는 게 더 중요하지.
(c) A: 이번 주에 노래 더 안 해?
(d) B: 응, 7월까진 다음 공연이 없어.

해설 시제오류를 묻는 문제이다. (a)에서 '어젯밤(last night)에 공연에 갈 수 있었으면 좋았을 텐데'라고 과거의 소망을 말하고 있다. 동사 'wish'를 사용하여 과거의 소망을 표현할 때는 'I wish+주어+had+과거분사' 형태를 쓰므로 'were able to'를 "had been able to"로 고쳐야 옳다. 참고로 현재사실이나 상황의 반대를 소명하는 경우에는 'I wish+주어+과거동사'형태를 사용한다.

23.

어순 ★★★   정답 (a)
figure these problems out
→ figure out these problems

해석 (a) A: 난 이 문제들을 절대 못 풀 거야!
(b) B: 뭐 하고 있는데?
(c) A: 수학 숙제야. 너무 어려워. 수학 잘해?
(d) B: 예전에 잘했어. 내가 도와줄 수 있나 보자.

해설 이어 동사 'figure out' 뒤에 일반명사가 올 경우에는 'figure out+일반명사' 어순으로 써야 한다. 따라서 (a)의 'figure these problems out'을 "figure out these problems"로 고쳐야 옳다. 그러나, 목적어로 대명사가 올 경우에는 'figure+대명사+out' 어순이 된다.

어휘 figure out ~를 잘하다
used to 동사원형 (과거에) ~했다

24.

태 ★★☆   정답 (b)
granted → was granted

해석 (a) Damon Weaver는 미국 대통령을 인터뷰하고 싶었다. (b) 이 11살짜리 기자는 몇 번 부탁을 한 뒤에 이 강력한 정치인을 인터뷰 했다. (c) 어린 기자는 인터뷰 전에 불안하다고 인정했다. (d) 그러나 그는 불안감을 잊고, 교육 개혁에 대해 전문가처럼 대통령에게 이야기할

수 있었다.

해설 태 일치 오류를 묻는 문제이다. 문맥상 (b)에서 11살짜리 기자는 정치인과의 인터뷰 기회를 '부여 받은' 것이므로 수동태를 써야 한다. 따라서 'granted' 대신에 수동형인 "was granted"로 고쳐야 옳다.

어휘 several a. 몇몇의   request n. 요구
journalist n. 기자   grant v. 주다
politician n. 정치인   admit v. 인정하다
nervous a. 긴장한   put aside 제쳐놓다, 잊다
reform n. 개혁

25.

관용표현 ★★☆   정답 (c)
were willing paying → were willing to pay

해석 (a) 어떤 연구는 구매자들에게 그 지역에서 자란 상품에 더 많은 돈을 지불할지, 그렇다면 얼마나 더 많이 지불할지를 물었다. (b) 가격은 다양했지만 대부분은 더 많이 지불할 것이라고 답했다. (c) 예를 들어, 식료품 구매자들은 딸기 한 바구니에 48센트를 더 지불할 생각이 있었다. (d) 농산물 구매자들은 지역 농장에서 재배한 딸기에 92센트를 더 지불할 것이라고 했다.

해설 (c)에서 '식료품점 구매자들은 딸기 한 바구니에 48센트를 더 지불할 생각이 있었다'라는 의미인데, '흔쾌히 ~하다, 기꺼이 ~할 생각이 있다'라는 관용표현은 'be willing to+동사원형'이므로 'were willing paying'대신에 "were willing to pay"를 써야 한다. 참고로 'be busy ~ing'형태와 같은 예외가 있지만, 'be+형용사' 뒤에는 거의 대부분 to부정사를 수반한다고 정리해도 무방하다.

어휘 variable a. 변동할 수 있는   for example 예를 들면
grocery store 식료품점   local a. 지역의, 지방의

Half TEST 06 Grammar 정답 & 해설

Part I ~ IV	1 (a)	2 (d)	3 (b)	4 (a)	5 (c)	6 (a)	7 (c)	8 (d)	9 (c)	10 (d)
	11 (a)	12 (c)	13 (c)	14 (b)	15 (d)	16 (a)	17 (a)	18 (c)	19 (d)	20 (b)
	21 (d)	22 (c)	23 (c)	24 (d)	25 (b)					

| 1. | 관계 대명사 ★☆☆ | 정답 (a) |

해석 A: 옆 집에 사는 남자 만났어?
B: 응. 그 남자랑 가족들은 아주 친절해.

해설 빈칸에 들어갈 알맞은 관계대명사를 묻는 문제이다. 빈칸 뒤에 이어지는 문장의 주어 자리가 비어있고, 빈칸 앞의 선행사가 사람(the man)이므로 주격 관계대명사 "who"가 들어가는 것이 적절하다.

| 2. | 전치사 ★☆☆ | 정답 (d) |

해석 A: 아침 내내 어디 있었어? 걱정했잖아.
B: 강을 따라 자전거 타러 갔어.

해설 문맥에 알맞은 전치사를 묻는 문제이다. 문맥상 '강가를 따라서 자전거를 타러 갔다'는 의미가 되어야 자연스럽다. 따라서 주어진 보기 중에서 가장 적절한 전치사 "along"이 정답이다. 참고로 선택지 중 (b)away는 부사이므로 문법적으로 적절하지 않다.

어휘 above prep. ~보다 위에
along prep. ~를 따라서

| 3. | 분사구문 ★★★ | 정답 (b) |

해석 A: 수리공이 내일까진 못 온대. 그렇게 오래 기다릴 수 있을까?
B: 아니. 대안이 없으니 내가 직접 싱크대를 고쳐야겠어.

해설 분사구문을 묻는 문제이다. 문맥을 따져보면, 분사구문의 의미상의 주어와 주절의 주어는 일치하지 않음을 알 수 있다. 이처럼 일치하지 않는 경우는 분사구문의 주어를 생략하지 않고 그대로 둔다. 따라서 (b)가 정답이다.

어휘 repairman n. 수리공 option n. 선택권
fix v. 수리하다 sink n. 싱크대

| 4. | 접속사 ★★☆ | 정답 (a) |

해석 A: 오늘 오후에 쇼핑몰에 가자.
B: 난 못 가. 같이 공부하려고 Brian과 도서관에서 만날 거야.

해설 빈칸에 알맞은 접속사를 묻는 문제이다. 문맥상 '공부하려고 도서관에서 Brian을 만나기로 했다'는 내용으로 이어져야 자연스럽다. 따라서 '~하기 위해서'라는 뜻의 목적의 접속사는 "so that"이므로 (a)가 정답이다.

어휘 mall n. 쇼핑몰
in that ~라는 점에서, ~이므로
in case ~경우에 대비하여

| 5. | 전치사 ★☆☆ | 정답 (c) |

해석 A: 너희 어머니는 어디 계시니?
B: 누워 계셔. 두통이 있으시거든.

해설 문맥에 알맞은 전치사를 묻는 문제이다. '~을 앓다, ~로 고통을 받다'는 표현은 "suffer from"이므로 (c)가 정답이다. 참고로 'suffer'가 타동사로 쓰이는 경우는 '~을 경험하다, (부상을) 입다'는 뜻으로 사용된다.

어휘 lie down 눕다 suffer from ~을 앓다
headache n. 두통

| 6. | 관계사 ★☆☆ | 정답 (a) |

해석 A: 요즘 심하게 스트레스를 받고 있어.
B: 알아. 그래서 내가 도와주겠다고 한 거야.

해설 빈칸에 적절한 관계사를 고르는 문제이다. 문맥상 '그래서 내가 널 도와주겠다는 거야'라는 의미가 되어야 자연스럽다. 따라서 이유를 나타낼 때 쓰이는 관계부사 "why"가 정답이다. 참고로 관계부사는 관계대명사와는 달리, 선행사를 생략할 수 있다. 주어진 문제의 경우 'the reason'이 생략되었다고 볼 수 있다.

어휘 offer v. 제공하다

| 7. | 복합관계사 ★★☆ | 정답 (c) |

해석 A: 식료품점에서 주스를 할인해.
B: 나도 봤어. 원하는 어떤 상표든 고를 수 있어.

해설 빈칸에 들어갈 적절한 복합관계사를 묻는 문제이다. 문장구조상 'want'의 목적어인 명사 'brand'를 수식하는 관계형용사를 골라야 한다. 문맥상 '네가 원하는 어떤 상표든지 고를 수 있다'는 의미가 되어야 하므로 '어떤 ~이든지'라는 뜻의 복합관계대명사 "whichever"가 정답이다. 참고로 선택지 중에서 관계형용사는 "whichever"밖에 없다.

어휘 grocery store 식료품점

| 8. | 조동사 ★☆☆ | 정답 (d) |

해석 A: 요즘 건강이 안 좋아졌어.
B: 너 병원에 가봐야겠어.

해설 문맥상 적절한 조동사를 묻는 문제이다. '의사한테 가보라'는 충고 표현이 들어가는 것이 자연스럽기 때문에 '~해야만 한다'는 뜻의 조동사 "ought to"가 정답이다.

어휘 well a. 건강한 had better ~하는 편이 좋다, 낫다

| 9. | 어순 ★★★ | 정답 (c) |

 A: 너 커다란 TV 팔았다며.
B: 응, 거실에 두기에 너무 컸어. 포기해야 했어.

해설 구동사의 '목적어의 위치'를 묻는 문제이다. 문맥상 '그 것을 포기해야만 했다'는 내용이 되어야 한다. 이에 알 맞은 조동사 표현은 'have to'이므로 'to'가 제일 먼저 와야 한다. 동사와 부사로 이루어진 구동사의 경우, 목 적어가 보기에서처럼 대명사(it)이면 반드시 동사와 부 사 사이에 위치해야 하므로 "give it up"이 정답이 된 다.

어휘 sell v. 팔다   giant a. 거대한   give up 포기하다

---

10. | 대명사 ★★★ | 정답 (d) |

해석 A: 봄에 꽃 필 때가 정말 좋아.
B: 나도. 난 꽃 한 다발을 꺾어서 온 집안에 둬.

해설 대명사의 쓰임을 묻는 문제로, 주어진 문장에서 대명사 'it'의 여러 용법 중 '상황'의 'it'을 묻는 문제이다. 이때 사용되는 'it'은 아무 의미 없으므로, 해석할 필요가 없 으며, 문장성분이 목적어 역할만 하는 허사라고 볼 수 있다. 허사란 가주어, 비인칭주어 등과 같이 아무 의미 없이 문법적인 기능만을 담당하는 품사로써, 대명사 'it' 이 허사로 사용된다. 동사 'love'는 타동사이므로 목적 어를 취해야 한다. 따라서 아무 의미 없는 상황의 'it'을 목적어로 수반한 (d)가 정답이다. 주로 'I hate it when' 또는 'I love it when'의 구조로 쓰이므로 암기하는 것 이 좋다.

어휘 bloom v. 꽃이 피다   springtime n. 봄
pick v. 꺾다   bunch n. 다발
put v. 놓다, 두다

---

11. | 동명사 어순 ★★☆ | 정답 (a) |

해석 내일 날씨가 좋을 것이기에 Jack과 아버지는 호수에 낚시하러 갈 것이다.

해설 동명사의 관용표현과 어순을 묻는 문제이다. 문맥상 '호수에 낚시를 하러 갈 것이다'로 문장을 완성해야 자 연스럽다. 따라서, '~하러 가다'의 동명사 관용표현으 로 'go ~ing'을 써야 한다. 이어서 장소를 나타내는 전 치사구 'at the lake'가 이어져야 하므로 "fishing at the lake"가 정답이다.

어휘 go fishing 낚시하러 가다   lake n. 호수

---

12. | 수와 시제의 일치 ★☆☆ | 정답 (c) |

해석 겨울 여행에 필요했던 유일한 것은 스키였다.

해설 수와 시제 일치 문제이다. 문장의 주어는 'the only thing'이므로 단수 동사가 수반되어야 한다. 주어부에 있는 동사 'needed'가 과거 시제이므로 빈칸에도 과거

시제를 써야 한다. 따라서 정답은 "was"이다.

어휘 pair n. 한 쌍, 한 벌

---

13. | 관계사 ★★☆ | 정답 (c) |

해석 Leslie는 자신이 아이일 때 다녔던 학교에 3학년 선생 님이 되었다.

해설 빈칸에 적절한 관계사를 묻는 문제로 동사 'attend'의 용법을 함께 묻고 있다. 빈칸 뒤의 문장이 완전 타동사 'attended'의 목적어가 없는 불완전한 문장이므로, 빈 칸에는 목적격 관계대명사 "which"가 적절하다.

어휘 get a job 직업을 구하다   grade n. 학년, 성적
attend v. 참석하다, ~에 다니다

---

14. | that절의 동사원형 ★★★ | 정답 (b) |

해석 우리 언니는 엄마를 놀라게 해주고 싶어서 그 계획을 비밀로 해야 한다고 주장했다.

해설 주장(insist), 명령(order), 요구(demand), 제안 (suggest) 등을 나타내는 동사 뒤의 that절에서는 인 칭이나 시제와 무관하게 'should'를 생략하여 동사원형 만 쓴다. that절 안의 주어는 'plans'이므로 가장 먼저 쓰고, 'plans'와 'keep'의 관계는 수동 관계이므로, 형 태는 수동이 되어야 한다. 따라서 "the plans be kept secret"가 정답이다.

어휘 insist v. 주장하다
keep a thing secret ~을 비밀로 하다

---

15. | 전치사 ★☆☆ | 정답 (d) |

해석 Linda는 멕시코에 사는 가장 친한 친구에게 편지를 썼 다.

해설 빈칸에 가장 알맞은 전치사를 묻는 문제이다. '가장 친 한 친구에게'라는 의미가 되어야 문맥상 자연스럽다. 따라서 주어진 보기 중에서 가장 적절한 전치사 "to" 가 정답이다. 참고로 수여 동사 중에서 'buy, make, cook, get, find'등의 동사들은 4형식을 3형식으로 전 환할 때 간접목적어 앞에 전치사 'to'를 쓰지 않고 'for' 를 쓴다는 것을 알아두자.

---

16. | 관계대명사 ★☆☆ | 정답 (a) |

해석 난 단지 찾기 어려웠던 희귀한 야구 카드 한 장을 더 찾 고 있을 뿐이다.

해설 빈칸에 알맞은 관계대명사를 고르는 문제이다. 빈칸 뒤 의 부분에는 주어 자리가 비어있고 선행사 'baseball card'가 사물이므로 사물을 선행사로 갖는 주격 관계대 명사가 필요하다. 'that'과 'which'가 올 수 있으므로 주

어진 보기 중에서 "which"가 정답이다. 참고로 나머지 선택지에 제시된 관계대명사 'whichever, whatever, what'은 선행사를 포함하는 관계대명사이므로 답이 될 수 없다.

어휘 rare a. 드문, 희한한

---

17. 전치사 ★☆☆ 　　　　　정답 (a)

해석 Smith씨는 아주 열심히 일해서 회사에서 최고의 수준까지 올라갔다.

해설 문맥상 빈칸에 알맞은 전치사를 고르는 문제이다. 'the top levels'와 'his company'라는 두 명사를 연결하면서 '그의 회사에서 가장 높은 수준'이라는 의미가 되어야 자연스럽다. 따라서 이에 적절한 '~에서, ~의'라는 뜻의 전치사 "of"가 정답이다.

어휘 rise v. 오르다, 승진하다

---

18. 접속사 ★★★ 　　　　　정답 (c)

해석 집을 나서다가 책상에 보고서를 놔두고 왔다는 것이 생각났다.

해설 문맥에 적절한 종속접속사를 고르는 문제이다. 문맥상 '집을 나서다가 책상에 보고서를 두고 왔다는 것이 생각났다'는 의미가 되어야 자연스럽다. 따라서 '~할 때'라는 의미를 갖는 시간 접속사 "when"이 정답이다.

어휘 leave v. 떠나다, 남기다

---

19. to 부정사 + 어순 ★★☆ 　　　　　정답 (d)

해석 프랑스의 루이 14세에 대한 이 전기는 읽기에 흥미로운 책이다.

해설 to부정사의 형용사적 용법을 묻는 문제이다. 빈칸에 들어갈 말은 '읽기에 흥미로운 책'이라는 뜻으로 to부정사가 형용사 역할을 하면서 뒤에서 명사를 수식한다. 따라서 'to read'가 뒤에서 명사 'an interesting book'을 꾸며주는 (d)가 정답이다.

어휘 biography n. 전기

---

20. 삽입구 ★☆☆ 　　　　　정답 (b)

해석 나는 밤 12시 전에 자는 경우는 있다 해도 극히 드물다.

해설 적절한 삽입구를 고르는 문제이다. 문맥상 '자정 전에 자는 경우가 거의 없다'는 의미가 되어야 자연스럽다. 따라서 빈칸에 '설사 ~하는 일이 있다 해도'라는 뜻의 "if ever"가 삽입되어야 적절하다.

어휘 seldom adv. 좀처럼 ~하지 않는
if any 만약에 있다면

if ever 설사 ~하는 일이 있더라도
if so 만일 그렇다면　　if not 만일 ~이 아니라면

---

21. 가정법 ★★☆ 　　　　　정답 (d)
I saw → I had seen

해석 (a) A: Luke, 오늘 아침에 널 찾았어.
(b) B: 내가 좀 늦었거든. 뭐가 필요했는데?
(c) A: 오늘밤 공연 표가 한 장 남아서. 너 갈래?
(d) B: 가고 싶은데 계획이 있어. 널 더 일찍 만났으면 좋았을걸.

해설 'I wish' 가정법 구문을 묻는 문제이다. 과거사실에 대한 아쉬움과 유감은 [I wish+주어+had p.p.] 형태로 써야한다. 문맥상 (d)에서 '널 더 일찍 만났더라면 좋았을 텐데'라고 과거의 소원을 말하고 있으므로 'I wish'에 이어지는 동사의 형태는 과거완료가 되어야 한다. 따라서 'I saw' 대신에 "I had seen"을 쓰는 것이 적절하다.

어휘 extra a. 여분의, 추가의

---

22. 어순 ★★☆ 　　　　　정답 (c)
will come to those repairs
→ will those repairs come to

해석 (a) A: 제 차에 무슨 문제가 있는 거죠?
(b) B: 엔진에 큰 문제가 있어요.
(c) A: 고치려면 얼마나 들까요?
(d) B: 900달러 정도 들 거예요.

해설 의문사가 있는 의문문의 어순은 '의문사+be동사/조동사+주어+본동사'이다. (c)에서 주어가 'those repairs'이고 동사가 'come to'이므로 주어와 동사의 어순이 바뀌어야 한다. 따라서 'come to those repairs' 대신에 "those repairs come to"로 바꿔야 옳다.

어휘 major a. 주요한, 큰　　come to 합계가 ~이 되다

---

23. to 부정사 ★★☆ 　　　　　정답 (c)
sat in the sun → to sit in the sun

해석 (a) A: 휴가가 너무 기다려져. 난 해변에 갈 거야!
(b) B: 좋겠다. 요즘 여긴 비가 너무 많이 왔잖아.
(c) A: 응, 햇볕에 앉아 있는 건 기분 좋을 거야.
(d) B: 나도 해변에서의 휴가가 필요 한 것 같아!

해설 가주어, 진주어구문의 올바른 형태를 묻는 문제이다. (c)에서 문맥상 'it'은 가주어이며 'sat'이하는 진주어인데, 진주어는 동사 과거형이 아니라 to 부정사로 표현하므로, 'sat'을 "to sit"으로 바꾸어야 옳다.

어휘 excited a. 흥분된　　lately adv. 최근에

24. 동사의 형태 ★★★ 　　　 정답 (d)
helping → helped

해석 (a) 작년에 난 지역 도서관에서 읽고 쓰는 것을 가르쳐 주는 자원봉사를 했다. (b) 매주 난 Lucy라는 여자와 함께 앉아 읽는 법을 가르쳤다. (c) Lucy의 가족은 너무 가난해서, Lucy는 어렸을 때 학교에 가는 대신 일을 했다. (d) 여섯 달간의 수업이 끝난 후에 Lucy의 읽기 능력은 아주 향상되었고, 나중에 Lucy는 이것이 지역 사무소에서 좋은 직장을 얻는 데 도움이 되었다고 내게 말했다.

해설 절(clause)은 주어와 동사를 수반해야 하는데 문장 (d)의 that 명사절에 동사가 없다. 따라서 주어 'this' 뒤에 오는 'helping'을 "helped"로 고쳐야 옳다.

어휘 literacy n. 읽고 쓸 줄 앎　　volunteer n. 자원봉사
improve v. 향상하다　　greatly adv. 크게, 몹시

---

25. 어순 ★★☆ 　　　 정답 (b)
indefinitely the horizon stretches out
→ the horizon stretches out indefinitely

해석 (a) 그리스의 산토리니 섬은 파란 돔 지붕의 새하얀 건물들로 유명하다. (b) 건물들은 가파른 절벽 위에 있어, 깊고 푸른 바다를 내려다보고 있고, 그 너머로는 수평선이 끝없이 펼쳐져 있다. (c) 사람들은 최고의 경치를 보기 위해 섬의 맨 꼭대기로 간다. (d) 많은 관광객들은 소액의 돈을 내면 당나귀를 타고 마을의 구불구불한 길을 지나 그 곳까지 갈 수 있다.

해설 문장 (b)에서 부사 'indefinitely'는 동사 'stretches out'을 수식하므로 동사 뒤에 위치해야 한다. 따라서 'indefinitely the horizon stretches out'을 "the horizon stretches out indefinitely"로 바꾸어야 옳다.

어휘 dome n. 둥근 천장　　structure n. 구조
perch v. ~에 자리잡다　　steep a. 가파른
cliff n. 절벽　　overlook v. 내려다보다
indefinitely adv. 불명확하게, 막연히
horizon n. 수평선　　stretch out 뻗다
view n. 경치, 조망　　winding a. 꾸불꾸불한
fee n. 요금

Half TEST 07 Grammar 정답 & 해설

Part I ~ IV									
1 (c)	**2** (c)	**3** (a)	**4** (b)	**5** (b)	**6** (d)	**7** (d)	**8** (c)	**9** (b)	**10** (b)
11 (c)	**12** (c)	**13** (b)	**14** (a)	**15** (c)	**16** (c)	**17** (a)	**18** (d)	**19** (a)	**20** (c)
21 (b)	**22** (c)	**23** (b)	**24** (b)	**25** (d)					

---

1. 접속사 ★★★ 　　　 정답 (c)

해석 A: Campbell씨와 통화할 수 있을까요?
B: 잠시만요. 그가 사무실에 도착했는지 모르겠네요.

해설 의미에 맞는 접속사를 고르는 문제이다. 빈칸이 있는 문장 마지막 부분에 'or not'이 정답을 고르는 단서이다. '그가 사무실에 도착했는지 안 했는지 잘 모르겠다'는 의미가 되어야 자연스럽다. 따라서 적절한 접속사는 "whether"이다. 참고로 선택지 중 (a)but 과 (d)since 는 명사절을 이끌 수 없다.

어휘 arrive v. 도착하다　　whether ~인지 아닌지

---

2. 시제 일치의 예외 ★★★ 　　　 정답 (c)

해석 A: 시험장에 제가 가져가야 할 것이 있나요?
B: 네. 모든 수험자는 사진이 있는 신분증을 보여줘야 합니다.

해설 빈칸에 들어갈 적절한 동사의 형태를 묻는 문제이다. "요구, 주장, 명령, 제안"동사의 목적어로 쓰인 that 명사절의 내용이 '바람직하고, 중요해서 반드시 이루어져

야 한다'는 당위적 의미를 내포할 경우 that절안의 동사
는 주절동사의 시제와는 상관없이 '(should)+동사원
형'을 써야 문법적으로 옳다. 따라서 "show"가 정답이
다.

어휘 require v. 요구하다   test taker 수험자

3. 도치 ★★★   정답 (a)

해석 A: 네 모자 어디 있어? 버스에 놓고 왔어?
B: 응 그런 것 같아. 버스에서 내리자마자 모자를 깜빡
했다는 걸 깨달았어.

해설 문맥상 '버스에서 내리자마자 모자를 두고 내렸단 걸
깨달았다'라는 의미가 되어야 자연스럽다. 따라서 '~하
자마자 ~했다'라는 의미로 쓰이는 'no sooner ~ than'
구문을 써야 한다. 참고로 부정부사(구)가 문두에 올 경
우에는 동사와 주어가 도치가 되어 의문문의 어순을 취
한다.

어휘 get off 내리다   no sooner~ than ~하자마자 ~하다

4. 삽입구 ★★★   정답 (b)

해석 A: 너는 너희 동네의 콘서트 가니?
B: 아니, 간다 해도 아주 드물어.

해설 문맥에 적절한 삽입구를 묻는 문제이다. '콘서트에 가
는지 안 가는지 물어보는 A의 질문에 B는 'seldom'을
사용하여 '거의 안 간다'고 대답하고 있다. 따라서 빈칸
에는 '설사 가는 일이 있더라도, 매우 드물게'라는 뜻의
삽입구 "if ever"가 적절하다. 참고로 양보적 의미의 삽
입어구로 빈칸 뒤에 나오는 동사가 일반동사일 경우에
는 'if ever', be동사일 경우에는 'if any'가 답이 되는 경
우가 많다.

어휘 anything but ~이외에는 무엇이든, 결코 ~가 아니다

5. 전치사 ★☆☆   정답 (b)

해석 A: 우린 휴가 때 머무를 호텔을 찾아야 해.
B: 응, 바로 해변가에 호텔이 몇 개 있어.

해설 문장의 의미에 따라 장소 앞에 오는 전치사를 묻는 문
제이다. 공간적으로 '~의 가까이에, ~에 접하여'라는
의미일 때는 가장 적절한 전치사는 "on"이다. 참고로
전치사 'on'은 평면과 접하는 면 위의 지점을 뜻하므로,
둘러싸인 공간에는 사용하지 않는다. 주로 사방이 트
인 거리(on the street), 농장(on the farm), 섬 (on the
island)이름 앞에 쓴다.

어휘 several a. 몇몇의

6. 시제 ★★☆   정답 (d)

해석 A: 너랑 Lisa 정말 잘 지내더라.
B: 응, 우린 서로 아주 오랫동안 알아온 사이야.

해설 문맥상 알맞은 시제를 묻는 문제이다. 과거의 특정시
점 이후로 현재까지의 지속기간을 강조하는 시제는 현
재 완료시제이다. 대화의 내용에서 '예전부터 지금까
지' 오랜 시간 (for a long time) 동안 서로를 알아왔다
는 의미이다. 즉, 상태의 지속기간이 강조되고 있으므
로, 현재완료시제인 "we have known"이 정답이다.

어휘 get along 사이 좋게 지내다   each other 서로

7. to 부정사 ★☆☆   정답 (d)

해석 A: 밥 남은 거 있어?
B: 농담하는 거지? 한 부대가 먹을 만큼 충분해.

해설 'enough'뒤에 적절한 형용사구를 묻는 문제이다. 여기
서 'enough'는 대명사로 쓰였으며, 빈칸에는 '~할'의
뜻으로 대명사 'enough'를 후치 수식하는 형용사구가
적절하므로, to 부정사인 "to feed"가 가장 적절하다.
참고로 for ~ing는 일반적인 용도나 목적을 나타내므
로, 문맥에 적절하지 않다.

어휘 whole a. 전체의   feed v. 음식을 주다

8. 전치사 ★☆☆   정답 (c)

해석 A: 네 프로젝트 거의 끝낸 것 같아 보여.
B: 응, 드디어. 오늘 아침 7시부터 해왔어.

해설 빈칸에 알맞은 전치사를 묻는 문제이다. 문맥상 '오늘
아침 7시부터 지금까지 계속 프로젝트를 작업해왔다'
는 의미가 되어야 자연스럽다. 따라서 빈칸에는 '~부터
내내, ~이래로'라는 뜻의 전치사 "since"가 들어가야
한다.

9. 조동사 / 분사 ★★☆   정답 (b)

해석 A: 다음 주에 너희 가족들이 온다며. 너 들떠 있겠다.
B: 응. 몇 년 동안 못 봤거든.

해설 문맥에 맞는 조동사와 분사의 형태를 묻는 문제이다.
대화의 내용으로 볼 때 오랜만에 가족을 만나게 될 상
황이다. 따라서 빈칸에는 현재 사실에 대한 강한 추측
(~임에 틀림없다)의 의미를 가진 조동사 'must'를 써서
문장을 완성하는 것이 가장 적절하다.

어휘 visit v. 방문하다, 찾아가다

10. 어순 ★☆☆   정답 (b)

해석 A: 도움이 필요하니 ?

B: 응. 이 상자가 혼자 나르기엔 너무 무겁네.

해설 문맥상 '박스가 너무 무거워 혼자 들 수 없다'는 내용이 되어야 자연스럽다. 따라서 '너무 ~해서 ~할 수 없다, ~하기에 너무 ~하다'는 표현으로 'too heavy to carry'가 들어가는 것이 적절하다. 따라서 (b)가 정답이다.

어휘 carry v.나르다, 운반하다

---

11. to 부정사 / 어순 ★★☆ 　정답 (c)

해석 그 회사는 성공인 신상품 때문에 더 많은 돈을 벌길 기대한다.

해설 동사 'expect'의 용법과 어순을 묻는 문제이다. 빈칸에는 문맥상 '더 많은 돈을 벌기를 기대한다'라는 의미가 되어야 자연스럽다. 동사 'expect(기대하다)'는 to부정사와 that절을 모두 목적어로 수반할 수 있다. that절이지만 주어와 동사가 비어있는 (a)는 적절하지 않다. 따라서 (c)가 정답이다.

어휘 expect v. 기대하다　make money 돈을 벌다

---

12. to 부정사 ★★☆ 　정답 (c)

해석 나 혼자 그 그림을 옮기려고 해봤지만 그림이 너무 컸다.

해설 동사 'try'의 쓰임을 묻는 문제이다. 'try'는 동명사와 to부정사 둘 다 목적어로 취할 수 있으나, 주어진 문제에서처럼 '~하려고 애쓰다, 노력해보다'는 뜻으로 쓰일 때에는 'to 부정사'를 목적어로 수반한다. 'try+동명사'는 '시험 삼아 해보다'는 의미로 쓰인다는 것도 함께 알아두자.

어휘 move v. 옮기다, 움직이다

---

13. 수의 일치 ★★☆ 　정답 (b)

해석 집단의 구성원 대부분이 목요일 오후에 만날 수 있다.

해설 주어와 동사의 수 일치를 묻는 문제이다. 주어인 'most members'가 복수형이므로 이에 일치하는 복수동사 'are'가 정답이다.

---

14. 명사의 전용 ★★★ 　정답 (a)

해석 그 연극은 성공이었다. 극장은 매일 밤 사람들로 붐볐다.

해설 추상명사의 보통명사화를 묻는 문제이다. 문맥상 빈칸은 연극은 '성공작' 이었다는 의미이므로, 빈칸은 추상명사 'success'에서 전용된 보통명사가 들어가는 것이 적절하다. 'success'(성공)와 같은 추상명사에 부정관사를 붙여 'a+추상명사'가 되면 보통명사의 의미로 쓰일 수 있다. 따라서 'a success'는 '성공작, 성공한 사

람'이라는 뜻이 된다.

어휘 be crowded with ~로 붐비다, 꽉 차다
success n. 성공, 성공한 것

---

15. 부사 ★★☆ 　정답 (c)

해석 우리는 전에 우리가 갖고 있던 어떤 모델보다 나은 차를 만들어냈다.

해설 문맥에 어울리는 부사를 묻는 문제이다. 문장의 내용에서 '새로 만든 차'와 '이전에 만들었던 차'를 비교하고 있다. 따라서 '전에'라는 뜻의 "before"가 빈칸에 가장 적합하다. 참고로 'still'과 'now'는 현재완료와 함께 쓰이지 않는 부사이며, 'yet'은 현재완료와 함께 쓸 수 있지만, 주로 부정문과 의문문에 사용된다.

---

16. 전치사 ★★☆ 　정답 (c)

해석 키 큰 남자가 앞에 있어서, Gina는 행렬을 볼 수 없었다.

해설 빈칸에 적절한 전치사를 묻는 문제이다. 문맥상 'Gina 앞에 키 큰 남자가 있어서 행렬을 못 보았다'라는 의미가 되어야 자연스럽다. '~가 ~을 못하게 하다, 막다'는 표현으로 'prevent+목적어+from+동사ing'을 묻고 있으므로 정답은 "from"이다. 참고로 주어진 문장에서 'prevent'는 'stop, keep, prohibit, discourage'등의 동사로 바꾸어 쓸 수 있다.

어휘 in front of ~앞에　prevent v. 막다, 방해하다

---

17. 시제와 태 ★★★ 　정답 (a)

해석 Adams 씨는 훌륭한 연기로 상을 받고 있다.

해설 빈칸에 알맞은 시제와 태의 형태를 묻는 문제이다. 문맥상 Adams 씨는 상을 '받는' 것이므로 수동태를 써야 한다. 특정 시제를 지칭하는 단어가 없으므로 어느 시제나 올 수 있는데, (b)는 현재완료 수동태 'has been given', (c)는 과거진행 수동태 'was being given', (d)는 미래 수동태 'will be given'이 되어야 문법적으로 옳다. 따라서 현재진행 수동태 'be+being+과거분사'를 쓴 (a)가 정답이다.

어휘 award n. 상

---

18. 관계사 ★★☆ 　정답 (d)

해석 내 침대 밑에는 옛 사진과 편지를 보관하는 상자가 있다.

해설 빈칸 앞의 문장과 빈칸 뒤의 문장을 연결할 수 있는 관계사를 묻는 문제이다. 빈칸 뒤에 완전한 절이 이어지므로, 빈칸은 관계부사나, '전치사+관계대명사'가 들어

갈 수 있는 자리이다. 선행사 'box'가 장소에 해당되므로, 관계부사 'where'나 'in which'가 적절하다. 따라서 정답은 (d)이다. 참고로 관계부사는 '전치사+관계대명사' 로 전환이 가능하다.

어휘   keep v. 보관하다, 간직하다, 유지하다

---

19.   조동사 ★★☆   정답 (a)

해석   당신은 매달 5일까지 청구서의 금액을 지불해야 합니다. 그렇지 않으면 연체료가 있을 겁니다.

해설   문맥에 맞는 조동사를 묻는 문제이다. 'or' 이하의 문장이 '그렇지 않으면 연체료가 있을 것이다'라는 내용이다. 따라서 강한 의무를 나타내는 내용이 되어야 가장 자연스럽다. 따라서 이에 적절한 뜻을 가진 조동사 "must"가 정답이다.

어휘   pay v. 지불하다   bill n. 청구서   late fee 연체료

---

20.   분사 ★★☆   정답 (c)

해석   Ben은 과학 교과서 속의 헷갈리는 말을 이해할 수 없었다.

해설   빈칸 뒤의 'language'를 적절하게 꾸며주는 형용사형 분사를 묻는 문제이다. 과학 교과서에 나온 언어는 사물이므로 현재분사형으로 명사를 수식해야 한다. 따라서 "confusing"이 정답이다. 참고로 명사를 수식하는 분사는, 수식 받는 명사와의 주술관계를 따져서 수동관계이면 과거분사, 능동관계이면 현재분사를 고르면 된다. 주어진 문제의 경우 'language'가 사람들을 헷갈리게 하는 주체이므로 현재분사인 "confusing"이 적절하다.

어휘   confuse v. 혼동하다

---

21.   어순 ★☆☆   정답 (b)
where is the history section → where the history section is

해석   (a) A: 도와드릴까요, 손님?
(b) B: 네, 역사 구역이 어디인지 알려주실래요?
(c) A: 그럼요. 서점 뒤쪽에 아동서 옆에 있어요.
(d) B: 네. 도와주셔서 감사합니다.

해설   간접의문문의 어순을 묻는 문제이다. 직접의문문이 문장의 일부로 들어가면, 주어와 동사의 어순이 뒤바뀌어 '의문사+주어+동사'가 된다. 따라서 'where is the history section' 대신에 "where the history section is"로 바꾸어야 옳다.

어휘   section n. 구역

---

22.   명사 ★☆☆   정답 (c)
a milk → milk

해석   (a) A: 너무 배고파. 난 주문할 준비 됐어.
(b) B: 뭘 먹고 싶은지 못 정하겠어. 넌 뭐 먹을 거야?
(c) A: 팬케이크랑 우유.
(d) B: 좋을 것 같은데. 나도 그거 먹을래.

해설   가산명사와 불가산 명사의 구분을 묻는 문제이다. (c)에서 '우유(milk)'는 셀 수 없는 명사이므로 앞에 부정관사를 붙일 수 없다. 따라서 'a milk'를 "milk"로 바꾸어야 옳다.

어휘   order n. 주문

---

23.   시제 ★★★   정답 (b)
I will buy → I bought

해석   (a) A: 나 우리가 얘기하던 그 휴대용 음악 플레이어 샀다.
(b) B: 진짜? 나도 살 건데. 네거엔 노래 몇 개나 들어 있어?
(c) A: 천 개 정도. 네거엔 몇 개 있어?
(d) B: 너만큼 많지 않아! 600개 정도밖에 없어.

해설   시제 오류를 묻는 문제이다. 대화의 내용을 볼 때, B도 이미 휴대용 음악 플레이어를 샀다는 것을 알 수 있다. 따라서 (b)의 미래형 동사 'will buy'를 과거형인 "bought"로 바꾸어야 옳다.

어휘   portable a. 들고 다닐 수 있는, 휴대용의

---

24.   수의 일치 ★★☆   정답 (b)
a variety of use → a variety of uses

해석   (a) 알로에 베라는 수분이 많은 식물, 잎에 수분을 보유한 식물로 세계의 많은 지역에서 자란다. (b) 많은 사람은 알로에 베라의 두껍고 뾰족한 잎이 다양한 용도가 있다고 믿는다. (c) 알로에 베라는 피부에 수분을 주기 때문에 화장품에서 흔히 발견된다. (d) 게다가 알로에 베라는 가벼운 화상에서 심각한 화상까지 화상에 효과적인 치료법으로 증명되었다.

해설   (b)에서 '다양한'이라는 뜻의 'a variety of' 다음에는 가산명사와 불가산 명사 둘 다 쓸 수 있지만, 가산명사와 쓰일 경우에는 항상 복수명사를 수반해야 한다. 따라서 'a variety of use'를 "a variety of uses"로 바꾸어야 옳다.

어휘   succulent a. 즙이 많은   retain v. 보유하다
region n. 지역   thick a. 두꺼운
pointed a. 뾰족한   burn n. 화상
commonly adv. 보통, 일반적으로
cosmetics n. 화장품   moisturize v. 습기를 주다
mild a. 가벼운, 온화한

25. **태 일치 ★★★** 정답 (d)
usually showed → were usually shown

해석 (a) 1920년대는 영화 산업에 전환점이 되었다. (b) 1920년대의 대부분에는 웃기는 Charlie Chaplin과 아름다운 Clara Bow를 포함한 영화 산업의 첫 스타가 주연한 무성영화가 대중에게 인기 있었다. (c) 그러나 1920년대 말에 엄청난 기술적 발전이 있었고, 1929년이 되자 대부분의 영화는 소리가 있었다. (d) 초기의 음질은 그리 좋지 않았지만, 보통 무성영화보다 많은 관객이 이들 영화를 봤다.

해설 태 일치 오류를 묻는 문제이다. (d)에서 주절의 주어인 'these films(이 영화들)'는 많은 관객들에게 '보여진' 것이므로 과거 수동태로 써야 하며 주어가 복수이므로 "were shown"으로 바꾸어야 옳다.

어휘 turning point 전환점 silent film 무성영화
hilarious a. 유쾌한, 재미 있는
advance n. 진보, 전진

Half TEST 08 Grammar 정답 & 해설

Part I ~ IV	1 (c)	2 (a)	3 (d)	4 (c)	5 (a)	6 (d)	7 (b)	8 (d)	9 (c)	10 (a)
	11 (b)	12 (c)	13 (d)	14 (a)	15 (d)	16 (b)	17 (b)	18 (c)	19 (c)	20 (d)
	21 (d)	22 (b)	23 (b)	24 (b)	25 (a)					

1. **관용 표현 ★★★** 정답 (c)

해석 A: 우리 매일 진행 회의 할 거란 얘기 들었어요?
B: 네, 들었어요. 저한테는 엄청난 시간 낭비가 될 거예요.

해설 문맥상 '저로서는 시간 낭비가 될 거예요'라는 의미가 되어야 자연스럽다. 따라서 '~에 관한 한, ~로서는'의 뜻으로 자주 쓰이는 관용적인 표현 "as far as I'm concerned"가 정답이다. 문법적으로 접근해본다면, 'concern'은 '~에 관계하다, 관계시키다'는 의미의 타동사이므로, 능동태로 쓰이면 반드시 목적어를 취해야 한다. 하지만 주어진 문제의 경우, 빈칸 뒤에 목적어가 없으므로 수동태가 되어야 한다.

어휘 daily a. 매일의 progress n. 진행, 진보

2. **접속사 ★☆☆** 정답 (a)

해석 A: 독수리가 하늘을 나는 걸 봤어!
B: 나도. 우리 캠프장 위를 날 때 봤어.

해설 빈칸에 알맞은 접속사를 묻는 문제이다. 문맥상 '독수리가 캠프장 위를 날 때 봤다'는 의미가 되어야 자연스럽다. 따라서 '~할 때'를 뜻하는 접속사 "as"가 정답이다. 참고로, 'as'는 동시상황을 나타내는 접속사이다.

어휘 eagle n. 독수리

3. **전치사 ★☆☆** 정답 (d)

해석 A: 최신 보고서 가져왔어요?
B: 아니요, 목요일까진 못할 거예요.

해설 문맥에 맞는 전치사를 묻는 문제이다. 문맥상 '목요일까지 못할 거다'라는 의미의 대답이 이어지는 것이 자연스럽다. 따라서 '~까지'에 해당하는 전치사 "until"이 빈칸에 적절하다. 참고로 'not ~ until'은 해석에 유의해야 한다. '목요일에도 못 할 것이다'라는 뜻이 아니라 '목요일에는 할 수 있다'는 의미라는 것을 알아두자.

4. **관계 대명사 ★★☆** 정답 (c)

해석 A: 시험에서 좋은 점수 못 받았어?
B: 응, 낙제했어. 더 나쁜 건 이번엔 정말 공부를 했다는 사실이야.

해설 적절한 관계 대명사와 동사의 형태를 고르는 문제이다. 문장구조상 빈칸은 주부를 구성하는 명사절의 일

부임을 알 수 있다. 보어절이 that 명사절이므로, 주술 관계상 'who'나 'whom'으로 시작되는 (a)와 (d)는 답이 될 수 없으므로 답에서 제외한다. 그리고 'which'는 선행사를 앞에 써야 하는데, 선행사가 없으므로 (b)역시 답이 될 수 없다. 따라서 빈칸 뒤의 'it worse is'와 함께 쓰여 '더 나쁜 것은'이라는 의미의 어구를 이루는 "what makes"가 정답이다.

어휘 fail v. 실패하다, 낙제하다
worse a. (bad의 비교급) 더 나쁜

---

5. **어순 ★★☆** 정답 (a)

해석 A: 방금 우릴 지나쳐 걸어간 사람이 John이었어?
B: 그는 우리가 여기 있는지 모르는 것 같아.

해설 대화의 내용에 따라 적절한 의미가 되도록 어순을 완성하는 문제이다. '난 그가 우리가 여기 있는 걸 모른다고 생각해'라고 대답하는 것이 질문에 가장 자연스럽기 때문에 주절에 동사 'think'가 와야 한다. 따라서 (a)가 정답이다.

어휘 past prep. 지나쳐서

---

6. **태 ★★★** 정답 (d)

해석 A: 너희 집은 너무 낡아서 밤엔 좀 무섭다.
B: 알아. 귀신 들렸다고들 믿지.

해설 태의 구분을 묻는 문제이다. 주어인 'It', 즉 'my house'는 사람들에 의해 귀신 들렸다고 '믿어지는' 것이므로 수동태가 들어가는 것이 적절하다. 따라서 'be+과거분사' 형태인 (d)가 정답이다.

어휘 scary a. 무서운   haunt v. (유령 등이) 출몰하다

---

7. **가목적어 ★★★** 정답 (b)

해석 A: 이 상황에 대해 너한테 조언을 해줄 수 있다면 기쁠 거야.
B: 고마워. 이렇게 중요한 결정을 혼자 하는 게 힘들어.

해설 '가목적어-진목적어'를 묻는 문제이다. 목적어에 너무 긴 어구가 올 경우에 목적어와 목적보어가 도치되는 경우가 있지만, 목적어가 to부정사구 일 경우에는 도치를 할 수 없다. 목적어가 to부정사인 경우는 반드시 가목적어 'it'을 쓰고 to부정사구를 목적보어 뒤에 써야 한다. 따라서 정답은 (b)이다.

어휘 advice n. 충고   situation n. 상황
decision n. 결정

---

8. **비교 ★★☆** 정답 (d)

해석 A: 쿠키 내가 만든 거야. 맛이 어때?
B: 맛있다! 우리 엄마의 쿠키만큼 훌륭한데.

해설 동급비교 표현을 묻는 문제이다. 문맥상 '그 쿠키들은 우리 엄마의 쿠키만큼 맛있다'는 의미가 되어야 적절하다. 따라서 'as good as'의 동급 비교와 함께 이를 강조하는 'almost'나 'nearly'를 be동사 뒤에 쓰는 것이 적절하다. 따라서 정답은 (d)이다.

어휘 delicious a. 맛있는

---

9. **부사 ★★☆** 정답 (c)

해석 A: Amy는 춤을 정말 잘 추더라. 매일 연습하는 게 틀림없어.
B: 맞아. 그리고 충분히 흥미롭게도, 예전에 전문 무용단에서 춤을 췄었데.

해설 형용사 자리와 부사자리의 구분과 부사 'enough'의 위치를 묻는 문제이다. 빈칸에는 문장 전체를 꾸며주는 부사가 들어가야 하며, 이때 'enough'는 뒤에서 부사를 수식해야 하므로 "interestingly enough"가 정답이다.

어휘 used to+동사원형 (과거에) ~했었다
practice v. 연습하다

---

10. **부사 ★☆☆** 정답 (a)

해석 A: Julie의 생일 선물을 사야 해.
B: 난 지난 주에 샀어.

해설 문맥에 알맞은 부사를 묻는 문제이다. 빈칸의 문장에서 과거시제를 써서 'Julie의 선물을 지난 주에 샀다'고 했으므로 빈칸에는 '이미'라는 뜻의 부사 "already"가 들어가는 것이 자연스럽다.

---

11. **관계사 ★★☆** 정답 (b)

해석 맛있는 음식은 내가 이탈리아에서 가장 좋아하는 것이다.

해설 빈칸에 적절한 관계사를 고르는 문제이다. 빈칸 뒤가 'love'의 목적어가 없는 불완전한 문장이기 때문에 빈칸은 관계대명사가 들어가야 하므로, 부사인 (a)와 (c)는 답에서 제외한다. 빈칸 앞에 선행사가 없고, '내가 가장 좋아하는 것'이라는 의미가 되어야 한다. 따라서 관계 대명사 자체에 선행사를 포함하고, '~하는 것'이라는 의미를 갖는 관계대명사 "what"이 정답이다.

---

12. **어순 ★★☆** 정답 (c)

해석 난 벽에 걸만한 적당한 미술작품을 찾을 수 없어서 직접 그렸다.

해설 문장의 어순을 묻는 문제이다. 접속사 다음에는 주

어+동사를 쓰는 것이 보통이므로, 주어 'I'와 동사 'painted'를 쓰고, 'painted'의 목적어인 'something' 순으로 써야 한다. 그리고 '직접' 그렸다는 의미를 강조하기 위해 재귀대명사 'myself'가 문장의 제일 뒤에 위치한다. 따라서 (c)가 정답이다.

어휘 piece n. 한 부분, 한 개

---

13. 분사 구문 ★★☆ 　　　　　정답 (d)

해석 Kim은 가장 좋아하는 파랑색 드레스를 못 입게 되자, 대체할 옷을 사러 쇼핑몰에 갔다.

해설 분사구문의 태와 시제를 묻는 문제이다. 'Kim'이 'ruin'의 주체이며, 'dress'는 대상이므로, 분사구문의 태는 능동태가 되어야 하며, 'Kim'이 파란 드레스를 못 입게 된 것은 대체할 옷을 사러 쇼핑몰에 가기 이전에 일어난 일이다. 따라서 분사구문에는 주절의 시제보다 한 시제 앞선 시제가 들어가야 문맥상 자연스럽다. 따라서 "Having ruined"가 정답이다.

어휘 ruin v. 못쓰게 만들다
replacement n. 대체물, 교환

---

14. 수 일치와 시제 ★★☆ 　　　　정답 (a)

해석 각 직원은 서로 다른 프로젝트에 책임이 있다.

해설 주어와 동사의 수 일치와 시제를 묻는 문제이다. '각자, 각기'라는 뜻의 주어 'each'는 항상 단수 취급하여 단수동사와 함께 쓴다. 따라서 (a)가 정답이다. 참고로 (c)는 수는 일치하지만, 시제가 적절하지 못하다. 'responsible'은 상태를 나타내는 형용사이므로, 진행형 시제를 쓸 수 없다.

어휘 employee n. 직원, 고용인
be responsible for ~에 책임이 있다

---

15. 조동사 ★★★ 　　　　　　정답 (d)

해석 넌 그 맛있는 바다가재를 맛보았어야 해-좋은 기회를 놓쳤구나!

해설 조동사를 사용한 표현을 묻는 문제이다. 문맥상 '넌 맛있는 바다가재를 맛보았어야 했어.'라는 의미가 되어야 자연스럽다. '과거사실에 대한 후회나 아쉬움'을 나타낼 때는 'should have p.p'를 써서 표현하므로 정답은 (d)이다.

어휘 taste v. 맛보다   miss out 기회를 놓치다

---

16. 전치사 ★★★ 　　　　　　정답 (b)

해석 Frank는 매니저에게 그 가게의 형편없는 고객 서비스에 대해 글을 썼다.

해설 빈칸에 들어가기에 적절한 전치사를 묻는 문제이다. 문맥상 'Frank는 매니저에게 가게의 형편없는 고객 서비스에 대하여 썼다'라는 의미가 되어야 자연스럽다. 따라서 '~에 관해서, 대해서'라는 뜻을 갖는 전치사 "regarding"이 정답이다. 참고로 "regarding"은 분사에서 파생된 전치사이다. 이처럼 분사에 파생된 분사들에는 'concerning, given, beginning, starting' 등이 있다.

어휘 regarding prep. ~에 관해서

---

17. 가정법 ★★★ 　　　　　　정답 (b)

해석 우리가 그 집을 더 일찍 떠났더라면 제 시간에 공항에 도착할 수 있었을 것이다.

해설 가정법의 동사 형태를 묻는 문제이다. If절에 과거완료 시제가 쓰인 걸로 보아 과거의 사실을 반대로 가정하는 가정법 과거완료임을 알 수 있다. 가정법 과거완료 구문에서, 결과절인 주절의 동사 형태는 [조동사 과거형+have p.p.]이다. 따라서 빈칸에는 "might have arrived"를 써서 문장을 완성해야 한다.

어휘 arrive v. 도착하다

---

18. 어순 + 관사 ★★★ 　　　　정답 (c)

해석 Tim은 비싼 차를 사는 것이 값어치가 있다고 결정했다.

해설 어순을 묻는 문제이다. 'worth'는 형용사처럼 보이지만, 사실상 'worth'는 전치사와 완전히 동일한 문법적 기능을 하므로, 전치사로 간주하는 것이 타당하다. 따라서 [전치사+관사+명사]의 어순인 (c)가 정답이다.

어휘 worth a. ~의 가치가 있는

---

19. 비교 ★★☆ 　　　　　　　정답 (c)

해석 Ocean가에 있는 가게는 Main가에 있는 가게보다 값이 싸고 상품이 더 많다.

해설 비교 구문을 묻는 문제이다. 문맥상 'Ocean 가에 있는 가게가 Main가에 있는 가게보다 값이 더 싸고, 더 많은 상품이 있다'는 내용이므로, "lower prices and more products than"이 정답이 된다.

어휘 low a. 낮은   price n. 가격

---

20. 어순 ★★★ 　　　　　　　정답 (d)

해석 소방관들이 불을 끈 후, 그 집은 남은 것이 거의 없었다.

해설 문장의 어순을 묻는 문제이다. 주어인 'not much'가 제일 먼저 나오고, 동사가 뒤에 따라오는데, 수동 구문이므로 'be+과거분사' 형태로 쓴다. 따라서 (d)가 정답이

다. 참고로 'not much'는 'little'의 의미와 같은 의미이고, 부정어 'not'은 'much'보다 먼저 위치해야 한다.

어휘 　firefighter n. 소방관 　　put out the fire 불을 끄다

21.　가정법 ★★☆　　　　　　　정답 (d)
will have left earlier → would have left

해석 　A: 영화가 20분 후에 시작해. 너 곧 도착해?
　　　B: 아니, 안 될것 같아. 교통이 꽤 막히네.
　　　A: 음, 이게 오늘밤 마지막 상영이야. 우린 내일까지 기다려야겠다.
　　　B: 미안해. 교통 상황을 알았으면 더 일찍 출발했을 텐데.

해설 　가정법 시제오류를 묻는 문제이다. 과거사실의 반대를 가정하는 가정법 과거완료구문에서 if조건절의 동사의 형태는 [had p.p.] 이며, 결과절인 주절은 [조동사 과거형+have p.p.]이다. (d)에서 B가 '(과거에) 교통상황에 대해 알았더라면'하고 과거의 사실에 반대되는 일을 가정하는 것이므로 "가정법 과거완료"를 써야 한다. 따라서 주절의 'will have left'를 "would have left"로 바꾸어야 옳다.

어휘 　traffic n. 교통

22.　어순 ★★★　　　　　　　　정답 (b)
enough well → well enough

해석 　A: 난 Beth가 별로야.
　　　B: 넌 그냥 걜 충분히 잘 모르는 거야.
　　　A: 음, 걘 나한테 절대 말을 안 해. 무례하잖아.
　　　B: 아냐, Beth는 사실 아주 친절해. 그냥 수줍은 거야.

해설 　부사의 어순 문제이다. 'enough'가 부사나 형용사를 수식할 때는 형용사나 부사 뒤에 위치한다. 따라서 (b)의 'enough well'을 "well enough"로 바꾸어야 옳다.

어휘 　rude a. 무례한

23.　전치사 ★★☆　　　　　　　정답 (b)
in the moment → at the moment

해석 　A: 여보세요. Johnson 박사님과 통화할 수 있을까요?
　　　B: 사실 지금 안 계세요.
　　　A: 메시지를 남길 수 있을까요?

　　　B: 네. 성함과 전화번호를 알려주세요.

해설 　시간 전치사를 묻는 문제이다. '현재, 바로 지금'은 'at the moment'이다. 따라서 'in'을 "at"으로 바꾸어야 옳다. 보통 "at"은 '시간의 한 점, 한 순간'을 나타낸다. 참고로 'in a moment'는 '잠시 후에' 라는 뜻이므로, 뜻을 구분하여 기억해 두자.

24.　수의 일치 ★☆☆　　　　　　정답 (b)
there was → there were

해석 　(a) Mike는 보통 때처럼 오전 7시에 버스를 탔는데, 오늘 아침엔 뭔가 다름을 눈치 챘다. (b) 보통 버스는 사람들로 가득했고, 빈 자리가 거의 없었다. (c) 그러나 오늘은 할아버지 기사와, 아기와 함께 있는 여자를 제외하면 사실상 텅 비어 있었다. (d) Mike는 버스의 뒤쪽으로 걸어가 앉아, 모두 어디로 갔는지 궁금해 했다.

해설 　주어와 동사 수 일치에 관한 문제이다. (b)에서 복수주어 'few seats'가 왔으므로 'there was'가 아니라 복수동사를 써서 "there were"로 고쳐야 옳다.

어휘 　available a. 이용할 수 있는
　　　except for ~을 제외하고
　　　virtually adv. 사실상, 거의

25.　관사 ★★☆　　　　　　　　정답 (a)
long, cold night → a long, cold night

해석 　(a) Alan은 집으로 걸어 들어가 "길고 추운 밤이 될 거야."라고 말했다. (b) 사실 기상예보는 눈보라가 바로 우리 동네로 온다고 했다. (c) 난 우리가 집 안에 갇힐 경우를 대비해, 이미 슈퍼에 가서 여분의 음식을 사뒀다. (d) 남은 유일한 일은 이불을 최대한 많이 찾고 눈이 오는 것을 기다리는 것이었다

해설 　부정관사를 묻는 문제이다. (a)에서 'night'은 셀 수 있는 명사이므로 형용사 'long, cold' 앞에 부정관사 "a"를 수반해야 옳다.

어휘 　declare v. 선언하다, 단언하다 　remain v. 남다
　　　indicate v. 지적하다, 나타내다
　　　blizzard n. 눈보라
　　　just in case ~의 경우를 생각하여, 만일 ~라면
　　　get trapped 움직일 수 없게 되다, 좁은 장소에 가두다
　　　task n. 임무, 일

Part I ~ IV	1 (d)	2 (b)	3 (b)	4 (b)	5 (d)	6 (b)	7 (a)	8 (c)	9 (a)	10 (c)
	11 (a)	12 (b)	13 (a)	14 (b)	15 (c)	16 (d)	17 (c)	18 (c)	19 (b)	20 (a)
	21 (a)	22 (c)	23 (a)	24 (c)	25 (a)	26 (a)	27 (d)	28 (b)	29 (d)	30 (b)
	31 (d)	32 (c)	33 (c)	34 (b)	35 (c)	36 (c)	37 (b)	38 (d)	39 (a)	40 (c)
	41 (a)	42 (a)	43 (c)	44 (a)	45 (b)	46 (a)	47 (c)	48 (b)	49 (d)	50 (c)

1. 형용사 ★★☆   정답 (d)

해석 A: 이 수업 힘들 거야. 읽을 게 너무 많아!
B: 숙제 할 시간도 거의 없고, 더군다나 하룻밤에 네 개의 과를 읽을 시간은 없어.

해설 문맥상 '더군다나 하룻밤에 네 개의 과나 읽을 시간은 없다'라는 말이 이어져야 자연스럽다. 따라서 '~은 말할 것도 없이 하물며 ~는 아닌'이라는 뜻의 "much less"가 정답이다. 관용표현으로 암기해야 하며, 'much less' 대신 'still less'를 쓸 수 있다. 긍정문에서는 같은 의미로 'much more' 또는 'still more'를 쓴다.

어휘 barely adv. 거의 ~없다

2. 수동태 ★★☆   정답 (b)

해석 A: 차가 더럽다. 세차해야겠어.
B: 알아. 그런데 내가 세차한 뒤엔 늘 비가 오더라고.

해설 수동 의미를 나타내는 표현을 묻는 문제이다. 주어가 '~되는 것이 필요하다, 되어야 할 필요가 있다'는 수동의 의미일 때 'need + ~ing'를 쓴다. 따라서 정답은 (b)이다. "need, want, require, deserve" 등의 동사는 수동태를 쓸 수 없으며, 반드시 능동 동명사를 수반해야 한다. 반면 to 부정사는 의미가 수동이면 수동 부정사 'to be p.p.' 형태가 되어야 하므로 정답이 될 수 없다.

어휘 dirty a. 더러운

3. 복합 관계 부사 ★☆☆   정답 (b)

해석 A: Karen은 정말 유쾌한 애야. 난 걔가 아주 좋아.
B: 응, 상황이 어떻든 걘 늘 기분이 좋아.

해설 문맥상 '상황이 어떻든지 간에'라는 의미가 되어야 자연스럽기 때문에 '어떠한 ~이라도'라는 뜻의 "no matter what"이 빈칸에 들어가야 한다. 문법

구조로 보면 빈칸 뒤의 문장이 be동사의 보어가 없는 불완전한 문장이므로 빈칸에는 (복합)관계대명사 자리이다. 선택지 중에서 관계대명사는 (b)이고, (a),(c),(d) 뒤에는 완전한 절이 수반되어야 하므로 정답이 될 수 없다.

어휘 sweet a. 귀여운, 상냥한
be in a good mood 기분이 좋다

4. 비교급 ★☆☆   정답 (b)

해석 A: 네가 슈퍼에 가는 줄 알았는데.
B: 지갑을 깜빡한 걸 주차장까지 가서 깨달았어.

해설 문맥상 '주차장까지 갔다'는 의미가 되어야 자연스럽기 때문에 '~까지'에 해당하는 비교 표현 "as far as"가 정답이 된다. (a)as~as can be는 "더없이, 그지없이"라는 의미의 관용표현이며, (c)는 문맥상 어울리지 않고, (d)는 비교급의 형태가 틀렸다. 'far'의 비교급은 'more far'가 아니라 'farther'이다.

어휘 parking lot 주차장   as far as ~까지

5. 가정법 과거 ★★☆   정답 (d)

해석 A: 우리 또 늦었다. Brown 부인이 아주 화내실 거야.
B: 음, 네가 더 일찍 준비했으면 우린 제 시간에 도착했을 텐데.

해설 빈칸에 들어갈 적절한 동사의 형태를 묻는 문제 이다. 문맥상 과거에 일어나지 않은 일에 대한 가정을 하고 있으므로, 가정법 과거 완료로 문장을 완성해야 한다. 가정법 과거완료의 기본 형태는 [If+S+had+p.p., S+조동사 과거형+have+p.p.]이다. 따라서 (d)가 정답이다.

어휘 upset a. 화난   on time 시간에 맞추어, 정각에

6. 부정 대명사 ★☆☆ 정답 (b)

해석 A: Mary가 떠나 있는 동안 내가 집을 봐줄 거야.
B: 어머. 걔 떠난다고 아무한테도 말 안 했는데.

해설 문맥상 '그녀는 아무에게도 말하지 않았다'는 의미가 되어야 자연스럽다. 따라서 부정문과 함께 쓰는 부정대명사 "anyone"이 가장 적절하다. (a), (c)는 대명사의 격 자체가 빈칸에 들어갈 수 없다. 즉, 주격이 아니라 각각 목적격의 형태 'me, them'가 되어야 한다.

어휘 take care of ~을 돌보다

7. 동명사 ★☆☆ 정답 (a)

해석 A: 그 애들이 가장 좋아하는 활동이 뭐야?
B: 그건 확실하게 알아. 자전거 타는 걸 확실히 가장 좋아해.

해설 주어로 쓰이는 동명사를 묻는 문제이다. 빈칸의 자리는 주어이며 'their bikes'를 목적어로 취하고 있다. 따라서 동사와 명사의 성격을 가진 동명사 "Riding"이 적절하다. 완료동명사의 형태인 (c) having ridden은 주절동사보다 하나 앞선 시제를 표현할 때 쓰는데, 여기서는 의미상 완료동명사는 적절하지 않다.

어휘 activity n. 활동 definitely adv. 확실히

8. 2형식 동사 ★★☆ 정답 (c)

해석 A: John은 모든 것에 늘 늦어!
B: 알아. 정말 걔가 그러는 것을 못 참겠어.

해설 2형식 문장을 묻는 문제이다. 'grow(점점 ~이 되다)'와 같은 2형식 동사는 보어로 부사가 아닌 형용사를 수반한다. 따라서 (c)가 정답이다. 참고로 (b) 'turning impatient'는 문법적으로 맞는 것처럼 보이지만, 'turn'은 '색깔', '나이'의 변화를 나타낼 때 쓰는 동사이므로 'impatient'라는 형용사와 함께 쓰면 어색한 표현이 되기 때문에 적절하지 않다.

어휘 impatient a. 참을성 없는

9. 관사 ★☆☆ 정답 (a)

해석 A: 실수로 등을 깼어. 미안해.
B: 괜찮아. 낡은 등이었어. 어차피 새 것이 필요했으니까.

해설 '실수로' 라는 관용표현인 'by accident'를 묻는 문제이다. 'accident'앞에는 관사가 붙지 않는다는 것도 함께 기억해 두자. 그밖에 중요한 무관사 표현으로는 교통수단이나 통신수단을 나타내는, by bus (taxi, subway), by telephone (telegram, fax) 등의 표현들이 있다.

어휘 by accident 우연히, 실수로

10. 어순 ★★☆ 정답 (c)

해석 A: 일요일에 축구 시합 봤어?
B: 응. 꽤 흥미진진한 경기였지.

해설 정도부사 'quite'와 'such'의 어순을 묻는 문제이다. 부사 'such', 'quite'는 관사보다 앞에 써야 하므로, 어순이 [such/quite+(관사)+(형용사)+명사]의 어순이 되어야 한다. 따라서 "quite an exciting game"이 정답이다.

어휘 exciting a. 흥미 진진한

11. 형용사의 어순 ★★☆ 정답 (a)

해석 A: 새 TV를 괜찮은 가격에 산 거야?
B: 응, 정가의 반액을 냈어.

해설 주의해야 하는 형용사의 어순를 묻는 문제이다. 'half'는 관사와 함께 명사 앞에 쓰이면 'half+관사+(형용사)+명사'의 어순으로 쓰인다. 따라서 "half the regular price"가 정답이다. 'half' 이외에 관사보다 앞에 쓰는 형용사들로는 'double, all, both' 등이 있다.

어휘 deal n. 거래 regular price 정가

12. 어순 ★☆☆ 정답 (b)

해석 A: 이 책은 형편없어. 난 더 이상 못 읽겠어.
B: 맞아. 그 책은 너무 지루해서 끝까지 읽을 수가 없어.

해설 정도 부사 'too'의 위치와 어순을 묻는 문제이다. 'too, as, how'등의 부사는 관사와 명사보다 먼저 쓰는 부사이므로, (c)와 (d)는 답에서 제외된다. 부사 'too'의 수식을 받는 형용사는 'too'바로 뒤에 위치해야 한다. 따라서 'too boring a book'이 정답이다.

어휘 terrible a. 끔찍한, 형편없는 boring a.지루한

13. 부정관사 ★★☆ 정답 (a)

해석 A: 방과후에 뭐해?
B: 체육관에 가려고 해. 일주일에 4번 그곳에 가거든.

해설 부정관사의 쓰임을 묻는 문제이다. '일주일에 4번'이란 의미로, 빈칸에는 '일주일에'에 해당하는 표현이 들어가야 한다. 따라서 '~마다(per)'를 뜻하는 부정관사 'a'를 'week' 앞에 쓴다.

어휘   gym n. 체육관

14. 부정 대명사 ★★☆   정답 (b)

해석 A: 네 자전거에 뭐가 문제야?
B: 음, 한쪽 바퀴에 구멍이 났는데, 다른 쪽은 괜찮아.

해설 부정대명사 표현을 묻는 문제이다. 부정대명사는 가리키는 대상이 몇 개인지가 중요하다. 자전거 바퀴는 두 개이므로, 대상이 둘임을 알 수 있고, 둘 중에서 '하나'는 'one' 그리고 '다른 하나'는 'the other'가 된다. 따라서 정답은 (b)이다.

어휘 wheel n. 바퀴   hole n. 구멍

15. 조동사 ★★☆   정답 (c)

해석 A: 네가 빌려달라고 한 그 CD를 갖고 오는 걸 잊어버렸네.
B: 괜찮아. 그런데 내일 가져올 수 있니?

해설 문맥에 알맞은 조동사를 묻는 문제이다. 조동사 'could'는 부탁을 나타내는 의문문에서 '~해주겠니?'라는 의미로 쓰인다. 따라서 정답은 (c)이다.

어휘 possibly adv. 아마도   bring v. 가져오다

16. 2형식 보어 ★★☆   정답 (d)

해석 A: 나 중요한 통화를 해야 해.
B: 그래. 네가 얘기하는 동안 조용히 있을게.

해설 2형식에서 주격보어의 올바른 형태를 묻는 문제이다. '유지'의 의미를 가진 동사 'keep, stay'는 2형식 문장에 쓰일 경우, 뒤에 보어로 형용사를 수반해야 한다. 따라서 (d)가 정답이다.

어휘 important a. 중요한

17. 시제 ★☆☆   정답 (c)

해석 A: 내일 오후에 뭐해?
B: 쿠키를 구우려고 해.

해설 문맥에 적절한 시제를 묻는 문제이다. A가 내일 오후에 할 일을 물었으므로 B는 '~할 것이다'라는 뜻의 미래시제인 "be going to"를 사용하여 대답하는 것이 자연스럽다. 따라서 적절한 동사의 형태는 (c)이다.

어휘 bake v. 굽다

18. 어순 ★★☆   정답 (c)

해석 A: 모자 쓴 저 여자 너무 낯이 익은데.

B: 배우라서 그래. 거의 온 세상 사람이 알 만큼 유명해.

해설 'enough'가 들어간 표현의 어순을 묻는 문제이다. '~하기에 충분한'이라는 의미로 'enough+to부정사'가 쓰이고, 'enough'는 뒤에서 형용사를 수식한다. 따라서 "famous enough to be known"이 정답이 된다.

어휘 familiar a. 익숙한

19. 의문사 ★★★   정답 (b)

해석 A: 나 오늘 공원에 못 가.
B: 왜? 아프니?

해설 문맥에 맞는 의문사를 묻는 문제이다. A가 '공원에 갈 수 없다'고 말했으므로 B는 이유를 물어보는 것이 대화의 흐름상 자연스럽다. "How come"은 '왜? 어째서?'라는 뜻으로 'Why'와 같은 의미로 자주 쓰이는 표현이다.

어휘 What if ~하면 어떻게 될까?
How come 왜? 어째서?

20. 관용표현 ★★☆   정답 (a)

해석 A: 그 영화 어땠어? 좋았어?
B: 아니, 전혀.

해설 문맥상 적절한 표현을 묻는 문제이다. A가 '영화가 좋았냐'고 묻자, B는 '아니'라고 대답했기 때문에 부정적의 의미의 내용이 이어져야 자연스럽다. 'far from it'은 '전혀 그렇지 않다'는 관용표현이다. 참고로 목적격 인칭 대명사 'it'앞에 쓸 수 있는 품사는 타동사나 전치사밖에 없다. (b),(c),(d)는 구조적으로도 'it'을 취할 수 없기 때문에 정답이 될 수 없다.

어휘 by no means 결코 ~가 아닌
whatsoever 무엇이든

21. 도치 ★★★   정답 (a)

해석 Mark는 앉자마자 버스를 잘못 탔다는 걸 깨달았다.

해설 문맥상 'Mark가 앉자 마자' 가 되어야 자연스럽다. '~하자마자 ~했다'는 'No sooner+ had+ 주어+ p.p + than + 주어 + 과거동사'를 써야 한다. 부정어구가 앞으로 나가면서 주어와 동사가 의문문의 어순으로 도치된 구문이기 때문이다. 따라서 (a)가 정답이다.

22. 동사의 유형/시제 ★★☆   정답 (c)

해석 Alice는 지난 주말에 할머니의 생신 잔치에 갔다.

해설 동사와 시제를 동시에 묻는 문제이다. "attend (~에 참석하다)"는 타동사로 전치사 없이 바로 목적어를 취하며, '지난 주말(last weekend)'에 있었던 일이므로 과거시제를 쓰는 것이 적절하다. 따라서 정답은 (c)이다.

어휘 attend v. 참석하다

---

23. | 도치 ★★★ | 정답 (a)

해석 책에 설명되어진 것은 이불을 바느질 하는 과정이다.

해설 보어의 도치를 묻는 문제이다. 수동과 진행형에서 과거분사와 현재분사는 주격보어로 간주하며, 이들 분사가 강조를 목적으로 문두에 올 경우 주어와 동사가 도치가 되어야 한다. 즉, 도치 되기 전의 수동 문장은 'The process of sewing a blanket is explained in the book.'이다. 주어(process)가 단수이므로 "is"가 정답이다.

어휘 process n. 과정   sew v. 바느질하다
blanket n. 이불

---

24. | 시제 /수의 일치 ★★☆ | 정답 (c)

해석 그 사슴은 나무 옆에 있었고, 땅에서 잎을 먹었다.

해설 시제와 수의 일치를 묻는 문제이다. 명사 'deer(사슴)'는 단수와 복수형이 같으나 문장의 'and' 이하에서 사슴을 '대명사 'it'으로 대치하였으므로 단수로 쓰인 것을 알 수 있다. 시제는 동사의 과거형인 'ate'이므로 빈칸의 동사는 단수이자 과거시제가 들어가야 한다. 따라서 정답은 (c)이다.

어휘 deer n. 사슴

---

25. | 태 ★★★ | 정답 (a)

해석 신입 직원은 Mike Martin인데, 회계 부서의 Mark Martin과 혼동하지 않도록 한다.

해설 '태의 구분'을 묻는 문제이다. 동사 'confuse'는 '~를 혼동시키다' 또는 'confuse A with B'의 구조로 'A와 B를 혼동하다'는 뜻으로 쓰이는 타동사이다. 타동사는 능동태에서는 반드시 목적어를 취해야 하는데 주어진 문제의 경우 빈칸 뒤에 목적어인 명사 없이 바로 전치사가 이어지고 있으므로, 수동형이 들어가야 한다. (d)는 전치사 for뒤에 to 부정사를 쓴 것 자체가 문법적으로 성립될 수 없기 때문에 답이 될 수 없다. 따라서 정답은 (a)to be confused이다.

어휘 accounting n. 회계

---

26. | 분사 구문 ★★★ | 정답 (a)

해석 인쇄기가 1400년대에 만들어지면서 출판산업을 영원히 바꾸었다.

해설 수동 분사구문을 묻는 문제이다. 분사 구문에서는 주어에 주의해야 하는데, 'printing press'는 사람들에 의해 '만들어진' 것이므로 수동태 분사구문인 'Being created'를 써야 한다. 문제에서는 'Being'이 생략된 형태인 (a)가 가장 적절하다. 분사구문의 태는 주절 주어와의 주술관계를 따져서, 수동이면 과거분사를 능동이면 현재분사를 고르면 된다.

어휘 printing press 인쇄기   industry n. 산업

---

27. | 관사 ★★★ | 정답 (d)

해석 토요일 밤, John은 부모님 몰래 집을 나섰다.

해설 관사와 전치사의 쓰임을 묻는 문제이다. 명사와 명사가 함께 쓰일 때는 전치사의 연결이 필요한데, 보통 '~의'에 해당하는 'of'가 가장 많이 쓰인다. 이때 앞의 명사 'knowledge'는 'of his parents'의 한정을 받으므로 앞에 정관사 'the'를 써야 한다. 따라서 (d)가 정답이다.

어휘 knowledge n. 지식

---

28. | 수동태 ★★☆ | 정답 (b)

해석 1980년대 말이 되어서야 각 가정에서 컴퓨터를 자주 사용하게 되었다.

해설 수동태 구문 문제이다. 컴퓨터는 사람들에 의해 '사용된' 것이므로 수동태인 '주어+be동사+p.p' 형태를 써야 한다. 문맥상 과거의 일이므로 be동사는 과거형이 들어가는 것이 적절하다. 참고로 주어진 문제의 문맥에서 컴퓨터는 특정하고 정해진 컴퓨터가 아니라 컴퓨터 전반을 가리키는 일반적 의미의 컴퓨터이므로, 무관사 형태로 써야 하며, 가산명사이므로 복수형이 적합하다. 따라서 정답은 "computers were used"이다.

어휘 individual a. 개개의   household n. 가정

---

29. | 가정법 과거완료 ★★☆ | 정답 (d)

해석 내가 하루만 더 일찍 과제를 시작했다면 제 시간에 마칠 수 있었을 텐데.

해설 가정법 과거완료 구문 문제이다. If절에 'had+p.p.'가 있는 걸로 보아, 과거의 일을 반대로 가정하는 것이므로 주절에는 'would + have+p.p.'의 형태가 들어가는 것이 적절하다. 따라서 (d)가 정답이다.

어휘 project n. 과제

30. 부사 ★★☆　　　　　　　정답 (b)

해석　Franklin 교수는 영문학 분야에서 전문가로 널리 인정받는다.

해설　빈칸에 들어갈 알맞은 어형을 묻는 문제이다. '널리'라는 뜻의 부사는 'widely'로 과거분사 'recognized'를 꾸며준다. 따라서 정답은 (b)이다. 참고로 'wide'도 부사로 사용되지만, 주로 '물리적'으로 '넓게'라는 의미로 쓰이고, 'widely'는 주어진 문제에서와 같이 추상적인 개념을 표현할 때 사용된다. '창문이 활짝(넓게) 열려 있다'고 표현할 때는 물리적 개념이므로, 'widely open'이 아니라 'wide open'으로 쓴다.

어휘　recognize v. 인정하다　　expert n. 전문가
area n. 분야　　　　　　　　literature n. 문학

31. 의문사 ★☆☆　　　　　　　정답 (d)

해석　시간이 언제든 도움이 필요하면 전화해.

해설　문맥상 '몇 시이든지 간에'라는 의미가 되어야 자연스럽다. 양보의 절을 이끄는 접속사로 'no matter what'을 자주 사용하므로 기억해 두자. 참고로 문법 구조로 볼 때, 'time'이라는 명사를 앞에서 수식해주면서, 접속사의 역할을 동시에 수행하는 관계형용사 자리이다. 따라서 주어진 선택지 중에서 관계형용사의 역할을 할 수 있는 것은 (d)what 이다.

어휘　no matter what ~이든지 간에

32. 도치 ★★★　　　　　　　　정답 (c)

해석　Rick은 동생을 볼 수도 들을 수도 없었기에 동생을 찾으러 갔다.

해설　도치 구문을 묻는 문제이다. 양자 부정의 '~도 아니고 ~도 아니다'라는 표현은 'not ~, nor + 조동사+주어'로 쓰이며, 부정어구가 문장 앞에 쓰이므로 어순이 도치된다. 따라서 (c)가 정답이다. 참고로 (b)가 답이 될 수 없는 이유는 neither는 접속사가 아니라 부사이기 때문이다. 따라서 neither 앞에 접속사 and를 첨가하면, (b)도 답이 될 수 있다. 'nor = and neither'의 관계임을 기억하자.

어휘　look for 찾다

33. 분사구문 ★★★　　　　　　　정답 (c)

해석　나는 좋은 소식을 듣고 바로 엄마한테 말하려고 전화했다.

해설　분사구문의 태와 시제를 묻고 있다. 문장의 주어 'I'는 엄마에게 전화 걸기 이전에 좋은 소식을 들은 것이므로 완료분사구문이며, 또한 능동분사구문이 되어야 문맥상 자연스럽다. 따라서 분사구문에는 과거

보다 한 시제 앞선 'having+p.p.'를 쓰는 것이 적절하다. 따라서 정답은 (c)이다.

어휘　immediately adv. 바로

34. 어순/비교/시제 ★★★　　　　　정답 (b)

해석　그 젊은 영화감독의 두 번째 영화가 흥행에 실패한 뒤, 그는 전만큼 인기 있지 않았다.

해설　문맥상 '그는 예전만큼 인기가 많지 않았다'는 내용이 되어야 자연스럽다. 빈칸 앞에 'as'가 있으므로 '동급비교구문'인 'as+형용사+as'를 써야 한다. 'as' 앞의 시제가 과거(was)이므로 '예전만큼'이라는 의미가 되려면 과거완료가 들어가는 것이 적절하다. 따라서 정답은 (b)이다.

어휘　bomb v. 실패하다　　box office 흥행, 매표소

35. 관사 ★★☆　　　　　　　　정답 (c)

해석　양방이 앉아 이야기한다면 불화는 해결될 수 있다.

해설　부정관사의 쓰임에 관한 문제이다. 'disagreement(불화)'는 앞서 언급한 적이 없으므로 '정해지지 않은 하나의'라는 의미가 되기 위해서는 부정관사 'a'를 쓰는 것이 가장 적절하다. 참고로 이 문제의 경우 뒤에 나오는 대명사 'it'이 정답을 고르는 단서이다. 대명사로 받았기 때문에 (a)와 (d)는 정답이 될 수 없다.

어휘　party n. 정당, 관계자　　disagreement n. 불화

36. 수와 시제 ★☆☆　　　　　　　정답 (c)

해석　물리는 내가 학교 다닐 때 가장 싫어한 수업이었다.

해설　수와 시제의 일치를 묻는 문제이다. 'Physics'는 단수 취급을 하여 '물리학'이란 뜻이고, 문맥상 과거의 일을 이야기하고 있으므로 단수 과거시제인 (c)가 정답이다. 학과명은 복수형일지라도 항상 단수로 취급한다는 것을 기억하자.

어휘　physics n. 물리

37. 원급 관용표현 ★★☆　　　　　정답 (b)

해석　이 문서를 작성해서 가능한 한 빨리 제게 돌려 주세요.

해설　문맥상 빈칸에 들어갈 내용은 '가능한 한 빨리'가 되어야 하며, 이 표현은 'as soon as possible' 혹은 'as soon as you can'으로 쓸 수 있다. 따라서 정답은 (b)이다.

어휘　fill out 기입하다　　return v. 돌려주다

38. 관사 ★★☆　　　　　　　정답 (d)

해석 연구에 따르면, 네덜란드인들은 세상에서 가장 행복한 사람들에 속한다.

해설 주어진 문제는 정관사의 쓰임을 묻는 문제이다. 국적을 나타내는 형용사형과 정관사 'the'가 함께 쓰이면 '~나라 사람들'이라는 '보통 복수명사'가 된다. "the Dutch"라고 하면 '네덜란드 사람들'이란 뜻이 되므로 복수동사와 함께 써야 한다. 따라서 (d)가 정답이다.

어휘 according to ~에 따르면　　the Dutch 네덜란드인

39. to 부정사 ★★☆　　　　　　정답 (a)

해석 관광객들은 고대의 건물 앞에서 사진을 찍기 위해 멈췄다.

해설 문맥상 '~하기 위해 멈추다'라는 뜻이 되어야 하므로 'stop +to부정사'를 써야 한다. 이때 to부정사는 '목적'을 나타내는 부사적 용법으로 '~하기 위해서'로 해석된다. 참고로 빈칸은 문장구조상 동사가 들어가야 하는 자리이므로 동사가 아닌 (c)와 (d)는 답에서 제외한다.

어휘 take a picture 사진 찍다　　ancient a. 고대의

40. 분사 구문 ★★☆　　　　　　정답 (c)

해석 Adam은 1주간 휴가를 내어 가족과 함께 쉬었다.

해설 분사구문을 묻는 문제이다. 주절의 주어 'Adam'과 분사구문의 동사 'allow(~하게 두다)'는 능동관계이므로 동사의 형태는 현재분사 "allowing"이 되어야 한다. 접속사 없이 두 개의 동사를 쓸 수 없으므로, 문장구조상 빈칸은 동사자리가 아니라 분사자리이다. 따라서 (a)와 (b)는 답이 될 수 없으며, 의미상 분사구문의 시제는 주절의 결과를 나타내고 있으므로, 완료분사구문보다는 단순분사구문을 쓰는 것이 적절하다.

어휘 take off 휴가 내다　　relax v. 쉬다

41. 비교급 ★★☆　　　　　　　정답 (a)
much people → more people

해석 A: 여기 내가 기대한 것보다 사람이 더 많네.
B: 음, Callahan씨 작품은 아주 인기 있잖아.
A: 응, 확실히 그렇네. 문 옆에 있는 작품은 얼마인지 궁금하다.
B: 그거 사려고? 너희 집에 두면 멋지겠다.

해설 문장 (a)에서 'than(~보다)'이 쓰였으므로 비교급 구문임을 알 수 있다. 비교급의 명사 'people'은 '셀 수

있는 명사'이므로 불가산 명사만을 수식하는 'much' 대신에 "more"가 들어가야 한다.

어휘 popular a. 인기 있는　　apparently adv. 확실히
piece n. 작품

42. 명사의 수 ★☆☆　　　　　　정답 (a)
all theses box → all these boxes

해석 A: 이 모든 상자로 뭐 해?
B: 내 물건을 다 포장해야 해.
A: 왜? 어디 가니?
B: 다음 주말에 새집으로 이사 가.

해설 명사의 수 일치를 묻는 문제이다. (a)에서 box 앞에 'these'라는 복수 지시대명사가 있으므로 명사의 수도 이에 일치시켜 'boxes'가 되어야 옳다.

어휘 pack up 짐을 꾸리다　　move v. 이사하다

43. 부정 대명사 ★★★　　　　　정답 (c)
other → another

해석 A: 너 또 늦었어. 이번엔 변명이 뭐야?
B: 길이 너무 많이 막혔어.
A: 넌 회사를 오는 다른 길을 찾아야 할 것 같아.
B: 맞아. 덜 막히는 길이 있어야 해.

해설 부정대명사의 쓰임을 묻는 문제이다. 부정대명사 'another'은 동일한 종류의 '또 다른 하나'를 언급할 때 쓰인다. (c)에서 회사로 오는 길 중 '또 다른 길'을 찾아보라는 의미이므로 'other'대신에 "another"를 쓰는 것이 적절하다. 참고로 'other' 뒤에는 복수명사 'routes'를 써야 한다.

어휘 excuse n. 변명　　route n. 경로
crowded a. 붐비는

44. 동명사 구문 ★★☆　　　　　정답 (a)
to go → to going

해석 A: 이번 주말에 4번가에 있는 그 새로 생긴 식당에 갈래?
B: Frank's Diner 말이야? 거기서 벌써 먹어봤는데, 안 갈래.
A: 음, 다시 가보는 것도 괜찮을 거야. 음식이 정말 그렇게 맛없어?
B: 음식보다는 서비스가 나빴어. 웨이터가 너무 무례했어!

해설 (a)에서 '~하자, ~할래?'라고 제안하는 표현이 사용되었고, 형태는 'What would you say to+동명사~?'가 되어야 한다. 따라서 'to go' 대신에 "to going"을

써야 옳다.

어휘 not so much as ~라기보다는 오히려…

45.

해석 A: 오늘 엄마와 아빠로 부터 엽서를 받았어.
B: 와, 보여줘. 뭐라고 하셨어?
A: 여행에서 좋은 시간을 보내고 계신대.
B: 잘됐다. 우리 기념품 많이 사오셨으면 좋겠다.

해설 사역동사의 쓰임을 묻는 문제이다. (b)에서 'let(~하게 해주다)'은 사역동사로 'let+목적어+동사원형' 형태로 쓰인다. 따라서 'to see'를 동사원형인 "see"로 바꾸어야 한다.

어휘 postcard n. 엽서　　souvenir n. 기념품

46.

해석 (a) Alice는 공원 벤치에 앉아 있다가 땅에 있는 종이 한 장을 발견했다. (b) Alice는 몸을 기울여 그 종이를 읽었는데, "앉지 마세요! 페인트 안 마름!"이라고 써 있었다. (c) Alice는 외투를 벗어 앞으로 들었다. (d) 외투 뒷면은 파란 페인트로 뒤덮여 있었다!

해설 목적어와 목적격 보어의 관계를 묻는 문제이다. (a)에서 동사 'notice'는 지각동사로 'notice+목적어+목적격 보어' 형태인 5형식 구문으로 쓰인다. 목적어 'a piece of paper'와 'lie'는 능동관계이므로 목적격 보어자리에 현재 분사가 들어가는 것이 적절하다. 따라서 'lies'를 "lying"으로 바꾸어야 옳다.

어휘 take off 벗다　　hold v. 들다　　cover v. 덮다

47.

해석 (a) 흰머리독수리는 최근에 멸종 위기 종의 목록에서 빠졌다. (b) 흰머리독수리는 유해한 화학농약이 널리 쓰여 새들을 죽이기 시작한 1940년대에 처음 보호받았다. (c) 1960년대가 되자 흰머리독수리의 수는 전미에서 400마리밖에 안 될 정도로 줄었다. (d) 그러나 보존하려는 노력으로 흰머리독수리의 수는 만 마리까지 늘었는데, 이 수는 곧 사라지지 않을 것임을 보장하기에 충분하다.

해설 과거완료 시제를 묻는 문제이다. (c)에서 과거에 일어난 일이 과거의 특정시점, 즉 1960년대까지 영향을 끼친 것이므로 동사의 시제는 과거완료가 되어야 한다.

어휘 bald eagle 흰머리독수리　　remove v. 제거하다
endangered species 멸종 위기에 처한 종
gain v. 얻다　　protection n. 보호
widespread a. 널리 퍼진　　diminish v. 줄다
conservation n. 보존　　effort n. 노력
disappear v. 사라지다

48.

해석 (a) 경기는 거의 끝날 무렵이었고, Clinton의 팀은 1점 뒤져 있었다. (b) Clinton은 다른 농구 선수 대부분에 비하면 아주 크거나 아주 빠르지 않았지만, 농구장 어디에서든 득점할 수 있었다. (c) 그래서 경기의 마지막 순간이 다가올 때, 그의 팀원 중 한 명이 미친 듯이 Clinton에게 공을 넘겼다. (d) Clinton은 경기장 중간에서 공을 던져, 3점을 얻고 팀의 승리를 보장했다.

해설 분사구문의 태를 묻는 문제이다. (b)에서 Clinton은 다른 농구 선수들과 '비교되는' 것이므로 주절의 주어 Clinton과 분사구문의 'compare'는 수동관계이다. 따라서, 'comparing'을 "compared"로 바꾸어야 옳다.

어휘 behind a. 뒤의　　compare v. 비교하다
approach v. 다가오다　　frantically adv. 미친 듯이
shot n. 발사　　earn v. 획득하다

49.

해석 (a) 기원전 650년경, 고대 그리스의 도시국가 대부분은 과두 정치 체제였다. 즉 소수 집단인 부자들이 지배했다. (b) 그러나 가장 부유한 이들이 지배하는 것에 많은 사람이 지쳤다. (c) 참주라고 불리는 개인들이 도시국가를 점거하기 시작했다. (d) 그러나 이런 식의 정부는 곧 무너졌고, 기원전 500년이 되자 아테네는 관리들이 대의 정부를 형성하도록 뽑히는 민주주의 체제를 이용하고 있었다.

해설 부정사의 태를 묻는 문제이다. (d)에서 관리들이 대의 정부를 '형성하는' 것이므로 능동의 의미이다. 따라서 수동태로 쓰인 'be formed'를 능동태인 "form"으로 바꾸어야 옳다.

어휘 oligarchy n. 소수 독재 정치　　wealthy a. 부유한
tyrant n. 참주, 폭군　　government n. 정부
democratic a. 민주주의의　　official n. 관리
elect v. 뽑다, 선출하다
representative n. 대표

50. 부사 ★☆☆   정답 (c)
after → before

해석 (a) Liz는 밖에 나가서 본 광경에 놀랐다. (b) 바람이 윙윙거리고 땅은 눈으로 덮여 있었다. (c) 몇 시간 전만 해도 해가 빛나고 하늘은 완전히 맑았으며 분명히 눈이 오지 않았다! (d) Liz는 한숨을 쉬고 외투를 입으며 '날씨 정말 이상해!'라고 생각했다.

해설 문맥에 적절한 부사를 묻는 문제이다. 문맥상 '날씨가 맑았다가 눈이 온 것'이므로, (c)에서 '몇 시간 후만 해도'가 아니라 '몇 시간 전만 해도'가 적당하다. 따라서 'after'를 "before"로 바꾸어야 한다. 참고로 'ago'는 현재를 기준으로 '~전에'의 의미이고, 주어진 문제에서처럼, 과거의 특정시점을 기준으로 그 시점보다 '~ 얼마 전에'라고 할 때는 'ago' 대신에 "before"를 써야 한다.

어휘 howl v. 윙윙거리다   layer n. 층
sigh v. 한숨 쉬다   bizarre a. 이상한

Actual TEST 02 Grammar 정답 & 해설

Part I ~ IV									
1 (d)	2 (c)	3 (a)	4 (b)	5 (c)	6 (b)	7 (d)	8 (a)	9 (d)	10 (a)
11 (d)	12 (d)	13 (d)	14 (c)	15 (a)	16 (a)	17 (c)	18 (c)	19 (c)	20 (a)
21 (a)	22 (a)	23 (d)	24 (d)	25 (b)	26 (a)	27 (d)	28 (b)	29 (a)	30 (d)
31 (d)	32 (c)	33 (d)	34 (c)	35 (c)	36 (d)	37 (a)	38 (c)	39 (d)	40 (a)
41 (a)	42 (b)	43 (a)	44 (c)	45 (d)	46 (b)	47 (c)	48 (b)	49 (a)	50 (c)

1. 시제 ★☆☆   정답 (d)

해석 A: 내일 파티가 몇 시에 시작해?
B: 저녁 8시 이후에 시작할 거야.

해설 문맥에 적절한 시제를 묻는 문제이다. 대화의 내용에서 A가 '내일 파티가 몇 시에 시작하는지'를 물었으므로 미래시제 조동사인 "will"을 사용하여 문장을 완성하는 것이 가장 적절하다. 따라서 정답은 (d)이다.

2. 수량 대명사 ★☆☆   정답 (c)

해석 A: 탱크에 기름이 얼마나 있어?
B: 많을 거야. 내가 오늘 아침에 막 채웠거든.

해설 빈칸에 적절한 부정 수량 대명사를 묻는 문제이다. 'gas'는 셀 수 없으므로 불가산 명사를 받아줄 수 있는 수량 대명사를 써야 한다. 'a lot'은 가산 명사와 불가산 명사 모두와 함께 쓸 수 있으므로 (c)가 정답이다.

어휘 gas n. 휘발유   fill up (가득)채우다

3. 부사 ★★☆   정답 (a)

해석 A: 오늘 해변에 가고 싶니?
B: 아니, 너무 혼잡할 것 같아.

해설 문맥에 적절한 부사를 묻는 문제이다. 문법적으로 접근하면, (c)still과 (d)already 모두 가능하지만, 문맥상 '너무 혼잡할 것 같다'는 의미가 되어야 자연스럽다. 따라서 '너무, 지나치게'라는 뜻의 부사, "too"가 정답으로 적절하다.

어휘 crowded a. 혼잡한

4. 어순 ★★★   정답 (b)

해석 A: 어제 그 여자가 들러서 뭘 했다고 했지?
B: 그냥 쿠키 한 접시를 놔두고 갔어.

해설 주의해야 할 간접의문문의 어순을 묻고 있다. 주절의 동사가 'say, think, guess, believe, suppose'와 같은 인식의 의미를 갖는 동사일 때는 종속절의 의문사를 문장 앞에 위치시킨다. 따라서 적절한 어순은 (b)이다.

어휘 drop off 갖다 놓다   tray n. 접시

5. 관계대명사 ★★★   정답 (c)

해석 A: 미국에서 범죄를 저지른 불법 체류자를 어떻게
      해야 한다고 생각해?
     B: 자기 나라로 돌려보내야해.

해설 전치사를 포함하는 관계대명사를 묻는 문제이다.
    'He should be returned to the country.'와 'He
    came from the country.'의 두 문장이 관계대명사
    로 연결된 문장이다. 이때 '~에서 오다'는 전치사
    'from'과 함께 쓰이므로 전치사를 포함한 관계대명
    사가 필요하다. (a)는 관계사절의 어순이 틀렸으며,
    (b)는 전치사 뒤의 관계대명사는 생략할 수 없기 때
    문에 정답이 될 수 없다. (d)는 came뒤에 전치사
    from이 생략되어 있으므로 답이 될 수 없다. 따라서
    정답은 (c)이다.

어휘 illegal a. 불법의   immigrant n. 이주자
    commit v. 저지르다

6. 최상급 ★★☆   정답 (b)

해석 A: 그 영화 정말 너무 별로였지?
     B: 지금껏 본 영화 중 최악이라고 생각해.

해설 최상급 표현과 함께 쓰는 부사를 묻는 문제이다. 최
    상급 뒤에 'ever'가 쓰이면 '지금까지, 이제까지'라는
    뜻으로 최상급 표현을 강조할 때 주로 쓰인다. 따라
    서 문맥상 가장 적절한 부사 "ever"가 정답이다.

7. 동명사 관용표현 ★☆☆   정답 (d)

해석 A: 지난 토요일 바비큐 파티에 Mike는 왜 안 왔지?
     B: 잘은 모르겠지만, 그는 하루 종일 차 고치느라 바
      빴을 거야.

해설 동명사의 관용표현을 묻는 문제이다. 문맥상 '차를
    고치느라 바빴다'는 내용이 되어야 하기 때문에 '~하
    느라 바쁘다'의 관용표현인 'be busy ~ing'가 들어
    가는 것이 적절하다. 참고로 'be+형용사' 다음에는
    대부분 to부정사가 이어지지만, 'be busy' 뒤에는
    '~ing'를 쓴다는 것을 기억하자.

어휘 fix v. 고치다

8. 전치사 ★☆☆   정답 (a)

해석 A: 토끼는 어디 갔어?
     B: 아마 우리로 숨으려고 뛰어 갔을 거야.

해설 빈칸에 들어가기에 적절한 전치사를 묻는 문제이다.
    의미상 적절한 전치사를 골라야 하는데, 문맥상 토

끼가 숨으려고 우리를 '향해' 달려갔다는 의미가 되
어야 한다. 따라서 '~를 향해, ~쪽으로'의 의미로 사
용되는 전치사 "toward"가 정답이다.

어휘 cage n. 우리

9. 도치 ★★☆   정답 (d)

해석 A: James가 연습에 늦네! 걔가 오긴 올까?
     B: 그가 온다고 말했어. 아, 저기 온다!

해설 장소, 방향을 나타내는 전치부사(구)나 유도부사가
    문두에 위치할 경우의 어순은 '동사+주어'의 어순으
    로 도치가 되는 것이 원칙이지만, 주어가 대명사일
    경우에는 도치를 하지 않는다. 'here'은 누군가가 목
    적지에 도착했을 때 관용적으로 쓰이며, 이때 위치
    는 문두에 쓰인다. 'here' 다음에 오는 주어가 대명
    사 'he' 이므로, '주어+동사' 어순의 (d)가 정답이다.

어휘 practice v. 연습하다   actually adv. 실제로

10. 부정 대명사 ★★☆   정답 (a)

해석 A: 우린 그 과제를 끝내야 해. 목요일이 기한이야.
      Joe와 Amy에게 말해 줄래?
     B: 말했는데, 둘 다 신경을 안 쓰는 것 같아. 우리끼
      리 해야 할 것 같은데.

해설 문맥에 적절한 부정대명사를 묻는 문제이다. 문맥상
    '그 둘 다 신경 쓰는 것 같지 않다'는 내용이 되어야
    자연스럽다. 따라서 '둘 중 누구도 ~도 않다'를 뜻하
    는 부정대명사 "neither"가 정답이다.

어휘 due a. 만기가 된   care v. 신경 쓰다, 걱정하다

11. 부대상황 ★★★   정답 (d)

해석 A: Adam이 요즘 농구를 안 하더라.
     B: 아, 다리를 다쳐서 잘 움직일 수가 없다고 하더
      라.

해설 부대상황에서 쓰이는 표현을 묻고 있다. 부대상황
    은 'with+목적어+분사' 형태로 쓰이는데, 주어진 문
    제에서는 'his leg'와 'hurt'의 관계가 수동이기 때문
    에 과거분사를 쓰는 것이 적절하다. 따라서 "hurt"가
    정답이다. 참고로 'with+명사+분사'형태의 부대상황
    분사구문에서는 with를 생략하는 것이 가능하다. 따
    라서 주어진 문제의 경우, 'his leg hurt' 형태의 독립
    분사구문 형태도 가능하다는 것을 기억해 두자.

어휘 lately adv. 요즘

12. 조동사 ★☆☆   정답 (d)

해석 A: 언제 영화 보러 갈 시간 돼?

B: 너의 일정에 달렸어. 금요일이나 토요일 밤에 갈
수 있을 것 같은데.

해설 문맥에 맞는 조동사를 묻는 문제이다. 문맥상 '너의
일정에 따라서 금요일이나 토요일 밤에 갈 수 있다'
라는 의미가 되어야 자연스럽다. 따라서 '~할 수 있
다'의 가능성을 나타낼 때 쓰이는 조동사 "can"이 적
절하다.

어휘 depend on ~에 따르다   schedule n. 일정

13. 부정 대명사 ★☆☆   정답 (d)

해석 A: 하와이에는 재미있는 활동을 할 게 너무 많아!
B: 음, 내 생각엔 재미있는 건 많을수록 좋지!

해설 빈칸에 적절한 부정대명사를 묻는 문제이다.
'activity'는 셀 수 있는 명사이므로 앞에 부정대명사
'many'가 온다. 'little'과 'much'는 셀 수 없는 명사
를 받아주는 부정대명사이므로 빈칸에 들어가기에
적절하지 않다.

어휘 activity n. 활동

14. 관계대명사 ★☆☆   정답 (c)

해석 A: 자전거 타는 저 사람들 중에 누가 네 친구야?
B: 방금 전에 나무에 부딪친 바로 그 사람이야.

해설 빈칸에 적절한 관계대명사를 묻는 문제이다. 빈칸
뒷부분에 주어와 동사가 없고, 빈칸 앞의 선행사가
'사람'이다. 따라서 주격 관계대명사 'who'와 동사
'ran'이 적절하다. 'run into'는 '~에 부딪치다'의 의
미로 자주 쓰인다.

어휘 bicyclist n. 자전거 타는 사람   run into ~에 부딪치다

15. 수동태 ★★☆   정답 (a)

해석 A: 오늘 왜 Diaz 교수님이랑 이야기 할 거야?
B: 기말 때 잘못된 시험지를 받아서, 제대로 된 시험
을 쳐야 해.

해설 빈칸에 들어갈 동사의 형태를 묻는 문제이다. 문맥
상 '내가 잘못된 시험지를 받았다'라는 의미가 되
어야 자연스럽다. 따라서 수동태 과거형인 "was
given"이 정답으로 적절하다.

어휘 final n. 기말 시험

16. 형용사 ★☆☆   정답 (a)

해석 A: 특별히 찾는 게 있어요?
B: 2층 아파트를 사는게 나을 것 같다는 생각이 들어
요.

해설 형용사의 위치를 묻는 문제이다. 'something, anything,
nothing'과 같이 '~thing'으로 끝나는 대명사는 형용
사가 대명사 뒤에서 수식할 수 있다. 따라서 적절한
어순인 (a)가 정답이다. 참고로 의문문의 경우에는
'something' 보다는 'anything'을 쓰지만, 주어진 문
제의 경우처럼 상대방으로부터 긍정의 답변이 예상
될 때는 'something'을 쓸 수도 있다.

어휘 particular a. 특별한

17. 시제 ★★★   정답 (c)

해석 A: 마라톤 훈련하는 데 최고의 방법이 뭐라고 생각해?
B: 개인적으로, 난 지난 세 달 동안 매일 다른 방법
으로 운동해왔어.

해설 빈칸에 들어갈 수 있는 알맞은 시제를 묻는 문제
이다. 과거의 특정시점부터 현재까지 계속되고 있
는 동작의 지속기간을 강조하는 시제는 현재완료진
행형을 쓴다. '지난 3개월 동안(for the past three
months)'이라는 표현으로 보아 3개월 전부터 지금
까지 계속 운동해오고 있다는 것을 알 수 있다. 따라
서 "have been exercising"이 정답이다.

어휘 exercise v. 운동하다

18. 명사절의 어순 ★★☆   정답 (c)

해석 A: 지금 보지는 마. 그런데 네 전 남자친구가 방의
테이블 저편에 있어.
B: 아, 알아. 걔가 우릴 아주 자세히 쳐다 본다는 걸
알 수 있어.

해설 명사절의 어순을 묻는 문제이다. 동사 'see'의 목적
어로 that 명사절이 올 때 that절의 어순은 'that+주
어+동사'가 되어야 한다. 따라서 (c)가 정답이다.

어휘 ex-boyfriend n. 전 남자친구   closely adv. 자세히

19. 조동사 ★☆☆   정답 (c)

해석 A: 올바른 예절에 따르면, 우리 결혼식에 손님을 더
데려와선 안 되는 거야.
B: 알아. 그런데 Jim과 Laura는 우리 부모님을 보고
싶다고 했으니까 괜찮아.

해설 빈칸에 들어갈 적절한 조동사를 찾는 문제이다. A
가 '결혼식에서 지켜야 할 예절'에 대해 말하고 있으
므로 '의무'를 나타내는 조동사 "should"가 적절하
다. 참고로 (a)의 can 역시 답으로 가능해 보이지만,
'can not'은 규칙이나 법률상 강제적인 금지의 뜻이
강하므로, 예절을 표현하는 문맥에서는 적절하지 못
하다.

어휘 proper a. 알맞은   etiquette n. 예절

20. 어순 ★☆☆   정답 (a)

해석 A: 네 잉꼬는 어디 갔어? 절대 새장을 안 떠나는 줄 알았는데.
B: 나도 그럴 줄 알았는데, 지난 화요일부터 사라졌어.

해설 과거의 특정시점 이후로 현재까지 지속되고 있는 상태는 현재완료시제로 나타낸다. 문맥상 지난 주 화요일부터 지금까지 잉꼬를 잃어버린 상태이기 때문에 현재완료 시제인 (a)he has been missing 이 정답으로 적절하다. 여기서 'missing'은 '실종된, 행방불명인'의 뜻을 가진 형용사일 뿐 현재완료진행형으로 쓰인 것이 아니라는 것에 주의하자.

어휘 parakeet n. 잉꼬

21. 수의 일치 ★☆☆   정답 (a)

해석 우리 가족은 크리스마스 이브에 보통 부모님 댁에서 함께 보낸다.

해설 TEPS는 미국영어를 대상으로 출제가 되는데, 미국영어에서는 군집명사의 개념이 없으므로, 'family'같은 집합명사는 단수 취급하므로, 단수동사가 들어가는 것이 적절하다. 따라서 정답은 (a)이다.

22. 분사구문 ★★☆   정답 (a)

해석 지난 주말 뉴욕시에는 개의 공연을 보는 아이들이 많았다.

해설 명사의 뒤에서 형용사를 수식하는 현재분사를 묻는 문제이다. 'children'과 'watch'가 능동관계이므로 현재 분사 "watching"을 쓰는 것이 적절하다. 참고로 to 부정사인 (c) to watch 역시 명사를 뒤에서 수식하는 형용사적 용법이 있지만, 미래적 의미로 사용된다. 따라서 과거에 보고 있었다는 의미가 되어야하는 주어진 문제의 문맥에서는 적절하지 못하다.

어휘 watch v. 보다, 주시하다

23. 관계부사 ★★☆   정답 (d)

해석 우리 조부모님 농장은 내가 모든 것에서 벗어나기에 좋은 곳이다.

해설 빈칸에 들어갈 적절한 관계사를 고르는 문제이다. 빈칸 뒤에 완전한 절이 이어지고 있으므로, 관계대명사인 (a)what은 답에서 제외된다. 따라서 빈칸은 빈칸 앞 문장과 뒤의 문장을 연결하면서 부사 역할을 하는 관계부사자리임을 알 수 있다. 주어진 문장에서 빈칸 앞의 선행사가 'the kind of place'로 장소이므로 "where"이 정답이다.

어휘 get away 벗어나다

24. should 용법 ★☆☆   정답 (d)

해석 좌석이 아직 남아 있을 때 비행기에 탔어야 했는데 타지 못했어.

해설 조동사 should의 용법을 묻는 문제이다. when이하의 시제가 과거라는 점이 결정적인 단서이며, 문맥상 '좌석이 있을 때 비행기를 탔어야 했는데'라고 과거에 하지 않은 것에 대한 후회나 아쉬움을 표현하고 있다. 따라서 'should have p.p'가 들어가야 하므로, 정답은 (d)이다.

어휘 get on 타다   available a. 사용 가능한

25. 가정법 ★★☆   정답 (b)

해석 수족관 대신 공원에 갔다면 우린 돌고래 쇼를 놓쳤을 것이다.

해설 가정법의 적절한 동사 형태를 묻고 있다. 과거에 일어난 일을 반대로 가정하고 있고, 종속절에 'would have p.p'가 쓰였으므로, 주절에는 'had p.p' 가 쓰여야 한다. 따라서 정답은 "had gone"이다.

어휘 aquarium n. 수족관   dolphin n. 돌고래

26. 어순 ★☆☆   정답 (a)

해석 Stacy는 네가 댄스 파티에 같이 가자고 할지 궁금해 하더라.

해설 주절과 if절의 어순을 묻는 문제이다. 동사 'wonder'의 목적어로 나온 if절은 '~인지 아닌지'라는 뜻으로, 접속사 if 뒤에 '주어+동사'를 수반한다. 참고로 (c)는 'Stacy'와 'you' 의 주어 중복이 생기고, (d)는 평서문에서 조동사 다음에는 동사원형이 쓰여야 하는데, 주어인 you가 이어지고 있으므로 일단 답에서 제외하고 문제를 풀어야 한다.

어휘 prom n. 댄스 파티   wonder v. 궁금해 하다

27. 분사구문 ★★☆   정답 (d)

해석 Joe는 로켓과학 박사학위를 딴 후, 국방부에서 일할 준비가 되었다고 느꼈다.

해설 완료 분사구문을 묻는 문제이다. 'Joe가 국방부에서 일할 준비가 되었다고 느끼기 전에 로켓과학 박사학위를 받았다'는 내용이 들어가는 것이 자연스럽다. 따라서 분사구문에는 주절의 과거시제보다 하나 앞선 시제가 들어가는 것이 적절하므로 'Having p.p' 형태인 "Having earned"가 정답이다. (c)는 문법 구조로는 가능하지만 '~하기 위해서' 라는 뜻이 되기 때문에 문맥상 적절하지 못하다.

어휘 Department of Defense 국방부
earn v. 얻다, 돈을 벌다

28. 동격 ★★★   정답 (b)

해석 Jen은 미국에서 가장 오래된 정부 건물인 총독관저를 방문하고 싶어 한다.

해설 주어진 문제의 'America's oldest government building'은 'the Palace of the Governor's'를 부연 설명해주며, 동격관계이므로 콤마로 연결한다. 최상급 앞에 소유격이 있으면 'the'를 쓸 수 없으므로 (b)가 정답이다. 참고로 접속사 없이 두 개의 주어와 동사를 쓸 수 없기 때문에, (a)와 (c)는 무조건 답에서 제외된다.

어휘 visit v. 방문하다

---

29. 분사 ★★☆   정답 (a)

해석 겁에 질린 아이는 개한테서 도망가지 못했다.

해설 주어진 문제는 명사를 수식하는 분사의 올바른 형태를 묻는 문제이다. 아이가 개에 의해 '두려움을 느낀' 것이므로 'terrify'와 'child'는 '수동관계'이다. 따라서 수동의 의미를 나타내는 과거분사 "terrified"를 써서 문장을 완성하는 것이 가장 적절하다. 따라서 정답은 (a)이다.

어휘 run away 도망치다   terrified a. 겁에 질린

---

30. 전치사 ★☆☆   정답 (d)

해석 난 지난 주에 이모에게 감사 편지를 보냈다.

해설 빈칸에 적절한 전치사를 묻는 문제이다. 문맥상 '이모에게 편지를 보내다'가 되어야 하므로 '~에게'라는 뜻을 가진 전치사 "to"가 가장 적절하다.

---

31. 수의 일치 ★★☆   정답 (d)

해석 소문에 의하면, 우리 할머니와 그녀의 형제들 모두의 관계는 그리 좋지 않았다.

해설 주어와 동사의 수 일치를 묻는 문제이다. 문장의 주어가 단수형태로 'the relationship'이므로 단수동사가 들어가는 것이 적절하다. 따라서 정답은 (d)이다.

어휘 as the story goes 소문에 의하면
relationship n. 관계

---

32. 수동태 ★★☆   정답 (c)

해석 그 바구니들은 아프리카의 작은 마을에 사는 여자들에 의해 만들어졌다.

해설 빈칸에 적절한 동사의 태를 묻는 문제이다. 바구니들은 여자들에 의해 '만들어진' 것이므로 수동태인 'be p.p'가 들어가는 것이 적절하다. 따라서 정답은

(c)이다.

어휘 create v. 창조하다

---

33. 관계 대명사 ★★☆   정답 (d)

해석 Hannah는 오랫동안 새로운 사람을 만나지 않았기 때문에, 온라인 데이트를 해보기로 했다.

해설 빈칸에 적절한 관계대명사를 묻는 문제이다. 빈칸에 들어갈 주격 관계대명사는 내용상 앞 문장 전체를 선행사로 받고 있기 때문에 앞 문장 전체를 선행사로 받을 수 있는 관계대명사 "which"가 정답이다. 참고로 계속적 용법의 관계대명사 자리에는 'that'이나 'what'을 쓸 수 없으므로, 빈칸 앞에 콤마가 있는 경우는 무조건 답에서 제외해도 무방하다.

어휘 decide v. 결심하다, 결정하다

---

34. 시제 ★☆☆   정답 (c)

해석 Chris가 두 시간이나 늦는다 해도, 우린 그가 오면 먹을 거야.

해설 시간의 부사절에서 쓰이는 시제에 관한 문제이다. 의미는 미래이지만 when절과 같은 시간의 부사절에서는 현재시제가 미래를 대신하므로 동사의 형태는 "arrives"가 들어가는 것이 옳다.

어휘 arrive v. 도착하다

---

35. 수동태 ★★☆   정답 (c)

해석 도보 여행자 몇 명이 산불을 냈다고 보고된다.

해설 that 명사절을 목적어로 취하는 3형식 문장의 수동태 문제이다. 문맥상 도보 여행자 몇 명이 산불을 냈다고 '보고된' 것이므로 수동태로 "is reported that"이 되어야 한다. 참고로 주어진 문제와 같은 수동태는 두 가지가 가능하다. 가주어 "it+be+p.p."를 쓰고 진주어인 that절을 나중에 쓰는 방법이 있고, that절의 주어를 문장의 주어로 해서 "be+p.p.+to부정사"의 어순인 수동태가 가능하다. (The forest fire is reported to have been started by some hikers.)

어휘 hiker n. 도보 여행자   report v. 보고하다

---

36. 어순 ★★☆   정답 (d)

해석 물고기가 사실 그렇게 재미있는 애완동물이라는 것을 누가 생각했겠는가?

해설 부사 'such'가 들어간 문장의 어순을 묻는 문제이다. '대단히 ~한'의 뜻을 가진 부사 'such'는 관사보다 먼저 쓰므로, "such+(a/an)+(형용사)+명사"의 어순이 되어야 한다. 따라서 적절한 어순은 (d)이다.

37. 가정법 ★☆☆   정답 (a)

해석 네가 알람 시계를 제대로 맞췄으면 훨씬 더 오래 잘 수 있었을 것이다.

해설 가정법 과거완료의 동사 형태를 묻는 문제이다. 과거에 일어나지 않은 일을 가정하여 '~했다면 ~할 수 있었을 것이다'라는 의미로 주로 사용되며, 주절의 동사 형태는 '조동사 과거형+ have p.p.'이다. 따라서 "have slept"를 사용하여 문장을 완성하는 것이 적절하다.

어휘 properly adv. 제대로

38. 형용사의 어순 ★★☆   정답 (c)

해석 내가 방문하러 올 때면 Janie는 늘 식탁에 커다란 붉은 장미를 엄청나게 많이 놓아둔다.

해설 형용사의 어순을 묻는 문제이다. 'rose'는 가산명사이며 'a plethora of (많은)' 뒤에는 복수명사를 수반하는 것이 문법적으로 옳기 때문에 "large red roses"가 정답이다.

어휘 plethora n. 과다

39. 접속사 (유사 관계대명사) ★★★   정답 (d)

해석 학장이 졸업증서를 당신에게 주면, 당신은 관습대로 왼손으로 받고 오른손으로 그와 악수한다.

해설 문맥과 문법에 적절한 접속사를 묻는 문제이다. 빈칸 뒤의 문장이 주어가 없는 불완전한 문장이므로 빈칸은 관계대명사 자리이며, 내용상 뒤에 나오는 문장전체의 내용을 받아주는 관계대명사이므로 유사관계대명사인 'as'가 정답이다. 참고로, 앞에 나온 문장 전체의 내용을 받아주는 계속적 용법의 관계대명사는 'which' 나 'as' 둘 다 가능하지만, 뒤에 나오는 내용을 받는 경우에는 유사관계대명사 'as'만 가능하다.

어휘 provost n. 학장   diploma n. 졸업증서
custom n. 관습

40. 시제/ 어순 ★☆☆   정답 (a)

해석 난 처음으로 찬송가를 불렀을 때, 음악가가 되기로 결심했다.

해설 시제와 어순을 묻는 문제이다. 문장구조상 빈칸은 '접속사+주어+동사'형태의 종속절이 들어가야 하므로, 접속사(구)인 'The first time'을 가장 먼저 써야 한다. 그리고 주어와 동사가 이어져야 하므로 (a) "The first time I sang a hymn"이 정답이다.

어휘 hymn n. 찬송가

41. 수의 일치 ★☆☆   정답 (a)
were your grade → was your grade

해석 A: 역사 시험 몇 점 맞았어?
B: 모든 문제를 맞췄지. 너는 어땠어?
A: 딱 한 문제 틀렸어. 같이 공부한 게 정말 도움이 됐어.
B: 나도. 다음 시험 때도 같이 공부하자.

해설 주어와 동사의 수 일치 문제이다. (a)에서 주어가 단수인 'your grade'이므로 단수동사를 써야 한다. 따라서 'were'를 "was"로 바꾸어야 옳다.

어휘 grade n. 점수   miss v. 놓치다
get together 모이다

42. 시제 ★☆☆   정답 (b)
says → said

해석 A: 치과의사가 뭐라고 했어?
B: 나보고 교정기가 필요하다고 했어. 난 하고 싶지 않은데.
A: 음, 나도 꼈었어. 이제 내 치아는 멋지고 반듯하잖아.
B: 알아. 그런데 끼는 게 아프다고 들었어.

해설 문맥에 맞는 시제를 묻는 문제이다. A가 '치과의사가 뭐라고 했어?'라고 과거시제로 묻고 있으므로 B도 과거형으로 답해야 한다. 따라서 (b)의 동사 'says'를 과거형인 "said"로 바꾸어야 옳다.

어휘 dentist n. 치과의사   brace n. 교정기
straight a. 반듯한

43. 의문사 ★★☆   정답 (a)
what → when

해석 A: 언제 Joe한테 연락 올 것 같아?
B: 화요일 아침에 전화한다고 그가 말했어.
A: 음, 그 사람은 보통 하루 늦잖아.
B: 알아. 수요일까지 연락이 없으면 내가 그한테 전화할 거야.

해설 문맥에 어울리는 의문사를 묻는 문제이다. (b)에서 '화요일 아침에 전화한다고 말했다'라고 대답했으므로 (a)는 시간을 묻는 의문사 'when(언제)'을 써서 묻는 것이 적절하다.

44. 동명사 주어 ★★☆   정답 (c)
climb is → climbing is

해석 A: 나 이번 달에 암벽 등반 수업 듣는다.

B: 나 늘 그거 하고 싶었는데. 너무 재미있어 보여.

A: 아주 재미있어. 그리고 등반은 아주 좋은 운동이야.

B: 나도 수업 들을지도 몰라. 그럼 우리 같이 등반할 수 있어.

해설 주어 자리에 오는 동명사를 묻는 문제이다. (c)에서 'climb'은 동사이기 때문에, 주어 자리에 올 수 없다. 따라서 동명사형인 "climbing"으로 바꾸는 것이 적절하다.

어휘 form n. 형태　climb v. 등반하다

45.

해석 A: 이 셔츠가 정말 마음에 드는데, 좀 작아 보여.

B: 다른 사이즈로 사.

A: 남은 게 이것밖에 없어.

B: 음, 입어보는 건 나쁘지 않잖아. 어쩌면 맞을지도 몰라.

해설 문장 (d)에서 '~을 입어보다'는 'try ~ on'이므로 전치사 'in'을 "on"으로 바꾸어야 옳다.

어휘 fit v. 맞다

46.

해석 (a) 어업 회사들은 바다에서 가장 큰 물고기의 90%를 잡았다. (b) 게다가 이들 회사는 더 작은 물고기를 너무 많이 잡고 있어서, 이것이 계속된다면 2048년이면 먹을 수 있는 물고기가 거의 사라질 것이다. (c) 물고기는 경제에 수십억 달러를 기여하는 주요 식량자원이다. (d) 어업 자체도 주요 취업원이므로, 모든 물고기가 잡히면 심각한 경제적 영향이 있을 것이다.

해설 관계대명사의 선행사 자리에 올 수 있는 대명사를 묻는 문제이다. (b)에서 주격 관계대명사 'which' 앞에는 선행사 'fish(물고기들)'가 필요한데, 앞에서 반복되어 언급된 복수 명사이므로 대명사 "those"를 써야 한다. 참고로 'which'를 선행사를 포함하는 관계대명사 'what'으로 고쳐도 옳은 문장이 될 수 있다.

어휘 in addition 게다가　　continue v. 계속되다
edible a. 먹을 수 있는　　disappear v. 사라지다
contribute v. 기여하다　　employment n. 고용

47.

해석 (a) 14세기에 베니스, 특히 Murano섬은 질 좋은 수제 유리를 찾을 수 있는 유일한 곳이었다. (b) Murano의 유리 제조업자들은 베니스 사회에서 가장 부유한 구성원에 속했다. (c) 정부는 유리 제조업자들이 다른 나라에 공장을 세울까 봐 걱정돼, 이들이 베니스를 떠나는 것을 막았다. (d) 어떤 이들은 그 법을 개의치 않고 다른 곳에서 사업을 했지만, Murano는 여전히 우수한 유리 제조 기술로 유명하다.

해설 (c)의 분사구문에서 'worried'의 주체는 'the government'이므로, 주절의 주어를 이에 일치시켜야 한다. 따라서 주절의 주어 'they' (Murano glassmakers)를 'the government'로 바꾸고, 능동형의 문장으로 만들어야 한다. 즉 'they were prevented from leaving Venice by the government'를 "the government prevented them from leaving Venice"로 바꾸어야 옳다.

어휘 specifically adv. 특히　　affluent a. 부유한
prevent ~ from ~ing ~가 ~하는 것을 막다
regardless of ~를 개의치 않고
famous for ~로 유명한

48.

해석 (a) 자원봉사는 공동체에 좋지만, 봉사자의 건강에도 좋다. (b) 연구는 자원봉사자들이 봉사하지 않는 이들보다 대개 더 행복하다는 것을 알아냈다. (c) 게다가 자원봉사는 봉사자의 혈압을 향상시키고 스트레스를 줄일 수 있다. (d) 이런 요소들은 사회적 상호작용의 증가와 결합해 너무나 유익해, 사실 봉사자가 더 만족스러울 뿐만 아니라 더 장수하게 도울 수 있다.

해설 (b)에서 'studies'는 앞서 언급한 적이 없으므로 특정 연구를 지칭하는 것이 아니다. 즉 일반적인 연구를 말하는 것이고, 복수명사이므로 관사 없이 쓴다. 따라서 'The studies'를 "Studies"로 바꾸어야 옳다.

어휘 volunteer v. 자원봉사하다　　reduce v. 줄이다
furthermore adv. 게다가　　beneficial a. 유익한
improve v. 향상시키다　　fulfilling a. 만족스러운
interaction n. 상호작용

49. 관계대명사 ★★☆ 정답 (a)
that → which

해석 (a) Whitney는 흥미진진한 만큼이나 지치게 만드는 주요 도시 여행을 하기보다, 조용한 산골 마을을 방문했다. (b) 아직 땅에 눈이 쌓여 있었지만, 초록 풀과 작은 파란 꽃들이 땅 이곳 저곳에서 솟아나기 시작하고 있었다. (c) Whitney는 한가하게 돌아다니며, 매일 밤 마을의 유일한 식당에 꼭 들렀다. (d) Whitney가 식당 문을 열 때마다, 친근한 웃음소리와 맛있는 음식 냄새가 그녀를 반겼다.

해설 계속적 용법에서 쓸 수 있는 관계대명사를 묻는 문제이다. (a)에서 콤마 사이에 쓰인 관계대명사는 '주요 도시를 여행하는 것'을 받는다. 즉 관계대명사가 앞 문장 전체나 구(phrase)를 받는 계속적 용법에서는 관계대명사 'that'을 쓸 수 없고 'which'를 써야 한다. 따라서 'that'을 "which"로 바꾸는 것이 적절하다.

어휘 exhausting a. 지치게 하는 wander v. 돌아다니다
leisurely adv. 한가하게 greet v. 맞이하다

50. to 부정사 ★☆☆ 정답 (c)
want hear → want to hear

해석 (a) 노래 가사는 가사를 쓴 시대의 분위기와 종종 맞는다. (b) 한 연구에 따르면, 경제가 좋을 때 노래 가사는 더 명랑하고 재미있는 경향이 있다. (c) 그러나 경제가 나쁠 때 사람들은 의미 있는 노래, 특히 우정과 연애에 대한 노래를 듣고 싶어 한다. (d) 심리학자들은 그 이유를 상황이 안 좋을 때 사람들은 자연스럽게 친밀한 관계를 찾기 때문이라고 한다.

해설 to부정사를 목적어로 취하는 동사에 관한 문제이다. (c)에서 want는 to부정사만을 목적어로 취하는 동사이므로 동사 'hear' 앞에 'to'를 써야 한다. 참고로 타동사의 목적어자리에는 명사 상당어구가 들어가야 한다. 원형부정사(동사원형)는 목적어자리에 들어갈 수 있는 명사상당어구가 될 수 없으며, to부정사나 동명사를 써야 한다.

어휘 according to ~에 따르면 upbeat a. 명랑한
meaningful a. 의미 있는
psychologist n. 심리학자

Actual TEST 03 Grammar 정답 & 해설

Part I ~ IV	1 (d)	2 (c)	3 (b)	4 (b)	5 (c)	6 (b)	7 (c)	8 (a)	9 (c)	10 (a)
	11 (b)	12 (c)	13 (d)	14 (c)	15 (d)	16 (b)	17 (a)	18 (c)	19 (d)	20 (b)
	21 (d)	22 (d)	23 (b)	24 (d)	25 (c)	26 (a)	27 (d)	28 (a)	29 (c)	30 (d)
	31 (b)	32 (a)	33 (a)	34 (d)	35 (c)	36 (c)	37 (c)	38 (a)	39 (c)	40 (b)
	41 (b)	42 (b)	43 (d)	44 (a)	45 (b)	46 (d)	47 (b)	48 (b)	49 (a)	50 (c)

---

1. 복수형 전용 명사 ★★☆ 정답 (d)

해석 A: 어디서 읽었는데, 공작 부인처럼 대접받고 싶으면 공작 부인처럼 행동하래.
B: 잘 대우받고 싶은 것과 젠체하는 건 다르지.

해설 관용적으로 쓰이는 명사의 복수형을 묻는 문제이다. 명사 'air'는 자연현상으로 원래는 불가산 명사이지만, '젠체하는 태도'를 의미할 때는 가산 명사화되어 복수형인 'airs'로 쓴다. 'put on airs'는 '젠체하다, 뽐내다'라는 뜻이다. 따라서 정답은 (d)이다.

어휘 treat v. 대우하다 duchess n. 공작 부인
difference n. 차이

2. 가정법 ★★☆ 정답 (c)

해석 A: Heather가 널 추천해주지 않았다면, 넌 그 일을 얻지 못했을 거야.
B: 응, 알아. Heather에게 고맙다는 메모를 써야 할 것 같아.

해설 가정법 과거완료 구문 문제이다. 과거사실을 반대로 가정하여 '~했다면, ~했을 것이다'라는 의미로 쓰인다. 이때 동사의 형태는 if절에는 'had p.p'를, 주절에는 'would have p.p'를 써야 한다. 따라서 (c)가 정답이다.

어휘 put in a good word 추천하다

---

3. **어순 ★★☆** 정답 (b)

해석 A: Jamie가 임신했을 때 찐 살을 어떻게 뺄 거라고 생각해?
B: 걘 늘 요가를 아주 좋아했으니, 아마 요가를 계속할 것 같아.

해설 간접의문문의 어순을 묻는 문제이다. 주절의 동사가 'think, imagine, guess, believe, suppose' 와 같이 인식, 인지의 의미를 나타내는 동사 일 때 의문사를 문장 맨 앞에 쓰고, 나머지 종속절의 요소는 '주어+동사' 어순이 된다. 따라서 정답은 (b)이다.

어휘 lose v. 잃다 gain v. 얻다, 획득하다
pregnant a. 임신한

---

4. **수의 일치 ★☆☆** 정답 (b)

해석 A: Jen과 Rob은 브리지 게임 할 때 훌륭한 팀이야.
B: 맞아. 둘은 값을 매길 때 서로 마음을 읽는 것 같다니까.

해설 주어와 동사의 수 일치를 묻는 문제이다. Jen과 Rob은 두 사람이므로 동사의 형태는 복수형이 되어야 하므로 "make"를 써야 한다. 따라서 (b)가 정답이 된다.

어휘 bridge n. 브리지(카드놀이)
bid v. 값을 매기다, 제안하다

---

5. **조동사 ★☆☆** 정답 (c)

해석 A: John이 저 여자에게 전화번호를 물어볼까?
B: 난 John한테 저 여자에게 말해보라고 할 수 있지만, 여전히 John은 내 말을 안 들을 것 같아.

해설 빈칸에 적절한 조동사를 묻는 문제이다. 문맥상 'John은 내 말을 들으려 하지 않을 거다'라는 내용이 이어지는 것이 자연스럽다. 따라서 주어의 의지나 고집을 나타내는 조동사 "would"가 정답이다.

---

6. **동사의 유형 ★☆☆** 정답 (b)

해석 A: 보수 외에도 '하인'과 '노예' 사이에는 미묘한 차이가 있다고 생각해.
B: 음, 하인에겐 자기가 원하지 않는 걸 하도록 강요

할 수 없지.

해설 동사 'force'의 용법을 묻는 문제이다. to부정사 다음에는 동사원형이 오고, '~에게 ~하도록 시키다, 강요하다'는 의미의 동사 'force'는 목적격보어로 to부정사를 취하여 'force+목적어+to부정사' 형태로 쓰인다. 따라서 (b)가 정답이다.

어휘 force v. 강요하다

---

7. **목적격 보어/어순 ★★☆** 정답 (c)

해석 A: Katie랑 Steve가 1년 후에 결혼한다더라.
B: 둘의 관계가 얼마나 험난했는지 볼 때 믿기 어렵네.

해설 5형식 문장의 어순을 묻는 문제이다. 5형식 동사로 쓰인 'find'는 'find+목적어+목적보어' 형태를 취하는데, '주어+동사'의 어순 다음에 앞문장을 받는 목적어 'that'을 써야 한다. 그 다음 목적격 보어인 형용사 'hard'를 써야 하므로, 정답은 (c)이다. 참고로 이 문장에서 'that'은 가주어가 아니며 'to believe'는 진주어가 아님에 유의해야 한다. 'to believe'는 형용사 'hard'를 수식해주는 부사적 기능의 to부정사이다.

어휘 rocky a. 장애가 많은

---

8. **비교급 ★★☆** 정답 (a)

해석 A: 어젯밤에 누가 미스 아메리카가 됐는지 봤어?
B: 응, 받을 만하던데. 그 여자는 다른 사람들보다 훨씬 더 아름다웠어.

해설 비교급의 강조와 기본 형태를 묻는 문제이다. 'beautiful'처럼 음절이 긴 단어는 앞에 'more'와 함께 비교급을 만든다. 비교급 다음에는 'as'가 아니라 'than'이 이어져야 하며, 비교급을 강조하려면 비교급 앞에 '훨씬'이란 뜻의 'much'를 써야 한다. 따라서 (a)가 정답이 된다.

어휘 crown v. 관을 씌우다 deserve v. ~할 만하다

---

9. **조동사 ★☆☆** 정답 (c)

해석 A: 그 반지 살 거야?
B: 감당할 수 있으면 살 거야.

해설 빈칸에 적절한 조동사를 묻는 문제이다. 문맥상 '감당할 수 있다면 살 거야'라는 의미가 되어야 자연스럽다. 따라서 '~할 수 있다'는 능력을 나타낼 때 쓰는 조동사 "can"이 적절하다. 참고로 주절이 'I am'이 아니라 'I would'라면, 가정법 과거 문형을 써야 하므로 빈칸에 적절한 동사는 "could"가 된다.

어휘 afford v. 여유가 있다

10. 어순 ★☆☆　　　　　정답 (a)

해석 A: 실례합니다. 도심지로 가는 다음 열차가 언제 있
　　　고 어디서 표를 살 수 있나요?
　　　B: 입구의 역장한테 물어보면, 알아야 하는 모든 걸
　　　얘기해줄 거예요.

해설 관계대명사절의 어순을 묻는 문제이다. 빈칸은
'everything'을 목적어로 갖는 관계대명사절이다. 선
행사 'everything' 뒤에 관계대명사 'that'이 오고, 그
뒤에 '주어+동사'의 어순이 되어야 하므로 (a)가 정
답이 된다.

어휘 downtown adv. 도심지로　　kiosk n. 간이 건물

11. should의 용법 ★★★　　　　정답 (b)

해석 A: 안녕하세요, Smith 교수님. 교수님의 101 수업에
　　　공석이 있나요?
　　　B: 아직은 없어. 하지만 어떤 학생이 빠지면 가장 먼
　　　저 자네한테 알려줄게.

해설 가정법 미래시제를 묻는 문제이다. 독립된 두 문장
이 있는 걸로 보아 빈칸에는 접속사가 필요하고,
의미상 '만약 ~하면'이 되어야 한다. 가정법 미래
는 'If+주어+should+동사원형'인데, if가 생략되면
'Should+주어+동사원형'으로 바뀐다. 따라서 (b)가
정답이다.

어휘 opening n. 공석　　drop out 빠지다, 중퇴하다

12. 동사의 유형 ★★★　　　　정답 (c)

해석 A: 으! 불 없이 밖에 있으니 정말 춥다.
　　　B: 알아. 미안해. 최대한 불을 피웠는데.

해설 동사 'keep'의 용법을 묻는 문제이다. '유지(keep,
leave), 발견(find, catch)' 동사가 5형식 문장에서
사용될 경우, 목적어와 목적격 보어의 관계가 능동
관계일 때, 목적격 보어로 to부정사나 원형부정사가
아니라 현재분사를 취해야 하므로 정답은 "going"이
다.

13. so의 용법 ★☆☆　　　　정답 (d)

해석 A: 너 시험에 합격했다며. 축하해.
　　　B: 고마워. 사실 너무 어려워서 두 번 봐야 했어.

해설 빈칸에 들어갈 적절한 부사를 묻는 문제이다. 문맥
상 '너무 어려웠다'는 내용이 되어야 하기 때문에 '너
무 ~해서 ~하다'라는 뜻의 'so+형용사+that절'이 되
어야 한다. 따라서 정답은 (d)가 된다. 참고로 'very'
는 that의 결과 부사절을 수반할 수 없으며, 'such'는
결과 부사절을 수반할 수 있으나, 'such'뒤에는 반드
시 명사가 수반되어야 하므로 답이 될 수 없다.

어휘 congratulation n. 축하　　difficult a. 어려운

14. to 부정사 + 어순 ★★★　　　정답 (c)

해석 A: 지난 주 회의에 메모해둔 것은 있는데, 오늘 회의
　　　안건에 대한 내용은 없네.
　　　B: 오늘 우리가 말할 안건을 적는 것을 기억했니?

해설 to부정사와 관계대명사절의 어순을 묻는 문제이
다. 문맥상 '우리가 말할 안건을 적는 것을 기억하
다'가 되어야 자연스럽다. '~할 것을 기억하다'는
'remember' 뒤에 to부정사를 수반하는 것이 적절하
고, 'write down' 뒤에 목적어 'the items'가 위치해
야 한다. 따라서 (c)가 정답이다.

어휘 item n. 항목　　address v. 말하다

15. 시제 ★★★　　　　정답 (d)

해석 A: 난 평생 이 빵집에서 빵을 샀어. 이 빵집이 얼마
　　　나 오래 된 거지?
　　　B: 아주 오래 되었지. 다음 달이면 개장 35주년이 될
　　　거야.

해설 적절한 시제를 묻는 문제이다. 문맥상 '다음 달이면
35년이 되는 셈'이 되어야 자연스럽다. 따라서 미래
의 특정시점까지 지속될 상태의 지속기간을 강조하
는 시제는 미래완료이다. 참고로 시제문제는 부사구
를 주의하면 쉽게 답을 구할 수 있다. 'Next month'
라는 미래 부사구가 있으므로, 답을 (c)와 (d)로 좁
힐 수 있고, 상태의 지속기간을 강조하는 'for+기간'
부사구가 있으므로 완료시제인 (d)가 정답이 된다.

16. 동사+전치사 ★★☆　　　정답 (b)

해석 A: 이 경주에 등록한 게 후회되기 시작해. 정말 힘들
　　　거야.
　　　B: 맞아, 그렇지만 경주를 뛰는 데 성공하면 너 자신
　　　이 늘 자랑스러울 거야.

해설 특정 동사와 함께 쓰는 전치사를 묻는 문제이다.
'~에 성공하다'는 'succeed in+명사/동명사'이므로
(b)가 정답이다.

어휘 regret v. 후회하다　　succeed v. 성공하다

17. 원급의 어순 ★★☆　　　정답 (a)

해석 A: 기분이 어때? 너 비행기 타는 거 처음이잖아.
　　　B: 사실 괜찮아. 생각한 만큼 무섭지 않네.

해설 원급 비교구문의 적절한 어순을 묻는 문제이다. 문
맥상 '~한 만큼 ~하지 않다'는 동급 비교가 들어
가야 자연스럽다. 따라서 'not as frightening as I

thought'가 정답이다.

어휘 frightening a. 겁 주는

18.　수동태 ★☆☆　　　　　　정답 (c)

해석　A: 왜 책상을 이동한지 알아?
　　　B: 응, 청소부들이 어젯밤에 카펫을 진공 청소기로
　　　　밀어서, 바닥을 치워야 했어.

해설　문맥상 빈칸에 들어가기에 적절한 동사 형태를 묻는
　　　문제이다. 책상들은 사람에 의해 '옮겨진' 것이므로
　　　수동태가 들어가는 것이 적절하고, B의 시제를 보아
　　　과거에 옮겨진 것이므로 과거시제를 써야 한다. 따
　　　라서 (c)가 정답이다.

어휘　cleaner n. 청소부
　　　vacuum v. (진공 청소기로) 청소하다

19.　의문사 ★★★　　　　　　정답 (d)

해석　A: Tom이 저렇게 화난 걸 본 적은 처음이야.
　　　B: 보통 그는 꽤 침착해. 그런데 돈 문제에 대해서는
　　　　좀 심각하게 받아들이지.

해설　의문사를 이용한 표현을 묻는 문제이다. 빈칸이 포
　　　함된 문장은 '돈에 관해서라면'이라는 의미가 되어
　　　야 자연스럽다. 따라서 '~에 관해서라면, ~에 관한
　　　한'이란 표현으로 의문사 'when'과 함께 'when it
　　　comes to~'라고 쓴다는 것을 알아두자. 표현과 관
　　　계없이 (a)who와 (c)what은 의문대명사이므로, 뒤
　　　에 주어, 목적어, 보어가 없는 불완전한 절로 이어져
　　　야 하는데, 주어진 문제에서는 완전한 절이 이어지
　　　고 있으므로 답에서 제외해야 한다.

어휘　calm a. 침착한

20.　시제 ★★☆　　　　　　정답 (b)

해석　A: 어제 너희 그룹은 과제 제때 끝냈어?
　　　B: 아니. 우린 몇 시간 동안 작업하고 있었는데,
　　　　Matthew가 발을 헛디뎌서 그 위에 넘어져서 망
　　　　쳤어.

해설　빈칸에 적절한 시제를 묻는 문제이다. 과거의 특정
　　　시점을 기준으로 그 이전부터 그 시점까지 동작의
　　　지속기간 'for hours'를 강조할 때는 과거완료 진행
　　　형을 사용 한다. 내용을 보면, 과거의 어떤 시점 이
　　　전부터 과제를 하고 있었고, 그 행동이 특정 과거 시
　　　점까지 계속 진행 중이었다는 의미이다. 따라서 과
　　　거완료 진행형이 적절하므로 (b)가 정답이다.

어휘　trip v. 헛디디다　　ruin v. 망치다

21.　분사 구문 ★★☆　　　　　　정답 (d)

해석　Jenna는 당황해서 컴퓨터를 두 번째로 다시 시작했
　　　다.

해설　분사구문의 태를 묻는 문제이다. 주절의 주어
　　　'Jenna'와 분사구문의 동사 'fluster(당황하게 하
　　　다)'는 수동의 관계이므로 수동 분사구문 'Being
　　　flustered'가 들어가야 한다. 이때 'being'은 보통 생
　　　략하므로 "Flustered"가 정답이다.

어휘　restart v. 재시동시키다

22.　부사 ★☆☆　　　　　　정답 (d)

해석　그 지시는 초보자가 따라 하기에는 너무 복잡했다.

해설　빈칸에 적절한 부사를 묻는 문제이다. 문맥상 '초보
　　　자들이 따라 하기에 너무 복잡했다'가 되어야 자연
　　　스럽기 때문에 '~하기엔 너무 ~하다, 너무 ~해서 ~
　　　할 수 없다'는 'too ~ to 용법'이 들어가는 것이 적절
　　　하다. 참고로 답을 고르는 결정적인 단서는 뒤의 'to
　　　follow'라는 것도 함께 기억해 두자.

어휘　instructions n. 지시　　convoluted a. 복잡한

23.　형용사 (명사의 수) ★☆☆　　　　정답 (b)

해석　그들은 당신에게 얼굴 세정제가 여드름을 없애 주는
　　　지 확인해 볼 수 있도록 8주간의 체험기간을 준다.

해설　명사의 수를 묻는 문제이다. '수사+단위명사'가 뒤
　　　의 나오는 명사를 수식하는 형용사 역할을 할 경우
　　　에는 복수형을 쓰지 않고, 단수형을 써야 한다. '8주
　　　간의 시험 기간'에서 'eight week'는 뒤에 나오는 명
　　　사 'trial period'를 수식하는 형용사이다. 따라서 복
　　　수형으로 쓰지 않고, 'eight-week'로 써야 한다. 수
　　　식 받는 명사 'period'는 가산명사이므로 부정관사를
　　　써야 하며, 모음으로 시작하므로 관사 'an'이 적절하
　　　다. 따라서 정답은 (b)가 된다.

어휘　acne n. 여드름

24.　접속사 ★☆☆　　　　　　정답 (d)

해석　Jackie는 사과에 알레르기가 있어서, 내가 구운 파
　　　이를 먹지 않았다.

해설　빈칸에 들어갈 적절한 접속사를 묻는 문제이다. 문
　　　맥상 앞의 절은 이유를, 뒤의 절은 결과를 나타낸다.
　　　따라서 빈칸에는 '그래서'라는 인과관계를 나타내는
　　　접속사 "so"를 쓰는 것이 자연스럽다. 따라서 정답
　　　은 (d)이다.

어휘　allergic a. 알레르기성의

25. 관계대명사와 전치사 ★★☆　　　정답 (c)

해석　우편 서비스는 소포를 받는 사람에게 늘 전화를 한다.

해설　전치사를 포함한 관계대명사를 묻는 문제이다. 빈칸 뒤의 문장에는 목적어가 없고, 빈칸 앞 선행사가 사람이므로 목적격 관계대명사 'whom'이 필요하다. '(소포 등을) ~앞으로 하다'는 'address'+ 목적어+ to'이므로 전치사 'to'를 포함한 관계대명사가 들어가야 하므로 정답은 "to whom"이다. 참고로 빈칸 이후는 'the person'을 수식하는 관계대명사 절임을 알 수 있고, 선행사가 사람이므로 (d)는 답에서 제외되고, 전치사 뒤에는 'who'를 쓰지 않고 'whom'을 써야 하므로, (a)역시 답에서 제외된다.

어휘　package n. 소포

---

26. 도치 ★★☆　　　정답 (a)

해석　그 여자는 너무 어리석어서, 숲에 있는 이상한 마녀를 믿었다.

해설　도치 구문을 묻는 문제이다. 'Her folly was such that she trusted the strange witch in the woods.'라는 문장에서 강조를 위해 'such'가 문두로 이동한 것이다. 그리고 '동사+주어'의 어순으로 도치된 것이므로 정답은 (a)가 된다. 참고로 선택지 중 that 결과 부사절과 함께 쓰는 단어는 'such'와 'so'밖에 없다. 참고로 'so' 뒤에는 반드시 형용사가 이어져야 하기 때문에 'so'는 빈칸에 들어갈 수 없다.

어휘　folly n. 어리석음, 바보 짓　　trust v. 믿다

---

27. 전치사 ★☆☆　　　정답 (d)

해석　암전된 후, James는 비상시를 대비해 침대 옆에 플래시를 놓아 두었다.

해설　문맥상 알맞은 전치사를 묻는 문제이다. '침대 옆에 플래시를 놓아 둔 것'이 가장 자연스럽기 때문에 '~옆에'라는 뜻의 전치사 "beside"가 정답이다.

어휘　blackout n. 암전　　emergency n. 비상 사태

---

28. 부대상황 (분사구문의 어순) ★★★ 정답 (a)

해석　시간이 부족하자 Jesse는 남은 객관식 문제의 모든 답을 'A'로 골랐다.

해설　전치사 'with'가 사용된 부대상황 분사구문의 어순을 묻는 문제이다. 부대상황은 'with+목적어+분사' 어순이므로 (a)가 정답이다. 참고로 전치사 'with'를 생략하고 'time running out' 형태의 독립분사구문으로 쓰기도 한다.

어휘　select v. 고르다　　multiple a. 다수의

---

29. 가산명사와 불가산 명사 ★★☆　　　정답 (c)

해석　작년보다 십대가 덜 왔고 술이 더 적을 것이므로, 우린 올해 축제가 덜 시끄럽길 바란다.

해설　가산 명사와 불가산 명사 앞에 붙는 수량 형용사를 묻는 문제이다. 셀 수 있는 명사 'teenager' 앞에는 'few'의 비교급 'fewer'를, 셀 수 없는 명사 'alcohol' 앞에는 'little'의 비교급 'less'를 써야 한다. 따라서 (c)가 정답이 된다.

어휘　gala n. 축제　　rowdy a. 시끄러운

---

30. 접속사 ★★☆　　　정답 (d)

해석　차는 바퀴 하나가 없었지만, 그 팀은 결승선까지 안전하게 들어왔다.

해설　문맥에 적절한 접속사를 묻는 문제이다. '차는 바퀴 하나가 없었다'와 '결승선까지 안전하게 들어왔다'는 두 문장이 자연스럽게 연결되려면 '비록 ~이지만'이라는 뜻의 접속사 "although"가 적절하다. 따라서 정답은 (d)가 된다. 참고로 (c)의 'despite' 역시 양보의 뜻을 가지고 있지만, 접속사가 아니라 전치사이므로 뒤에 절이 아니라, 구(phrase)를 수반해야 하므로 정답이 될 수 없다.

어휘　safely adv. 안전하게

---

31. to 부정사 ★★☆　　　정답 (b)

해석　내가 온라인으로 주문한 책은 3일 안에 도착할 예정이다.

해설　문맥상 '3일 안에 도착할 예정이다'가 되어야 하므로 '~할 예정이다'는 의미의 'be scheduled to'가 가장 적절하다. 따라서 정답은 (b)가 된다.

어휘　order v. 주문하다

---

32. 도치 ★★☆　　　정답 (a)

해석　엄마가 방을 나가자마자 그 소년은 소리를 지르기 시작했다.

해설　도치 구문을 묻는 문제이다. 'no sooner ~ than'의 '~하자마자 ~했다'는 구문이다. 문맥상 'no sooner' 다음의 동사의 형태는 과거완료가 들어가는 것이 적절하다. 부정어구로 인하여 주어와 동사가 도치되므로 "had his mother left"가 정답이다.

어휘　scream v. 소리 지르다

33. 시제 일치의 예외 ★★★ 정답 (a)

해석 전문가들은 그 계획이 다시 검토 받고 먼저 시험 받아야 한다고 조언했다.

해설 시제 일치를 하지 않는 구문을 묻는 문제이다. 충고를 나타내는 동사 'advise' 뒤에 오는 that절에는 'should+동사원형'을 써야 한다. 이때 'should'는 생략할 수 있으므로 동사원형 'be'만 남는다.

어휘 advise v. 충고하다   review v. 재검토하다

34. 시제와 태 ★★★ 정답 (d)

해석 Jack은 대학을 마치기 전부터 벌써 몇몇 대기업의 일자리를 제안 받았다.

해설 빈칸에 들어갈 적절한 시제와 태를 묻는 문제이다. Jack은 대기업의 자리를 '제안받은' 것이므로 수동태를 쓰고, Jack이 대학을 졸업하기 전에 일어난 일이므로 과거시제보다 더 앞선 시제가 되어야 한다. 따라서 정답은 (d)가 된다.

어휘 position n. 자리   several a. 몇몇의
offer v. 제안하다

35. 5형식의 수동태 ★★☆ 정답 (c)

해석 저 정원을 아주 오래 가꾸지 않고 놔두면, 잡초가 무성할 것이다.

해설 'leave'는 5형식 동사로, 능동태일 때 'leave+목적어+목적격 보어' 형태를 갖는다. 주어진 문장은 능동태 문장인 'you leave that garden untended'의 수동태이므로 목적어인 'that garden'이 주어가 된 것을 알아야 한다. be동사 뒤에 'leave'의 과거분사 'left', 목적격 보어 'untended'가 온다. 따라서 (c)가 정답이다.

어휘 weed n. 잡초   take over 우세해지다

36. 4형식 동사 ★★☆ 정답 (c)

해석 개의 주인은 자기 개가 위험하지 않다고 내게 확신했지만, 난 그리 믿지 않았다.

해설 4형식 동사의 형태에 관한 문제이다. 4형식 동사 'assure'는 '간접목적어+직접목적어'를 가지는데, 직접목적어로 that절을 취할 수 있다. 이때 간접목적어 앞에 전치사를 붙이지 않는다는 점에 주의하자.

어휘 assure v. 보장하다   dangerous a. 위험한
convince v. 확신시키다

37. 전치사 ★★☆ 정답 (c)

해석 주민들은 이웃의 어떤 의심스러운 사람이나 활동도 경찰에게 알리라는 말을 들었다.

해설 빈칸에 알맞은 전치사를 묻는 문제이다. 'inform'은 전치사 'of'와 함께 'inform A of B (A에게 B를 알리다)' 형태로 쓰인다. 따라서 정답은 (c)가 된다. 이와 같이 직접 목적어 앞에 전치사 'of'를 수반하는 동사들로는 'notify, remind, rob, strip, rid, clear'등이 있다.

어휘 resident n. 주민   suspicious a. 의심스러운

38. 3형식 동사 ★★☆ 정답 (a)

해석 그 소녀는 너무 수줍어서 단순한 질문에도 답하지 않았다.

해설 3형식 동사의 쓰임에 관한 문제이다. 'answer(~에 대답하다)'는 완전 타동사로 동사 뒤에 전치사 없이 목적어를 수반한다. 따라서 (a)가 정답이다. 참고로 'answer'가 명사로 쓰일 경우에는 뒤에 전치사 'to'를 수반한다는 것을 알아두자.

어휘 shy a. 수줍은

39. 형태에 주의할 형용사 ★★★ 정답 (c)

해석 오늘 기온이 기록적인 수치인 40도까지 상승했다.

해설 형용사의 형태를 묻는 문제이다. 우리말로 '기록적인, 기록을 깨는'의 의미를 가진 형용사가 빈칸에 들어가야야하는데, 선택지 중 이런 의미를 가진 형용사는 명사형과 어형이 동일한 "record"이다. 참고로 주어진 문제에서 'high' 역시 형용사가 아니라 '최고 기온'의 뜻을 가진 명사임에 주의하자.

어휘 record v. 기록하다 n. 기록 a. 기록적인
high n. 최고기온

40. 어순 ★★★ 정답 (b)

해석 모든 게 너무 빨리 일어나서 그 남자가 어떻게 생겼는지 기억할 수 없다.

해설 적절한 어순을 묻는 문제이다. 문맥상 '모든 게 너무 빨리 일어나서 남자의 생김새를 기억할 수 없다'는 내용이 되어야 자연스럽다. 따라서 '너무 ~해서 ~하다'의 어구를 이루는 'so +형용사/부사 + that 절'이 들어가는 것이 적절하며, 부사 'all'은 빈도부사와 동일한 위치에 쓰인다. 따라서 정답은 (b)가 된다.

어휘 remember v. 기억하다   happen v. 일어나다

41. 의문사 ★★★ 정답 (b)
why → what

해석 A: 우편물에 쿠폰이 몇 개 있더라.
B: 그것들이 뭐가 좋은데?
A: 하나는 우유 쿠폰이야. 우유 하나를 사면 하나를 공짜로 줘.
B: 그거 쓰자. 우리 여기서 늘 우유를 많이 먹잖아.

해설 의문사 표현을 묻는 문제이다. '쿠폰이 있다'는 A의 말에 B는 '그게 뭐에 좋아?'라고 물어야 자연스럽다. 'what for?'는 이유를 물을 때 자주 사용하는 표현이다. 따라서 (b)의 의문사 'Why'를 "What"으로 바꾸는 것이 적절하다. 참고로 'why'는 의문부사이므로, 뒤에 완전한 문장이 이어져야 하며, 'what'은 의문대명사이므로 뒤에 주어나 목적어가 없는 불완전한 절이 이어져야한다. 주어진 문제의 경우 의문부사 'why' 뒤에 전치사 'for'로 끝난 불완전한 절이 왔으므로 틀린 문장이라고 판단할 수 있다.

어휘 coupon n. 쿠폰

 관사 ★☆☆ 　　　　정답 (b)
have a time → have the time

해석 A: 우린 Christine이 나오는 연극을 보러 가야 해.
B: 우리가 언제 그럴 시간이 있을지 모르겠다. 우리 이번 주말에 바쁜 거 알잖아.
A: 공연은 다음 3번의 주말 동안 하고, 이번 목요일에는 낮 공연이 있어.
B: 음, 그렇다면 달력에 갈 날을 적어놓을 수 있겠네.

해설 관사의 쓰임을 묻는 문제이다. (b)에서 '~할 시간이 있다'는 'have the time'으로, 'time' 앞에 정관사 "the"를 써야 적절한 표현이 된다. 따라서 'a time'을 "the time" 바꾸어야 한다. 참고로 "~할 시간" 이라는 표현에서 'time'은 불가산 명사이므로 부정관사를 앞에 쓸 수 없다.

어휘 imagine v. 상상하다　　matinee n. 낮 공연
calendar n. 달력

43. 부사 ★★☆ 　　　　정답 (d)
ago → before

해석 A: 우린 토요일에 미술관에 가.
B: 미술관에서 새 사진 전시회를 한다고 들었어.
A: 응, 맞아. 그걸 보고 싶어.
B: 나도 같이 가도 돼? 나 전에 그 미술관에 가본 적이 없거든.

해설 현재완료와 함께 쓰는 부사를 묻는 문제이다. (d)에서 'ago'는 현재시점을 기준으로 '지금부터 ~전에'라는 뜻을 나타내므로 항상 과거시제와 함께 쓰이는 부사이다. 이에 반해 'before'는 막연한 과거를 말하며 완료시제와 함께 쓰인다. 따라서 'ago' 대신에 "before"를 써야 한다. ago는 과거의 정확한 특정시점을 나타내는 부사로, 앞에 항상 시간표시어구 명사가 와야하며(three years ago), 항상 과거시제와 함께 써야한다. 반면 'before'는 현재시점을 기준으로 '지금 ~이전에'라는 뜻으로 시간표시 명사구 없이 단독으로 쓰일 수 있으며, 현재완료시제와 함께 쓸 수 있다. 따라서 (d)의 'ago'를 "before"로 고쳐야 올바른 문장이 된다.

어휘 exhibit n. 전시회

44. 어순 ★★☆ 　　　　정답 (a)
give it up on → give up on it

해석 A: 수학 숙제가 싫어. 포기할 준비가 됐어.
B: 안 돼! 우리 거의 다 했어.
A: 아니. 10문제나 남았잖아.
B: 그래도 그건 쉬운 문제야. 오래 안 걸릴 거야.

해설 구동사가 '동사+부사+전치사'로 이루어졌을 때는 직접목적어 'it'을 전치사 뒤에 써야 한다. 따라서 (a)의 'give it up on'을 "give up on it"으로 바꾸어야 옳다.

어휘 give up 포기하다　　finish v. 끝내다

45. 현재 분사 (분사) ★★★ 　　　　정답 (b)
sat behind me → sitting behind me

해석 A: 홍콩에서 돌아오는 비행은 어땠어?
B: 좋았어. 내 뒤에 앉은 아기가 내내 울었다는 거 빼고는.
A: 아기들은 늘 비행기에서 울어. 압력 변화 때문에 귀가 아파서 그렇지.
B: 음, 그래서 난 14시간 비행 내내 잠을 못 잤어.

해설 분사와 문장구조 지식을 묻는 문제이다. (b)에서 'sat behind me'는 앞에 있는 명사 'the baby'를 수식하여야 한다. 'sit'은 자동사이므로, 수동형이 없고, 앞의 명사를 수식할 경우에는 항상 현재분사를 사용해야한다. 따라서 'sat'을 'sitting'으로 바꾸어야 옳다.

어휘 flight n. 비행　　pressure n. 압력

46. 시제 ★★☆ 　　　　정답 (d)
grow old → had grown old

해석 (a) 난 어렸을 때 이웃인 Deen 부인이 자기 삶에 대해 얘기해주는 것을 듣기를 좋아했다. (b) 난 거의 매일 부인 댁을 방문했는데, 부인이 끝없이 매력적이었을 뿐만 아니라, 늘 행복하고 날 특별하게 느끼

게 해주었기 때문이었다. (c) 결국 우리 가족은 이사를 갔고, 난 여러 해 동안 Deen 부인을 만나지 못했다. (d) 최근에 난 부인 댁을 방문하러 옛 동네에 돌아갔는데, 부인은 나이가 드셨지만 여전히 미소 지으셨고 나만을 위한 이야기를 갖고 계셨다.

해설 정확한 시제의 쓰임을 묻는 문제이다. (d)에서 그녀가 나이가 들어간 것은 과거부터 과거의 특정 시점까지 계속되어 온 것이다. 따라서 'grow old'를 과거완료 시제 인 "had grown old"로 바꾸는 것이 적절하다. 참고로 기준시점이 현재가 아니라 과거에 그녀를 방문했던 시점이다. 그 시점에서 '그녀가 늙어버렸다'는 의미이므로 현재시제가 아니라 과거완료 시제로 표현하는 것이 적절하다.

어휘 fascinating a. 매력적인　　eventually adv. 결국
recently adv. 최근에

47.

해석 (a) 아주 작은 균류인 곰팡이는 사람에게 매우 유독할 수 있다. (b) 곰팡이에 오래 노출될 경우 암과 신경상의 문제를 일으킨다고 믿어진다. (c) 그러나 치즈 같은 많은 음식과 페니실린 같은 약의 생산은 곰팡이의 존재에 의존한다. (d) 이 경우, 곰팡이는 시험되고 조절되어 유해하지 않게 한다.

해설 수동태 (태일치)를 묻는 문제이다. 문장 (b)에서 주어인 'They', 즉 곰팡이는 암과 신경상의 문제를 일으킨다고 '믿어지는' 것이므로 수동태를 쓰는 것이 적절하다. 따라서 'believed'를 "are believed"로 바꾸어야 옳다.

어휘 mold n. 곰팡이　　microscopic a. 극히 작은
fungi n. 균　　toxic a. 유독한
neurological a. 신경상의　　prolonged a. 장기의
harmful a. 유해한

48.

해석 (a) 그 오래된 나무 상자는 여러 해 동안 Tim의 거실에 있었다. (b) 그러나 이것은 평범한 상자가 아니라, Tim의 가족의 모든 보물을 저장한 상자였다. (c) Tim의 할머니의 결혼 예복부터 Tim의 아버지의 군 기록까지, 각 물건은 수많은 추억을 나타냈다. (d) 이제 Tim은 수집물에 또 하나의 소중한 물건을 더했는데, 그것은 햇살 밝은 날 해변에서 찍은 사진 한

장이었다.

해설 전치사와 함께 쓰는 관계대명사를 묻는 문제이다. (b)에서 '~에 저장하다, 보관하다'는 'store in'으로서 전치사 'in'과 함께 쓰이므로 관계대명사 'which' 앞에 'in'을 함께 써야 한다. 또는 'which'를 관계부사 'where'로 바꾸어야 옳다.

어휘 ordinary a. 보통의　　treasure n. 보물
represent v. 나타내다　　memory n. 기억, 추억

49.

해석 (a) 우리 형 Joe가 아팠기 때문에, 난 우리의 큰 개를 혼자 산책시키기로 했다. (b) 빨리 걸으려 했으나, Harold는 내가 더 빨리 걷길 바라며 가죽 끈을 계속 당겼다. (c) 결국 Harold가 홱 잡아당겨서 난 끈을 실수로 놓치고 말았다. (d) 그 블록을 따라 Harold를 쫓아갔고, 다행히도 Harold가 큰길에 가기 전에 잡았다.

해설 (a)에서 앞 문장은 원인이고, 뒤의 문장은 결과이다. 따라서 앞 문장에 '~때문에'라는 뜻의 접속사 'since'를 쓰고, 앞 문장에 동사가 없으므로 be동사의 과거형 'was'로 바꾸어야 옳다

어휘 leash n. 가죽끈　　tug n. 힘껏 당김
fortunately adv. 다행히

50.

해석 (a) 많은 대학생은 대학생활을 시작할 때 어떤 학위를 딸지 모른다. (b) 1학년부터 졸업 때까지 같은 전공을 유지하는 학생은 항상 거의 없다. (c) 물론 한 가지 연구의 길로 정하기 전에 여러 선택사항을 거치는 학생들이 늘 있다. (d) 대개 상담자들은 학생들에게 나중에 전공을 바꿀 필요가 없도록, 전공을 정하기 전에 수업을 적게 들으라고 추천한다.

해설 수의 일치를 묻는 문제이다. (c)에서 'a number of'는 '다수의'라는 뜻으로 뒤에는 항상 가산명사 복수형을 써야 한다. 따라서 'option'의 복수형인 "options"로 바꾸어야 옳다.

어휘 undergraduate a. 대학의　　freshman a. 1학년의
graduation n. 졸업　　counselor n. 상담자
recommend v. 추천하다　　declare v. 단언하다

Part I ~ IV	1 (a)	2 (c)	3 (d)	4 (b)	5 (b)	6 (d)	7 (c)	8 (d)	9 (d)	10 (a)
	11 (c)	12 (d)	13 (d)	14 (a)	15 (c)	16 (a)	17 (a)	18 (a)	19 (b)	20 (b)
	21 (d)	22 (d)	23 (a)	24 (a)	25 (a)	26 (d)	27 (a)	28 (c)	29 (c)	30 (c)
	31 (c)	32 (b)	33 (c)	34 (b)	35 (d)	36 (c)	37 (b)	38 (d)	39 (c)	40 (b)
	41 (c)	42 (b)	43 (d)	44 (b)	45 (c)	46 (b)	47 (b)	48 (d)	49 (a)	50 (a)

1. 주어 생략 ★★☆ 정답 (a)

해석 A: 이 차가 내가 사려고 하는 차야.
B: 괜찮아 보이네. 확실히 사는 게 좋겠다

해설 주어가 생략된 문장의 동사를 묻는 문제이다. B의 문장 맨 앞에는 A가 말한 'the car'을 지칭하는 대명사 주어 'It'이 생략되었다. 그러므로 3인칭 단수 동사인 "Looks"가 정답이다. 일상회화에서 맥락상 굳이 언급하지 않아도 의미가 통하는 경우 주어를 생략하는 경우가 자주 있다는 것을 알아두자.

어휘 definitely adv. 확실히

2. 전치사 ★☆☆ 정답 (c)

해석 A: 이 달의 큰 목표가 있니?
B: 적어도 5만 달러어치의 가구를 팔 계획이야.

해설 적절한 전치사를 묻는 문제이다. 특정기간을 나타낼 때는 전치사 "for"를 주로 사용하므로 정답은 (c)이다.

어휘 at least 적어도 furniture n. 가구

3. 동사의 유형 ★★☆ 정답 (d)

해석 A: 심한 감기가 떨어지지 않아.
B: 너 병원에 가서 검사 받아야 할 것 같아.

해설 사역동사가 사용된 5형식 문장의 목적격 보어의 형태를 묻는 문제이다. 사역동사 'have'는 목적어와 목적보어의 관계가 능동이면 원형부정사를, 수동일 때는 과거분사를 목적격보어로 취한다. 문맥상 'it'은 '검사되는 것'이므로 과거분사형의 "checked"가 적절하다.

어휘 probably adv. 아마도

4. 어순 ★★☆ 정답 (b)

해석 A: 네 물병에서 한 모금 마셔도 돼?

B: 그럼. 캠프에 돌아갈 때까지 필요한 충분한 물이 남아 있게만 해줘.

해설 문장의 어순을 묻는 문제이다. 앞에 나온 'there'는 유도부사로서 형식상 주어자리에 위치하지만, 의미는 없다. 이때 'enough'는 명사를 앞에서 꾸며주고, 과거분사 'left'는 명사 뒤에 오는 것이 적절하다. 'left' 뒤에 나온 'there'는 '거기에'라는 의미를 나타내는 장소부사이므로 혼동하지 말자.

어휘 canteen n. 물병 hike n. 도보 여행

5. 시제 ★☆☆ 정답 (b)

해석 A: 그 일자리에 대해서 학교에서 연락 받았니?
B: 아니 아직. 하지만 준비되면 연락이 올 거야.

해설 시간 조건 부사절에서는 현재가 미래를 대신한다는 사실을 알고 있는지 묻고 있는 문제이다. when절은 현재시제이지만 의미상 '준비될 때'라는 뜻이다. 따라서 주절에는 미래시제를 사용하여 "will contact me"가 들어가는 것이 적절하다.

어휘 contact v. 연락하다

6. 동명사 ★☆☆ 정답 (d)

해석 A: 워싱턴 DC 외각의 Vernon산에 가본 적 있어?
B: 응, 지난 5월에 거기 있었을 때 본 게 기억나.

해설 동명사와 to부정사를 목적어로 취할 때 의미가 달라지는 동사를 묻는 문제이다. '과거에 ~했던 것을 기억하다'라는 의미일 때, 동사 'remember' 뒤에 동명사를 목적어로 취한다. 따라서 (d)가 정답이다. 참고로 동사 'forget, regret'도 동일한 용법으로 쓰인다는 것을 알아두자.

7. 물질명사 ★☆☆ 정답 (c)

해석 A: 가게에서 뭐 필요한 거 있어?

B: 응. 우유 두 통 사다 줄 수 있니?

해설 물질 명사의 수량을 나타낼 때 쓰는 조수사 표현을 물어보는 문제이다. 우유는 셀 수 없는 명사이지만 우유를 넣는 용기인 단위명사 'carton'을 이용해 수량을 표현할 수 있다. 복수형은 단위명사에 '-s'를 붙여 표현하므로 (c)가 정답이다. (d)처럼 milk에 's'를 붙여서는 안 된다.

어휘 carton n. (용기에 든 우유 등의) 플라스틱 상자

---

8. | 도치 ★★☆ | 정답 (d)

해석 A: 어떻게 하면 Jennifer가 날 용서할까?
B: 사과하는 것뿐만 아니라 꽃도 사줘야 해.

해설 'not only ~ but also' 구문에서의 도치 문제이다. 'but also'가 생략된 문장이며, 부정어구 'not only'가 앞으로 나가면서 주어와 조동사의 어순이 도치되어야 한다. 따라서 "Not only should you apologize"가 정답이다. 'no sooner, hardly, scarcely, rarely' 등도 문두로 이동하면, 이어지는 주어와 동사는 도치된다.

어휘 forgive v. 용서하다   apologize v. 사과하다

---

9. | 독립 분사 구문 ★★☆ | 정답 (d)

해석 A: 이력서를 판단 해 볼 때 당신은 이 분야에 경험이 그리 많지 않군요.
B: 그건 사실이지만 제 다른 경험이 그걸 보충한다고 믿습니다.

해설 비 인칭 독립분사구문에 관한 문제이다. 분사구문의 주어와 주절의 주어가 다르면 분사구문의 주어가 필요하지만, 'we, you, they, people, one' 등과 같이 막연한 일반인을 나타낼 때는 생략하고, 관용어구처럼 사용된다. 따라서 '~로 판단해 보건 데'라는 뜻의 "judging from"이 정답이다.

어휘 resume n. 이력서   experience n. 경험

---

10. | 어순 ★☆☆ | 정답 (a)

해석 A: Mark를 콘서트까지 태워다 줘야 할까?
B: 그럴 것 같은데, 전화해서 확인해야겠어.

해설 'so'의 대명사적 용법을 묻는 문제이다. 문맥상 '나도 그렇게 생각해'라는 뜻을 이루려면 "I think so"로 문장을 완성해야 한다. 이때 'so'는 앞 문장 전체의 내용을 받아주는 대명사이다. 참고로 부정문은 'I don't think so'이다.

어휘 make sure 확실히 하다

---

11. | 부정 형용사 ★★☆ | 정답 (c)

해석 A: 비행기랑 기차 중 어느 걸로 여행하는 게 좋아?
B: 더 선호하는 건 없어. 어느 쪽이든 여행할 거야.

해설 '어느 쪽이든 여행할 거다'라는 말이 이어져야 자연스럽다. 따라서 '둘 중의 어느 것이나'라는 뜻의 "either"가 정답이다. "both(둘 다)"도 의미상으로는 적절하나, 뒤에 복수명사를 수반해야 적절하므로 정답이 될 수 없다.

어휘 preference n. 선호

---

12. | 명사의 수 ★☆☆ | 정답 (d)

해석 A: 난 아르헨티나로 2주간 휴가를 갔어.
B: 와. 거기서 뭐 했어?

해설 명사를 수식하는 복합형용사에 대한 문제이다. [수사+단위명사]가 다른 명사 앞에서 그 명사를 수식하는 경우에는 단위명사는 비록 의미상 복수라도 단수형을 써야 한다. 이 때 수사와 단위명사는 '-'으로 연결하며 관사를 쓴다는 것도 알아두자.

---

13. | 형용사 ★★☆ | 정답 (d)

해석 A: 어제 도서관에서 Rita를 봤어.
B: 그럴리가 없는데. Rita는 어제 아파서 누워 있었거든.

해설 문맥에 맞는 형용사를 찾는 문제이다. '어제 도서관에서 Rita를 봤다'는 A의 말에, B는 'Rita는 어제 아파서 누워 있었다'고 하고 있으므로, 빈칸에는 '있음직하지 않은'이란 뜻의 "unlikely"가 들어가야 적절하다. 참고로 'like'와 'unlike'는 전치사이므로 문법상 주격 보어자리인 빈칸에는 들어갈 수 없다.

어휘 unlikely a. 있음직 하지 않은

---

14. | 시제 ★☆☆ | 정답 (a)

해석 소녀는 두통을 없애려고 모든 걸 해봤지만, 아무것도 도움이 되지 않았다.

해설 문맥상 적절한 시제를 묻는 문제이다. 'but'의 앞뒤 문맥으로 보아 과거에 일어난 일을 말하고 있으므로 과거시제 동사를 써야 한다. 참고로 빈칸은 문장구조상 동사자리이므로 'helping'과 'to help'는 적절하지 않다. 따라서 (a)가 정답이다.

어휘 get rid of ~을 없애다

---

15. | 형용사 ★★☆ | 정답 (c)

해석 A: Earl이 차장 자리에 대해 결정했어?

B: 아니, 그 문제에 대해 계속 침묵하고 있어.

해설 2형식 문장에서 주격보어 형태를 묻는 문제이다. 'remain'은 be동사처럼 보어가 필요한 불완전 자동사로, 보어자리에 형용사를 취한다. 또한 '그 문제에 대해'라고 하려면 명사 'that issue' 앞에 전치사 'on'을 써야 한다. 따라서 (c)가 정답이다. 이와 같은 2형식 동사들로 'keep, stay, maintain, turn, go, become' 등도 함께 알아두자.

어휘 decision n. 결정   assistant manager 차장

---

16. 시제 ★☆☆   정답 (a)

해석 A: 깁스 때문에 아직도 다리가 가렵니?
B: 주말 내내 괴로웠는데 나아지고 있는 것 같아.

해설 문맥에 알맞은 적절한 시제를 고르는 문제이다. 'but' 이하의 내용으로 보아 'all weekend'는 다음 주말이 아니라 지난 주말임을 알 수 있다. 지난 주말에 일어났던 일이기 때문에 과거시제로 써야 한다. 따라서 (a)가 정답이다.

어휘 cast n. 깁스   itch v. 가렵다

---

17. 부사의 어순 ★★☆   정답 (a)

해석 A: 너희 언니 결혼식이 언제야?
B: 올해 6월 언제가 될 거야. 그런데 언니가 날짜는 안 정했어.

해설 두 개 이상의 시간부사를 나열할 때의 어순을 묻는 문제이다. 작은 단위의 시간부사부터 큰 단위의 시간부사 순으로 나열하는 것이 원칙이다. 따라서 '그 시점 언젠가'의 의미가 되려면 'sometime+시점'으로 써야 하므로, "sometime in June this year"이 정답이다.

어휘 decide v. 결정하다, 결심하다

---

18. 접속사 ★★☆   정답 (a)

해석 A: 최근에 John한테 연락 왔어?
B: 응. 그가 비행기 출발하는 거 기다리면서 전화했어.

해설 문맥에 맞는 접속사를 묻는 문제이다. 문맥상 '비행기가 출발하는 것을 기다리는 동안 전화했다'라는 의미가 되어야 가장 자연스럽다. 따라서 '~하는 동안'이라는 뜻의 접속사 "while"이 들어가는 것이 가장 자연스럽다.

어휘 take off 이륙하다

---

19. 형용사 ★★☆   정답 (b)

해석 A: 미국에서 이혼은 얼마나 흔해?
B: 불행히도 매초마다 커플들이 이혼해.

해설 문법상 빈칸에 적절한 형용사(수사)를 고르는 문제이며, 뒤에 수식 받는 명사의 수에 유의해야 하는 문제이다. '매 ~마다'의 표현은 [every+서수+단수명사] 또는 [every+기수+복수명사]로 나타낸다. 주어진 문제에서는 수식 받는 명사 'marriage'가 단수명사이므로, 서수인 'second'가 적절하다. 참고로 같은 의미로 쓰이는 [every + other+ 단수명사]구조도 함께 알아두자.

어휘 divorce n. 이혼   unfortunately adv. 불행히도

---

20. 4형식 동사 ★★☆   정답 (b)

해석 A: 나 가게 갈 건데 필요한 거 있어?
B: 우유 하나 부탁해. 그럼 내가 가게에 안 가도 될 테니까.

해설 동사 'save'의 용법을 묻는 문제이다. 동사 'save'는 3형식으로 쓸 수 없으며 4형식의 어순으로만 쓸 수 있는 동사이다. 따라서 'save' 뒤에는 '간접목적어+직접목적어' 어순으로 이어져야 하며, 뜻은 '~에게 ~를 덜어주다'이다. 이때 간접목적어 앞에 전치사를 붙이지 않는 것에 주의한다. 따라서 "me a trip to"가 정답이다.

어휘 carton n. 한 통, 한 곽

---

21. 수의 일치 ★☆☆   정답 (d)

해석 모든 강아지가 어미 없이 살아도 충분할 만큼 나이를 먹었다.

해설 수의 일치에 관하여 묻는 문제이다. 'all of the+복수명사'는 복수 취급하므로 복수동사로 받는다. 참고로 'all'의 수는 뒤에 어떤 명사가 이어지는가에 따라 단수 또는 복수가 결정된다. 단수 가산명사나 불가산 명사가 뒤에 이어지면, 단수 취급하여 단수동사를 쓴다는 사실도 알아두자.
ex) All of the apple is rotten.
All of the money is gone.

---

22. 부정 관사 ★☆☆   정답 (d)

해석 아무도 방해하지 않으면, John은 한 시간에 파이 3개를 만들 수 있다.

해설 부정관사의 쓰임을 묻는 문제이다. '1시간에'라는 뜻으로 '~마다, ~당(per)'라는 뜻의 부정관사 'a/an'을 명사 'hour' 앞에 붙여야 한다. 'hour'는 모음 발음으로 시작하므로 'an'을 붙인다.

어휘 interrupt v. 방해하다

23. | 동명사 ★★☆ | 정답 (a)

해석 그 아이는 부모의 이혼에 책임을 느낄 수밖에 없었다.

해설 동명사를 이용한 표현을 묻는 문제이다. 이 문장에서 'help'는 '돕다'의 뜻이 아니라 '피하다'는 뜻의 타동사로서, 동명사를 목적어로 취하는 동사이다. 'cannot help but+동사원형', 'cannot but+동사원형' 구문도 같은 의미의 '~할 수 밖에 없다'로 쓰인다. 따라서 정답은 "feeling"이다.

어휘 responsible a. 책임 있는

24. | 수의 일치와 태 ★☆☆ | 정답 (a)

해석 그 사건 중의 하나는 불충분한 증거로 기각되었다.

해설 적절한 동사형태를 묻는 문제이다. 문맥상 사건 중 하나가 '기각되었다'라는 의미이므로 동사의 형태는 수동태를 쓰는 것이 적절하다. 따라서 주어가 'one'이므로 단수동사 'was'를 사용하여 "was dismissed"가 정답이다.

어휘 insufficient a. 불충분한   evidence n. 증거

25. | 분사구문 ★★☆ | 정답 (a)

해석 Nate는 친구와 가족에게 둘러싸여 안전하고 행복했다.

해설 분사구문의 태를 묻는 문제이다. 문맥상 Nate는 친구와 가족에게 '둘러싸인' 것이므로 주절의 주어 Nate와 분사구문의 동사 'surround'는 수동관계이다. 따라서 수동 분사구문 'being+과거분사' 형태가 되어야 한다. 이때 being은 생략할 수 있으므로 'surrounded'만 남는다. 참고로 분사구문을 부사절로 다시 전환하면, 'As he was surrounded by friends and family,~' 이다.

어휘 surround v. 둘러싸다

26. | 동사의 유형 ★★☆ | 정답 (d)

해석 아버지께서 병원에서 곧 퇴원하시길 고대한다.

해설 동사 'expect'의 용법을 묻는 문제이다. 동사 'expect'는 to부정사를 목적보어로 취하는 대표적인 동사로, 'expect+목적어+to부정사'로 쓰이며, '~가 ~하기를 기대하다'라는 의미이다. 따라서 "to come home"이 정답이다. 'want, order, persuade, tell, ask' 등의 동사들도 같은 문장구조로 자주 등장하므로 함께 기억해 두자.

어휘 expect v. 기대하다, 고대하다

27. | 관계대명사 ★★☆ | 정답 (a)

해석 Mary는 Jim의 충고가 평생 들은 것 중 최악의 충고라고 생각했다.

해설 빈칸에 적절한 관계대명사를 묻는 문제이다. 빈칸 뒤의 문장에 목적어가 없고, 빈칸 앞에 선행사가 있으므로 목적격 관계대명사 자리이다. 선행사에 형용사의 최상급이 있을 경우에는 관계대명사 "that"만 쓸 수 있기 때문에 (a)가 정답이다.

어휘 advice n. 충고

28. | 의문사 + to 부정사 ★★☆ | 정답 (c)

해석 그 신인 여배우는 상을 타고 너무 기뻐서 뭐라 말하거나 무엇을 해야 할지 몰랐다.

해설 to부정사의 표현을 묻는 문제이다. 의문사와 to 부정사를 함께 쓸 경우의 어순은 [의문사+to부정사]이다. 문맥상 '상을 받고 너무 기뻐서 무슨 말을 해야 할지, 무엇을 해야 할지 몰랐다'는 의미가 되어야 하므로 'what to say or what to do'가 되어야 한다. 이때 반복되는 'or' 뒤의 'what to'는 생략할 수 있으므로 (c)가 정답이다.

어휘 starlet n. 신인 여배우   award n. 상

29. | 대부정사 to ★★☆ | 정답 (c)

해석 Jen은 오늘밤 가고 싶지만 저녁 식사에 못 간다.

해설 대부정사 to에 관한 문제이다. 빈칸에는 'like to go to dinner tonight'이 들어가야 하지만, 앞에서 반복되는 'go' 이하를 생략하고 대부정사 'to'까지만 남길 수 있다. 따라서 (c)가 정답이다. 참고로 대부정사의 형태를 묻는 문제를 풀 때는, 대부정사는 단어 'to'로 끝나야 한다는 점에 유의한다.

30. | 관계대명사 ★☆☆ | 정답 (c)

해석 의회는 마침내 금주법을 폐지했고, 많은 이가 그것을 현명한 결정이라 생각했다.

해설 앞 문장 전체를 받는 관계대명사 문제이다. 빈칸에는 빈칸 뒤의 동사 'was'의 주어 역할을 할 수 있는 주격 관계대명사가 들어가야 한다. 이처럼 앞 문장 전체를 선행사로 받는 관계대명사는 "which"이다. 이렇게 'think, suppose, believe, find'와 같은 동사 다음에 오는 that절에서 주어나 목적어가 선행사인 경우 이런 형태의 문장이 된다는 것을 명심하자.

어휘 congress n. 의회   Prohibition n. 금주법

31. 과거 분사 ★★☆　　　　　정답 (c)

해석 총 판매액과 4분기 평가를 기반으로 직원들은 봉급 인상과 보너스를 받을 것이다.

해설 과거분사를 이용한 표현을 묻는 문제이다. '~를 기반으로, ~에 근거를 두고'라는 의미일 때는 과거분사를 사용하여 "based on"으로 쓰인다. 엄밀히 따지면 분사 'based'의 의미상의 주어와 주절의 주어 'raises and bonuses'가 일치하지 않는 비문법적인 분사구문이었지만, '~에 기초하여'라는 표현으로 자주 쓰이는 전치사(구)가 된다.

어휘 raise n. 승급　　　　employee n. 직원
quarterly a. 4분기의

32. 부정 대명사 ★☆☆　　　　　정답 (b)

해석 고객이 두 명밖에 없으니, 내가 첫 손님을 도울 테니 넌 다른 손님을 도우렴.

해설 부정대명사의 쓰임을 묻는 문제이다. 전체가 2개인 것 중에 '처음 하나'를 지칭할 때는 'one'을, '나머지 다른 하나'를 지칭할 때는 'the other'를 쓴다. 여기서는 'one' 대신 'the first'가 쓰였다. 따라서 정답은 (b)가 된다.

어휘 customer n. 고객

33. 분사구문의 태 ★★☆　　　　　정답 (c)

해석 학생들은 희망을 버리지 않고, 저녁 늦게까지 대학 정책에 대한 항의를 계속했다.

해설 분사구문의 태를 묻는 문제이다. 문맥상 'The students'와 'refuse'의 관계가 능동이므로 현재분사 "refusing"을 쓰는 것이 적절하다. 앞에 나오는 명사 주어의 상태를 설명하기 위해 삽입된 분사구이다.

어휘 continue v. 계속하다　　　protest n. 항의

34. 관계대명사 ★☆☆　　　　　정답 (b)

해석 소년은 누구의 개인지 몰라서, 길 잃은 개를 집으로 데려왔다.

해설 빈칸에는 전치사 to의 목적어가 될 수 있는 목적격 관계대명사 자리이다. '누구의 개인지'라는 뜻이므로 '누구'에 해당하는 "whom"이 와야 한다. 전치사의 목적어인 목적격 관계대명사 앞에 전치사가 올 경우에는 'who'를 쓸 수 없고 반드시 "whom"을 써야 한다는 것을 알아두자.

어휘 belong to ~에게 속하다　　　stray a. 길 잃은

35. 어순 ★★★　　　　　정답 (d)

해석 첫 째인 아이들은 그들보다 어린 형제보다 학업에서 더 성공하는 경향이 있다.

해설 주어 다음에 동사가 없으므로 동사를 찾아야 한다. 문맥상 빈칸에는 '더 성공하는 경향이 있다'라는 의미가 들어가야 한다. '~하는 경향이 있다'는 'tend to 부정사'이고, 'successful'은 앞에 'more'를 붙여서 비교급을 만든다. 따라서 적절한 어순은 (d)이다.

어휘 academics n. 학과, 학문　　　sibling n. 형제, 자매

36. 불가산 명사 ★★☆　　　　　정답 (c)

해석 Harold는 무엇을 해야 할지 확신이 없을 때는 늘 부모에게 조언을 구했다.

해설 불가산 명사의 쓰임에 관한 문제이다. 'advice(충고)'는 셀 수 없는 추상명사이므로 복수형도 만들 수 없고, 앞에 관사도 붙일 수 없다. 따라서 (c)가 정답이다. 참고로 'advice'가 가산명사화되어 복수형이나 단수형으로 쓰기도 하는데, 그 경우에는 '충고'라는 뜻이 아니라, '통지문'이라는 뜻으로 사용된다는 것도 알아두자.

어휘 advice n. 조언, 충고
unsure a. 확실할 수 없는, 불안한

37. 동명사 ★★☆　　　　　정답 (b)

해석 관광지를 보고 새로운 음식을 먹는 것 외에, 자주 여행하는 대부분의 사람은 다른 문화에 대해 배우는 것도 즐긴다.

해설 동명사를 목적어로 취하는 동사를 묻는 문제이다. 'enjoy'는 뒤에 동명사만을 목적어로 갖기 때문에 (b)가 정답이다. 이러한 동사로 'mind, finish, abandon, deny, postpone, stop' 등도 함께 알아두자.

어휘 frequently adv. 자주

38. used to의 용법 ★★☆　　　　　정답 (d)

해석 이 공장의 노동자들은 오래 전엔 자동차 엔진을 만들었지만, 이제는 비행기 부품을 조립한다.

해설 'used to' 용법을 묻는 문제이다. 주어진 문장에서 'long ago', 'but now'를 통해서 공장 노동자들의 예전의 상황과 지금의 상황을 말해주고 있다는 것을 알 수 있다. 빈칸 부분은 과거의 상황을 말하고 있으므로 '(과거에) ~했었다'라고 말할 때 쓰는 'used to+동사원형'이 들어가야 한다. 참고로 형태가 비슷한 다음의 구문들과 혼동하지 않도록 구분하여 기억하자.

c.f.) be used to+동사원형 ~하기 위해 이용되다
be used to 명사/동명사 ~에 익숙하다

어휘 automobile n. 자동차   assemble v. 조립하다

---

39. **지시 대명사 ★★☆**   **정답 (c)**

해석 오늘날 젊은이들은 이전의 모든 세대보다 훨씬 더 많이 기술을 접한다.

해설 비교구문에서 사용하는 지시대명사를 묻는 문제이다. 비교 대상을 먼저 찾아야 하는데 주어진 문제에서는 'the exposure'이다. 비교구문에서는 명사가 반복되는 것을 피하기 위해 단수이면 지시대명사 "that"으로 받고, 복수이면 'those'로 받는다.

어휘 exposure n. 노출   technology n. 기술
previous a. 이전의

---

40. **비교급 어순 + 시제 ★★☆**   **정답 (b)**

해석 소비자들의 소비가 50년 만에 최저이다.

해설 동급비교 표현과 시제에 관한 문제이다. '~만큼 ~한'은 'as+형용사+as'이고, '50년 동안 (in over fifty years)' 이라는 시간의 경과를 표현하면서 현재에도 영향을 끼치므로 현재완료 시제가 들어가는 것이 적절하다. 따라서 "low as it has ever been"이 정답이다.

어휘 consumer n. 소비자

---

41. **시제 ★☆☆**   **정답 (c)**
fall asleep → fell asleep

해석 A: 그 영화 어땠어?
B: 끔찍했어. 배우들이 너무 형편없었어!
A: 알아. 반쯤 됐을 때 거의 잠들었다니까.
B: 다음엔 더 재미있는 거 보자.

해설 문맥에 맞는 시제를 묻는 문제이다. 문맥에 따라 영화를 본 것은 이미 일어난 일이다. 따라서 (c)에서 '영화 중반부쯤 거의 잠들었다'라고 말할 때는 과거 시제를 사용하는 것이 적절하다. 그러므로, 현재동사 'fall'을 과거형인 "fell"로 바꾸어야 옳다.

어휘 terrible a. 끔찍한   exciting a. 흥미진진한

---

42. **관계대명사 ★☆☆**   **정답 (b)**
as → that

해석 A: 우리 왜 이 가게에 가는 거야?
B: 너한테 보여주고 싶은 드레스가 있어.
A: 그래. 네가 말한 그 드레스야?

B: 응. 여기 있다. 어떻게 생각해?

해설 관계대명사 문제이다. (b)의 'I want to show you'에는 직접목적어가 없다. 따라서 목적어 역할을 하는 목적격 관계대명사 'that'이 접속사 'as' 대신 와야 한다. 유사관계대명사 'as'는 주로 'such'와 짝을 이루는 경우가 많다는 것을 참고로 알아두자.

---

43. **강조의 do ★★★**   **정답 (d)**
rather did liked → rather did like

해석 A: 새 소파를 고르는 건 너무 어려워.
B: 맞아. 부드러운 쿠션이 있는 파란 소파가 좋았어?
A: 응, 그런데 가죽 소파가 거실에 더 잘 어울릴 것 같아.
B: 난 가죽 소파가 더 좋았어. 그냥 그거 사자.

해설 강조의 do 용법을 묻는 문제이다. (d)에서 강조의 'did' 다음에는 동사원형을 써야 하므로 'liked'를 'like'로 바꾸어야 옳다.

어휘 couch n. 소파

---

44. **관사 ★☆☆**   **정답 (b)**
a problem → the problem

해석 A: 저 좀 도와주세요.
B: 그럼요. 뭐가 문제예요?
A: 우린 휴가를 가려 하는데, 개들에게 먹이를 줄 사람이 필요해서요.
B: 내가 할 수 있어요. 집 열쇠만 남겨주세요.

해설 관사의 쓰임을 묻는 문제이다. (b)에서 이미 상황이 좋지 않다는 것을 파악하고 '뭐가 문제예요?'라고 묻는 것이므로 'problem' 앞에 정관사를 붙여야 한다. 따라서 'a problem'을 "the problem"으로 바꾸어야 한다. 참고로 화자나 청자가 이미 서로 알고 있는 명사를 가리킬 때 그 명사 앞에는 정관사를 붙인다.

어휘 feed v. 먹이다

---

45. **to 부정사 ★★☆**   **정답 (c)**
how making → how to make

해석 A: 난 파티에 케이크를 만들기로 약속했어.
B: 근데 왜 그렇게 혼란스러워 보여?
A: 음, 케이크 만드는 법을 모르겠어.
B: 걱정 마. 내가 도와줄게. 그렇게 어렵지 않아.

해설 to부정사 표현에 관한 문제이다. (c)에서 '케이크 만드는 방법'이라는 의미가 되려면 '~하는 방법, ~을 어떻게 하는지'에 해당하는 'how +to부정사'를 써야 한다. 따라서 'how making'을 "how to make"로 바

꾸어야 옳다.

어휘 confused a. 혼란스러운

---

46. 동사의 일치 ★★☆   정답 (b)
are → is

해석 (a) 투자자들은 경제 상태에 점점 더 낙관적이 되고 있다. (b) 79% 정도의 투자자가 주식시장은 여전히 장기 투자에 좋고, 손실을 회복할 것이라고 했다. (c) 사람들은 금융활동에 대해서도 더 적극적으로 미리 대책을 강구하고 있다. (d) 이들은 계좌를 더 자주 확인하고, 더 다양한 주식에 투자하며, 경제 문제에 대해 더 많이 배우고 있다.

해설 주어와 동사의 수 일치 문제이다. (b)에서 종속절의 주어가 단수인 'the stock market'이므로 단수동사를 쓰는 것이 적절하다. 따라서 동사의 형태를 "is"로 바꾸어야 옳다.

어휘 investor n. 투자자   optimistic a. 낙관적인
stock market 주식시장
proactive a. 미리 대책을 강구하는

---

47. 시제 ★★★ (동사 관계대명사) ★★★   정답 (b)
When his day will begin → When his day begins

해석 (a) Alex Goddard에게 기자로 일하는 매일은 바쁘다. (b) 하루가 시작되면, Alex는 편집자들과 만나 담당할 이야기를 받는다. (c) 그 후에는 정보를 모으고 그의 이야기와 연관된 사람들을 인터뷰한다. (d) 오후에 Alex는 이야기를 쓰고 마감 전에 제출해, 다음날 신문에 찍을 수 있게 한다.

해설 현재시제의 쓰임을 묻는 문제이다. 주어진 단락은 Alex의 현재 일상을 말하고 있으므로 현재시제로 써야 한다. 따라서 (b)의 when절에서 동사 'will begin'을 현재시제인 "begins"로 바꾸어야 옳다.

어휘 assignment n. 할당된 일   gather v. 모으다
information n. 정보   deadline n. 마감 시간

---

48. 동사 ★☆☆   정답 (d)
checked → check

해석 (a) 우리가 『뉴욕 타임스』에서 말하듯이, 오늘 구독을 갱신해 "출판하기에 적합한 모든 소식"을 계속 받으세요. (b) 갱신 고객께는 특별한 갱신 요금을 제공해 드립니다. (c) 6개월 동안 1주에 3달러만 내세요-

---

그럼 한 달에 12달러 정도랍니다! (d) 이 요금에 구독을 갱신하고 싶다면, 동봉한 구독 신청서의 "예!"에 표시해서 오늘 저희에게 우편으로 보내주세요.

해설 명령문의 동사형태를 묻는 문제이다. (d)의 주절은 "'예'를 표시해라'라는 명령문이다. 또한 'and' 뒤에 나오는 'mail it to us today'도 명령문의 형태로서 정답을 찾는 중요한 단서가 된다. 따라서 'checked'를 동사원형 "check"로 바꾸어야 옳다.

어휘 renew v. 갱신하다   subscription n. 예약 구독
rate n. 요금   enclose v. 동봉하다

---

49. 분사 ★★★   정답 (a)
are powered → are powering

해석 (a) 많은 가축업자들은 환경에 안전하고 이미 사용 가능한 물질인 소똥 거름을 이용해 농장에 동력을 공급하고 있다. (b) 이 농부들은 digester라는 기구를 이용하는데, 이것은 거름을 가열할 때 산소가 거름에 닿지 않게 막는다. (c) 이 과정은 거름을 가스로 바꾸고, 가스는 발전기에 동력을 공급할 수 있다. (d) 거름을 얼마나 많이 쓸 수 있느냐에 따라, 발생하는 가스가 농장뿐만 아니라 근처의 집에도 전기를 공급할 수 있다.

해설 (a)에서 농부들은 농장에 '동력을 공급하는' 것이므로 능동태를 써야 한다. 따라서 'are powered'를 "are powering"으로 바꾸어야 옳다.

어휘 livestock n. 가축   manure n. 거름
convert v. 바꾸다   generator n. 발전기
electricity n. 전기

---

50. 명사의 수 ★★☆   정답 (a)
The needs → The need

해석 (a) 헌혈자에 대한 수요는 끝이 없다. (b) 미국에서는 1년에 4백만 명이 수혈하고, 이 경우 중에서 2백만 명은 응급상황이다. (c) 게다가 입원환자 5명 중 1명은 의학적 치료의 일부분으로 수혈이 필요하다. (d) 그러므로 단지 적은 양의 피를 기부하는 단순한 행위가 건강이 안 좋은 누군가에게는 엄청난 영향을 줄 수 있다.

해설 불가산 명사를 묻는 문제이다. (a)에서 주어와 동사의 수 일치가 맞지 않다. 'need'가 '수요, 필요'의 의미일 때는 셀 수 없는 명사로, 항상 단수형만 쓴다. 복수형의 'needs'는 '필요한 것들'이라는 의미이다. 따라서 'The needs'를 "The need"로 바꾸어야 옳다.

어휘 donor n. 기부자   blood transfusion 수혈
impact n. 영향